微课版

用友 ERP 官方推荐教材

用友 U8 V10.1

会计信息化应用教程

第 2 版

王新玲 主编

铁晓华 副主编

人民邮电出版社

北京

图书在版编目（ＣＩＰ）数据

用友U8（V10.1）会计信息化应用教程：微课版 /
王新玲主编. -- 2版. -- 北京：人民邮电出版社，
2019.2（2024.7重印）
ISBN 978-7-115-49565-5

Ⅰ．①用… Ⅱ．①王… Ⅲ．①财务软件—教材 Ⅳ.
①F232

中国版本图书馆CIP数据核字(2018)第227930号

内 容 提 要

本书以突出实战为主导思想，以一个企业的经济业务为原型，重点介绍了财务信息化环境下企业各项业务的处理流程和处理方法。

全书分为 7 章正文和 3 个附录，分别是企业建账、基础设置、总账系统、UFO 报表、薪资管理、固定资产管理和应收款管理，涵盖了 U8 财务应用的主要内容。每一章均按工作情景引入，并按本章内容总体认知、实务操作、自助维护和单元测试展开。附录为近 3 年更新的关于会计信息化的指导性文件以及财务应用综合实训。

本书可作为普通高等院校本科或高等职业院校会计以及经济管理等相关专业的教材，也可供在职人员学习使用。

◆ 主　编　王新玲
　　副 主 编　铁晓华
　　责任编辑　刘向荣
　　责任印制　焦志炜

◆ 人民邮电出版社出版发行　　北京市丰台区成寿寺路 11 号
　　邮编　100164　电子邮件　315@ptpress.com.cn
　　网址　http://www.ptpress.com.cn
　　固安县铭成印刷有限公司印刷

◆ 开本：787×1092　1/16
　　印张：15　　　　　　　　2019 年 2 月第 2 版
　　字数：409 千字　　　　　2024 年 7 月河北第 10 次印刷

定价：46.00 元

读者服务热线：(010)81055256　印装质量热线：(010)81055316
反盗版热线：(010)81055315
广告经营许可证：京东市监广登字20170147号

前 言 FOREWORD

实务界从会计核算软件——财务管理软件——ERP 管理软件的逐步升级，使得高校对应开设的课程内容不断丰富和发展，以期培养企业需要的适用人才。

本书每章的逻辑结构如下。

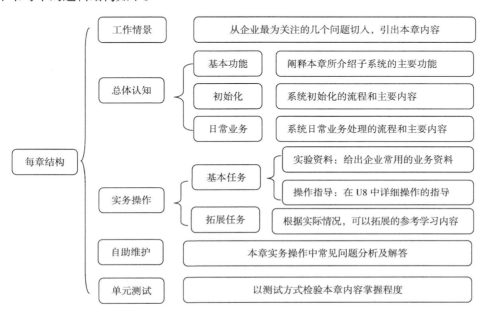

从每章逻辑结构可以看出，从情景引入、总体认知、实务操作、自助维护到单元测试形成一个完整的闭环。本书从多个层面支持了读者对原理的基本把握、对整体流程的掌控和实务能力的提升。每章中还设有不同数量的难点解析，帮助读者理解信息系统的设计原理。

本书附赠用友 U8（V10.1）教学版安装程序和实验账套两部分内容，读者可登录"人邮教育社区（www.ryjiaoyu.com）"进行下载。

本书由王新玲担任主编，铁晓华担任副主编。王新玲老师负责大纲的制定、全书的审核和统稿工作。编写具体分工如下：王新玲编写了第 1 章，李春骅编写了第 2 章和第 5 章，殷云飞编写了第 3 章，高晓明编写了第 4 章，赵艳涛编写了第 6 章，铁晓华编写了第 7 章和附录部分。

本书在编写过程中得到了用友新道科技有限公司的大力支持，在此表示衷心的感谢！

编　者
2018 年 12 月

目 录 CONTENTS

第1章　企业建账 / 1

1.1　工作情景 / 1

1.2　企业建账认知 / 3

　　1.2.1　何为企业建账 / 3

　　1.2.2　谁负责企业建账 / 3

　　1.2.3　在哪里进行企业建账 / 3

　　1.2.4　如何进行企业建账 / 4

1.3　企业建账实务 / 5

　　1.3.1　基本任务 / 5

　　1.3.2　拓展任务 / 15

1.4　自助维护 / 17

1.5　单元测试 / 19

第2章　基础设置 / 21

2.1　工作情景 / 21

2.2　基础设置认知 / 21

　　2.2.1　何为基础设置 / 21

　　2.2.2　在哪里进行基础设置 / 22

　　2.2.3　如何进行基础设置 / 23

2.3　基础设置实务 / 24

　　2.3.1　基本任务 / 24

　　2.3.2　拓展任务 / 44

2.4　自助维护 / 49

2.5　单元测试 / 50

第3章　总账系统 / 52

3.1　工作情景 / 52

3.2　总账认知 / 52

　　3.2.1　总账系统基本功能 / 52

　　3.2.2　总账初始设置 / 53

　　3.2.3　总账日常业务处理 / 54

　　3.2.4　总账期末处理 / 59

3.3　总账初始设置实务 / 61

　　3.3.1　基本任务 / 61

　　3.3.2　拓展任务 / 68

3.4　总账日常业务处理实务 / 69

　　3.4.1　基本任务 / 69

3.4.2　拓展任务 / 93

3.5　总账期末业务处理实务 / 95
3.5.1　基本任务 / 95
3.5.2　拓展任务 / 101

3.6　自助维护 / 103

3.7　单元测试 / 104

第4章　UFO报表 / 107

4.1　工作情景 / 107

4.2　UFO报表认知 / 107
4.2.1　UFO报表基本功能 / 107
4.2.2　报表编制的工作流程 / 108

4.3　自定义报表实务 / 110
4.3.1　基本任务 / 110
4.3.2　拓展任务 / 115

4.4　利用报表模板编制报表实务 / 116
4.4.1　基本任务 / 116
4.4.2　拓展任务 / 120

4.5　自助维护 / 123

4.6　单元测试 / 124

第5章　薪资管理 / 126

5.1　工作情景 / 126

5.2　薪资管理认知 / 126
5.2.1　薪资管理基本功能 / 126
5.2.2　薪资管理初始化 / 127
5.2.3　薪资管理日常业务处理 / 129

5.3　薪资管理初始化设置实务 / 130
5.3.1　基本任务 / 130
5.3.2　拓展任务 / 140

5.4　薪资管理日常业务处理实务 / 141
5.4.1　基本任务 / 141
5.4.2　拓展任务 / 148

5.5　自助维护 / 148

5.6　单元测试 / 149

第6章　固定资产管理 / 151

6.1　工作情景 / 151

6.2　固定资产认知 / 151
6.2.1　固定资产基本功能 / 151
6.2.2　固定资产初始化 / 152
6.2.3　固定资产日常业务处理 / 154

6.3　固定资产初始化实务 / 157

　　6.3.1　基本任务 / 157

　　6.3.2　拓展任务 / 163

6.4　固定资产日常业务处理实务 / 164

　　6.4.1　基本任务 / 164

　　6.4.2　拓展任务 / 170

6.5　自助维护 / 171

6.6　单元测试 / 172

第7章　应收款管理 / 174

7.1　工作情景 / 174

7.2　应收款管理认知 / 174

　　7.2.1　应收款管理基本功能 / 174

　　7.2.2　应收款管理初始化 / 175

　　7.2.3　应收款管理日常业务处理 / 176

7.3　应收款管理初始化实务 / 180

　　7.3.1　基本任务 / 180

　　7.3.2　拓展任务 / 187

7.4　应收款管理日常业务处理实务 / 188

　　7.4.1　基本任务 / 188

　　7.4.2　拓展任务 / 199

7.5　自助维护 / 200

7.6　单元测试 / 201

附录A　企业会计信息化工作规范 / 203

附录B　会计档案管理方法 / 207

附录C　财务应用综合实训 / 212

第1章 企业建账

1.1 工作情景

北京中诚通讯有限责任公司（以下简称中诚通讯）是一家从事手机及相关通信产品生产及销售的高科技企业，主要产品有智能手机和对讲机两大系列。企业目前的岗位分工情况如表 1-1 所示。

表 1-1 企业内部岗位分工

姓名	岗位	分管工作	所属部门
马国华	企业法人/总经理	全面	总经办
王莉	财务部经理	财务部全面工作	财务部
方萌	出纳	负责货币资金收付；登记现金和银行存款日记账；银行对账	财务部
白亚楠	会计	各项业务制单；应收应付确认；材料及成本核算	财务部
范文芳	采购部经理	原料及设备采购	采购部
高文庆	销售一部经理	销售一部负责人，管理一部销售工作	销售一部
沈宝平	销售二部经理	销售二部负责人，管理二部销售工作	销售二部
杜海涛	生产部经理	负责管理存货出入库	生产部

中诚通讯于 2018 年 12 月购买了用友 U8 V10.1（以下简称用友 U8）总账、UFO 报表、薪资管理、计件工资、固定资产、应收款管理、应付款管理 7 个模块，并准备于 2019 年 1 月 1 日启用 U8 系统进行财务核算，实现财务管理信息化。

目前用友服务人员已经在中诚通讯的服务器和客户端上安装了用友 U8 系统，并做好了客户端和服务器之间的配置连接。

中诚通讯目前关心以下 3 个问题。

问题一，总账、UFO 报表、薪资管理、计件工资、固定资产、应收款管理、应付款管理这 7 个模块之间有关系吗？是一起集成起来使用呢，还是一个一个独立应用呢？

这个问题涉及 3 个要点：各模块的主要功能是什么？模块之间的相互联系是什么？企业的应用模式是什么？

1．模块的主要功能

这 7 个模块功能各不相同，这里先各用一句话概括说明各模块的主要功能，帮助大家建立对模块功能及联系的简单印象，模块的详细功能将在后续章节中逐一介绍。

U8 中的总账模块能够完成凭证录入、凭证审核、记账、结账整个完整的账务处理过程，以及输出各种总分类账、日记账、明细账和有关辅助账。

UFO 报表模块能够从 U8 总账及其他模块中获取数据，生成对外财务报告和制作内部管理报表。

薪资管理和计件工资模块采用计时工资和计件工资两种方式核算职工薪酬，对工资费用进行分摊，处理与职工薪酬相关的其他费用，并将分摊结果形成凭证传递给总账。

固定资产模块进行企业固定资产的增减、变动、折旧计算，并将业务变动及折旧计算结果形成凭证传递给总账。

应收款管理模块主要用于企业与客户之间业务往来账款的核算与管理，并形成凭证传递给总账。

应付款管理模块主要实现企业与供应商之间业务往来账款的核算与管理，并形成凭证传递给总账。

2．模块之间的相互联系

U8中的各个子系统服务于企业的不同层面，为不同的管理需要而服务。子系统本身既具有相对独立的功能，彼此之间又具有紧密的联系。

以上7个模块之间的联系如图1-1所示。

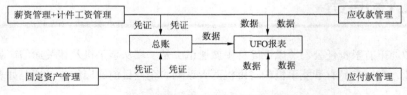

图1-1　U8财务管理各模块间的数据关系

3．企业的应用模式

各个模块既可以独立应用，也可以与其他模块集成使用。举例来说，如果只购买了总账模块，那么企业可以在总账系统中通过填制凭证来处理与职工薪酬、固定资产核算、应收应付等相关的业务。如果企业既购买了总账，也购买了应收款管理系统，那么所有与客户相关的应收与收款业务均在应收款系统处理，总账不再处理这类业务，应收款系统处理的结果会传递相应的凭证给总账。

从学习方便、易于理解的角度，本书会分别介绍每个模块的详细应用。

问题二，如何把企业现有的账务资料转移到用友U8中？

用友U8属于应用软件，是一套可以用来管理企业业务的程序。那么U8安装完成之后，如何与企业现有的基本信息和财务数据对接，即如何把企业现有的账务资料转移到用友U8中呢？

这个问题在U8系统中涉及三项应用。第一，在U8中进行企业建账；第二，在U8企业应用平台中建立企业的公共基础档案；第三，在U8各个子系统中进行选项设置和期初数据录入。本章1.3会回答如何在U8中进行企业建账这个问题。其他两项工作将在后续章节中介绍。

问题三，今后企业的全部财务数据都将存放在U8系统中，那么如何才能确保这些数据是安全的呢？

数据安全问题是每一个信息化企业都极为关注的。在U8系统中，与数据安全相关的有3个方面：数据存储安全、系统使用安全和系统运行安全。

1．数据存储安全

输入用友U8系统中的数据是存储在数据库管理系统中的。企业实际运营中，存在很多不可预知的不安全因素，如火灾、计算机病毒、误操作、人为破坏等。任何一种情况的发生，对系统及数据安全的影响都是致命的。如何在意外发生时将企业损失降至最低，是每个企业共同关注的问题。因此，系统必须提供一个保存计算机内数据的有效方法，可以定期将计算机内数据备份出来并存储到不同的介质上。备份数据一方面用于意外发生时恢复数据之用，另一方面对于异地管理的公司，还可以解决审计和数据汇总的问题。

U8系统中提供了自动备份和手工备份两种数据备份方式，具体内容将在本章1.3节中进行介绍。

2．系统使用安全

U8安装完成之后，是不是企业所有的职工都能登录到系统查看财务资料呢？显然不是。按照企业目前的岗位分工情况，企业需要在U8中设置用户（即可以登录U8系统并进行操作的人），并且按照其岗位工作内容为用户赋予相应的权限。这样，一方面可以防止无关人员登录U8系统造成数据泄露或丢失；另一方面也可以分清责任，确保内部控制制度发挥作用。

U8 系统中提供了用户及权限设置，具体内容将在本章 1.3 节中进行介绍。

3．系统运行安全

U8 使用过程中由于用户操作不当、计算机病毒侵入等原因，会出现各种各样的问题，那么，如何及时发现问题并采用有效方法解决问题，保证系统正常运行呢？

U8 系统管理界面可以随时监控系统的登录及使用情况，对系统运行过程中的异常任务和单据锁定，系统管理员可以轻松清除，保证系统正常使用。另外，系统管理中的上机日志对各个模块的登录情况，具体到哪位用户、何时、操作了哪项具体功能等情况都进行了详细记录，方便维护人员及时排除故障，确保系统安全运行。

1.2 企业建账认知

1.2.1 何为企业建账

用友 U8 安装完成之后，只是在计算机中安装了一套可以用来管理企业业务的程序，其中没有任何数据。无论企业原来是用手工记账，还是使用其他软件进行财务核算，都需要把既有的数据建立或转移到新系统中。

在用友 U8 系统中建立企业的基本信息、核算方法、编码规则等，称为建账。其本质是在数据库管理系统中为企业创建一个新的数据库，用于存储和管理企业的各种业务数据。

1.2.2 谁负责企业建账

对中小企业来说，企业信息化后，需设置专人或专岗负责以下工作：

① 按照企业的岗位分工要求在 U8 中设置系统操作员，并分配其对应权限；

② 按已确定的企业核算特点及管理要求进行企业建账；

③ 随时监控系统运行过程中出现的问题，清除异常任务、排除运行故障；

④ 保障网络系统的安全，预防计算机病毒侵入；

⑤ 定期进行数据备份，保障数据安全、完整。

这个岗位我们称为系统管理员。有条件的企业可设置专人担任系统管理员，不具备条件的可由现有岗位人员兼任此岗。

系统管理员的工作性质偏技术，他不能参与企业实际业务处理工作。

1.2.3 在哪里进行企业建账

在用友 U8 中有一个特殊的模块——系统管理。如同盖高楼大厦预先要打地基一样，系统管理对整个 U8 系统的公共任务进行统一管理，U8 其他任何模块的独立运行都必须以此为基础。

系统管理模块安装在企业的数据服务器上，其具体功能包括以下几个方面。

1．账套管理

账套是一组相互关联的数据。每一个独立核算的企业都有一套完整的账簿体系，把这样一套完整的账簿体系建立在计算机系统中就称为一个账套。每一个企业也可以为其每一个独立核算的下级单位建立一个核算账套。换句话讲，在用友 U8 中，可以为多个企业（或企业内多个独立核算的部门）分别建账，且各账套数据之间相互独立、互不影响，系统最多允许建立 999 个企业账套。

账套管理功能一般包括建立账套、修改账套、删除账套、引入/输出账套等。

2．账套库管理

账套是账套库的上一级，账套库和账套是两个不同的概念。账套是由一个或多个账套库组成的。一个账套对应一个经营实体或核算单位，账套中的某个账套库对应这个经营实体的某年度区间内的业务数据。中诚通讯建立"123 账套"并于 2018 年启用，然后在 2019 年年初建立 2019 的账套库，则"123 中诚通讯"账套中有两个账套库即"123 中诚通讯 2018 年"和"123 中诚通讯 2019 年"；如果连续使用也可以不建新库，直接录入 2019 年数据，则"123 中诚通讯"账套中就只有一个账套库即"123 中诚通讯 2018～2019 年"。

设置账套和账套库两层结构的好处是：第一，便于企业的管理，如进行账套的上报，跨年度区间的数据管理结构调整等；第二，方便数据备份输出和引入；第三，减少数据的负担，提高应用效率。

账套库管理包括账套库的建立、引入、输出、账套库初始化和清空账套库数据。

3．权限管理

为保证系统及数据的安全，系统管理提供了权限管理功能。通过限定用户的权限，一方面可以避免与业务无关的人员进入系统，另一方面可以对 U8 系统所包含的各个模块的操作进行协调，以保证各负其责，流程顺畅。

用户及权限管理包括设置角色、设置用户及为用户分配功能权限。

4．系统安全管理

对企业来说，系统运行安全、数据存储安全是非常重要的，U8 系统管理中提供了 3 种安全保障机制。第一，在系统管理界面，可以监控整个系统运行情况、随时清除系统运行过程中的异常任务和单据锁定；第二，可以设置备份计划让系统自动进行数据备份，当然在账套管理和账套库管理中可以随时进行人工备份；第三，可以管理上机日志，上机日志对系统所有操作都进行了详细记录，为快速定位问题及原因提供了线索。

1.2.4 如何进行企业建账

为了引导大家快速掌握企业建账的工作流程，我们把企业建账过程总结为"五部曲"，如图 1-2 所示。

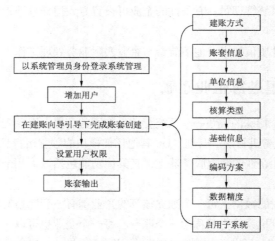

图 1-2 企业建账的工作流程

1.3 企业建账实务

1.3.1 基本任务

本章的基本任务是掌握企业建账的工作流程及具体内容。

 ### 企业建账资料

根据 U8 系统要求，整理中诚通讯企业建账相关资料如下。

1．用户及其权限

根据目前的岗位分工，整理 U8 系统的用户及其权限如表 1-2 所示。

表 1-2 用户及其权限

操作员编号	操作员姓名	所属角色	需要给用户设置的权限
401	王莉	账套主管	账套主管默认拥有所有权限
402	方萌	普通员工	出纳、出纳签字、查询凭证
403	白亚楠	普通员工	总账、应收款管理、应付款管理、固定资产、人力资源

注：为方便起见，所有用户口令均为空；所属部门均为"财务部"；认证方式均为"用户+口令"。

2．账套信息

账套号：123

账套名称：中诚通讯

启用会计期：2019 年 1 月

单位名称：北京中诚通讯有限责任公司

单位简称：中诚通讯

单位地址：北京市丰台区公益大街 100 号

法人代表：马国华

税号：110105473287222

企业类型：工业

行业性质：2007 年新会计制度科目

账套主管：王莉

基础信息：对存货、客户进行分类

分类编码方案

科目编码级次：422

客户分类编码级次：12

存货分类编码级次：12

部门编码级次：12

结算方式编码级次：12

收发类别编码级次：12

数据精度：2

建账完成后不进行系统启用。

企业建账指导

1．以系统管理员身份登录系统管理模块

操作指导：

① 执行"开始"|"所有程序"|"用友 U8V10.1"|"系统服务"|"系统管理"命令，进入"用友 U8[系统管理]"窗口。

② 执行"系统"|"注册"命令，打开"登录"对话框。

③ "登录到"文本框中需要给定 U8 应用服务器的名称或 IP 地址。

以系统管理员身份
登录系统管理模块

 在教学环境中采用单机方式实训时，数据服务器和应用服务器一般均为本机。企业信息化应用模式下，U8 安装完成后要进行应用服务器和数据服务器、客户端和应用服务器的互联，此处应填写的是 U8 应用服务器的名称或 IP 地址。

④ 在"操作员"文本框中显示用友 U8 默认的系统管理员"admin"，系统默认管理员密码为空，如图 1-3 所示。

 用友 U8 默认的系统管理员为"admin"，不区分大小写字母；初始密码为空，可以修改。如设置系统管理员密码为"u8star"的方法是：在"登录"对话框中，选中"修改密码"复选框，单击【登录】按钮，打开"设置操作员密码"对话框，在"新密码"和"确认新密码"后面的文本框中均输入"u8star"，最后单击【确定】按钮返回系统管理界面。

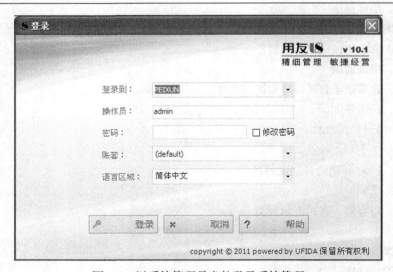

图 1-3　以系统管理员身份登录系统管理

⑤ 单击【登录】按钮，进入系统管理界面，最下面的状态栏中显示当前操作员[admin]，如图 1-4 所示。

 系统管理界面中显示为黑色的菜单项即为系统管理员在系统管理中可以执行的操作。请归纳一下，系统管理员在系统管理中拥有哪些权限？

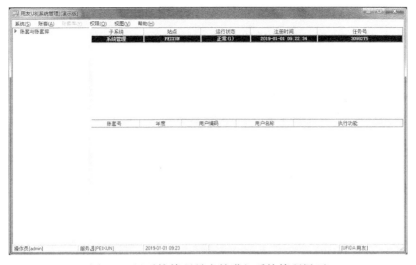

图 1-4 以系统管理员身份进入系统管理界面

2．增加用户

操作指导：

① 以系统管理员身份注册进入系统管理界面，执行"权限"|"用户"命令，进入"用户管理"窗口。

增加用户

 提示　　只有系统管理员才有权限增加角色和用户。用户管理窗口中已存在的四位用户是 U8 系统预置的。管理员用户 admin 不可删除。

② 单击【增加】按钮，打开"操作员详细情况"对话框。

 提示　　在对话框中，蓝色字体标注的项目为必输项，其余项目为可选项。这一规则适用于 U8 所有界面。

③ 按表 1-2 中所提示的资料输入操作员信息。如输入账套主管 401 王莉的相关信息，如图 1-5 所示。

编号：用户编号在 U8 系统中必须唯一，即使是不同的账套，用户编号也不能重复。本例输入"401"。

姓名：准确输入该用户的中文全称。用户登录 U8 进行业务操作时，此处的姓名将会显示在业务单据上，以明确责任。本例输入"王莉"。

用户类型：有普通用户和管理员用户两种。普通用户指登录系统进行各种业务操作的人；管理员用户的性质与 admin 相同，他们只能登录系统管理进行操作，而不能接触企业业务。本例选择"普通用户"。

认证方式：提供用户+口令（传统）、动态密码、CA 认证、域身份验证 4 种认证方式。用户+口令（传统）是 U8 默认的用户身份认证方式，即通过系统管理中的用户管理来设置用户的安

图 1-5 增加用户

全信息。本例采取系统默认。

口令：设置操作员口令时，为保密起见，输入的口令字在屏幕上以"*"号显示。本例不设置口令。

所属角色：系统预置了账套主管、预算主管、普通员工 3 种角色。用户可以执行"权限"｜"角色"增加新的角色。本例选择所属角色"账套主管"。

每增加一个用户完成后，单击【增加】按钮继续增加下一位用户，全部完成后，单击【取消】按钮返回。

> 如果定义了用户所属角色，则不能删除，必须先取消用户角色。
>
> 所设置的用户一旦被引用，便不能被删除。
>
> 如果操作员调离企业，可以通过"修改"功能注销"当前用户"。

3．建立账套

操作指导：

建立账套

① 以系统管理员的身份登录系统管理界面，执行"账套"｜"建立"命令，打开"创建账套-建账方式"对话框。选中"新建空白账套"选项，单击【下一步】按钮，打开"创建账套-账套信息"填写界面，进行账套信息设置。

> 系统提供"新建空白账套"和"参照已有账套"两种建账方式。如果企业是第一次使用 U8，可以选择"新建空白账套"方式建账。如果企业已经在用 U8，但由于扩展分支机构等原因，需要建立一个与已有账套相似的账套，包含相同的基础档案和初始数据，企业可以选择"参照已有账套"方式建账。

② 账套信息。

已存账套：系统将已存在的账套以下拉列表框的形式显示，用户只能查看，不能输入或修改，目的是为了避免重复建账。

账套号：账套号是该企业账套的唯一标识，必须输入，且不得与计算机内已经存在的账套号重复。可以输入 001-999 中的 3 个字符。本例输入账套号 123。

账套名称：账套名称可以输入核算单位的简称，必须输入，进入系统后，它将显示在正在运行的软件的界面上。本例输入"中诚通讯"。

账套语言：系统默认选中"简体中文"选项。从系统提供的选项中可以看出，U8 还支持繁体中文和英文作为账套语言，但简体中文为必选。

账套路径：用来确定新建账套将要被放置的位置，系统默认的路径为"C:\U8SOFT\ Admin"，用户可以人工更改，也可以单击"…"按钮进行参照选择输入。

启用会计期：指开始使用 U8 系统进行业务处理的初始日期，必须输入。系统默认为计算机的系统日期，本例将其更改为"2019 年 1 月"。系统自动将自然月作为会计核算期间。

> 如果企业的实际会计核算期间与自然日期不一致，如企业以每月 25 日为结账日，25 日以后的业务记入下个月，那么可以单击【会计期间设置】按钮，打开"会计月历-建账"对话框。系统根据前面"启用会计期"的设置，自动将启用月以前的日期标识为不可修改的部分；将启用月以后的日期（仅限于各月的结束日期，至于各月的起始日期则随上月结束日期的变动而变动）标识为可以修改的部分。用户可以自行设置。

是否集团账套：不选择。

建立专家财务评估数据库：不选择。

输入完成后，如图 1-6 所示。单击【下一步】按钮，打开"创建账套-单位信息"填写界面。

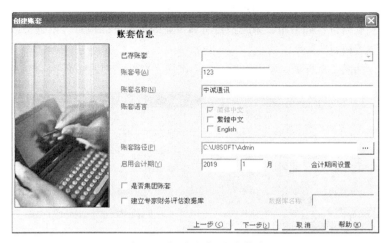

图 1-6 创建账套-账套信息

③ 单位信息。

单位名称：必须输入企业的全称。企业全称在正式发票中使用，其余情况全部使用企业简称。本例输入"北京中诚通讯有限责任公司"。

单位简称：用户单位的简称，最好输入。本例输入"中诚通讯"。

其他栏目都属于任选项，参照所给资料输入即可。

输入完成后，如图 1-7 所示。单击【下一步】按钮，打开"创建账套-核算类型"填写界面。

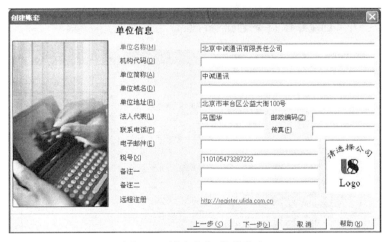

图 1-7 创建账套-单位信息

④ 核算类型。

本币代码：必须输入。本例采用系统默认值"RMB"。

本币名称：必须输入。本例采用系统默认值"人民币"。

企业类型：系统提供了工业、商业、医药流通 3 种类型。如果选择"工业"，则系统不能处理受托代销业务；如果选择"商业"，则系统不能处理产成品入库、材料领用出库业务。本例采用系统默认值"工业"。

行业性质：用户必须从下拉列表框中选择输入，系统将按照所选择的行业性质预置科目。本例采用系统默认值"2007 年新会计制度科目"。

账套主管：从下拉列表框中选择输入"[401] 王莉"。

按行业性质预置科目：如果希望系统预置所属行业的标准一级科目，则选中该复选框。本例选择"按行业性质预置科目"。

输入完成后，如图 1-8 所示。单击【下一步】按钮，打开"创建账套-基础信息"填写界面。

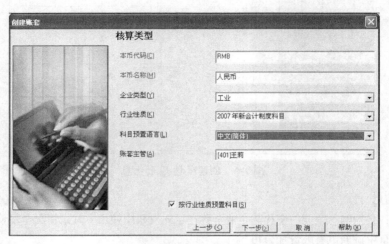

图 1-8　创建账套-核算类型

⑤ 基础信息。如果单位的存货、客户、供应商相对较多，可以对它们进行分类核算。如果此时不能确定是否进行分类核算，也可以建账完成后由账套主管在"修改账套"功能中重新设置。

按照本例要求，选中"存货是否分类""客户是否分类"两个复选框，如图 1-9 所示。单击【下一步】按钮，打开"创建账套-准备建账"界面。

图 1-9　创建账套-基础信息

⑥ 准备建账。单击【完成】按钮，弹出系统提示"可以创建账套了么？"，如图 1-10 所示。单击【是】按钮，系统依次进行初始化环境、创建新账套库、更新账套库、配置账套信息等工作，这个过程需要一段时间才能完成，需要耐心等待。完成以上工作后，打开"编码方案"对话框。

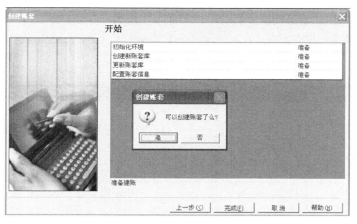

图 1-10　创建账套-准备建账

⑦ 分类编码方案。为了便于对经济业务数据进行分级核算、统计和管理，系统要求预先设置某些基础档案的编码规则，即规定各种编码的级次及各级的长度。

按资料所给内容修改系统默认值，如图 1-11 所示，单击【确定】按钮，再单击【取消】按钮，打开"数据精度"对话框。

提示

科目编码级次中第 1 级科目编码长度根据建账时所选行业性质自动确定，此处显示为灰色，不能修改，只能设定第 1 级之后的科目编码长度。删除编码级次时从末级删除。

项目	最大级数	最大长度	单级最大长度	第1级	第2级	第3级	第4级	第5级	第6级	第7级	第8级	第9级
科目编码级次	13	40	9		2	2						
客户分类编码级次	5	12	9	1	2							
存货分类编码级次	8	12	9	1	2							
部门编码级次	9	12	9	1	2							
地区分类编码级次	5	12	9	2	3	4						
费用项目分类	5	12	9	1	2							
结算方式编码级次	2	3	3	1	2							
货位编码级次	8	20	9	2	3	4						
收发类别编码级次	3	5	5	1	2							
项目设备	8	30	9	2	2							
责任中心分类档案	5	30	9	2	2							
项目要素分类档案	6	30	9	2	2							
客户权限组级次	5	12	9	2	3	4						
供应商权限组级次	5	12	9	2	3	4						

图 1-11　编码方案

⑧ 数据精度定义。数据精度涉及核算精度问题。涉及购销存业务环节时，会输入一些原始单据，如发票、出入库单等，需要填写数量及单价，数据精度定义是确定有关数量及单价的小数位数的。本例采用系统默认的位数。单击【确定】按钮，系统显示"正在更新单据模板，请稍等"信息提示。

⑨ 完成建账。完成单据模板更新后，系统弹出建账成功信息提示，如图 1-12 所示。单击【否】按钮，系统弹出"请进入企业应用平台进行业务操作！"信息提示框，单击【确定】按钮，返回系统管理界面。

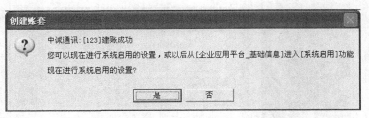

图 1-12　建账成功信息提示

建账完成后，编码方案、数据精度、系统启用项目可以由账套主管在"企业应用平台"|"基础设置"|"基本信息"中进行修改。

4．用户权限设置

（1）指定/取消账套主管

可以在 3 个环节中确定用户的账套主管身份。第一，在增加用户环节，指定用户所属角色为"账套主管"；第二，在建立账套环节指定某用户为该账套主管（见图 1-8）；第三，在权限设置环节，如下所述。只有系统管理员能够指定账套主管。

操作指导：

① 以系统管理员身份注册进入系统管理界面，执行"权限"|"权限"命令，进入"操作员权限"窗口。

② 从窗口右上角账套列表下拉框中选择"[123]中诚通讯"。

③ 在操作员列表中选择"demo"，选中"账套主管"复选框，系统弹出提示"设置普通用户：[demo]账套主管权限吗？"，如图 1-13 所示。

指定/取消账套主管

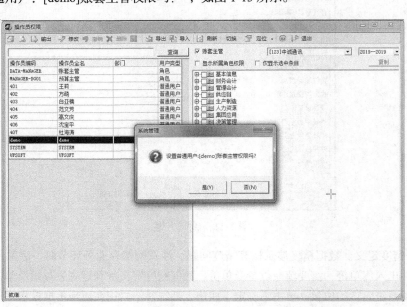

图 1-13　指定账套主管

④ 单击【是】按钮确定，用户 demo 拥有了账套主管权限。

提示 一个账套可以设定多个账套主管。账套主管用户自动拥有该账套的所有操作权限。

⑤ 取消 demo 的账套主管权限。再次单击"账套主管"复选框，系统弹出提示"取消普通用户：[demo]账套主管权限吗？"单击【是】按钮，取消 demo 的账套主管权限。

（2）给操作员赋权

系统管理员和账套主管都可以给用户赋权，但两者在权限上有区别。系统管理员可以给系统中任何用户赋账套主管或其他权限；账套主管只能给自己所管辖的账套的用户赋权，而且不能赋账套主管权限。

操作指导：

① 在操作员权限窗口中，选择"[123]中诚通讯"账套，再从操作员列表中选择"402 方萌"，单击【修改】按钮。

② 选中"财务会计"前的"+"图标，选中"总账"前的"+"图标，展开"总账"，选中"出纳"复选框；展开"总账""凭证"，选中"出纳签字"和"查询凭证"复选框，如图 1-14 所示，单击【保存】按钮。

③ 同理，为"403 白亚楠"赋权。

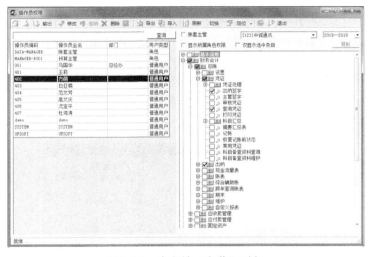

图 1-14 为出纳"方萌"赋权

 难点

角色

京剧中有老生、小生、花旦等角色；学校有校长、系主任、教师等角色；财务人员中有会计主管、总账会计、出纳等角色。用友 U8 中，角色是指在企业管理中拥有某一类职能的组织，这个角色组织可以是实际的部门，也可以是由拥有同一类职能的人构成的虚拟组织。

【案例解析】

如果某集团公司有会计主管 10 位、总账会计 30 位、预算会计 10 位、出纳 15 位，现在让你给这65位人员分别赋权，应如何设置？

如果采用首先增加65位用户，然后再分别给65位用户进行赋权的方式，虽然可以达成，但操作过于烦琐，工作量大，容易出错。并且，一旦用户角色发生变化，如小王以前担任出纳工作，现在调到总账会计岗，那么需要重新修改小王的权限。下面我们利用 U8 中角色设置轻松解决这类问题。

操作指导：

① 执行"权限"|"角色"命令，分别建立会计主管、总账会计、预算会计、出纳4种角色。

② 执行"权限"|"权限"命令，分别为以上角色赋予相应的权限。

③ 执行"权限"|"用户"命令，在建立每一位用户时将他们指定到对应的角色。角色权限自动传递给用户，这样就不用一一给用户赋权了。

以后用户角色一旦发生变化，在 U8 系统中只需要通过"修改"用户，取消小王的出纳角色，重新指定为总账会计角色即可。这样是不是简便很多呢？

用户和角色设置不分先后顺序，但对于自动传递权限来说，应该首先设定角色，然后分配权限，最后进行用户的设置。这样在设置用户的时候，只要选择其归属哪一个角色，该用户将自动具有该角色的权限。

一个角色可以拥有多个用户，一个用户也可以分属于多个不同的角色。

5．修改账套

如果在建账过程中有考虑不周或误操作之处，可以由账套主管在系统管理中对账套信息进行修改。

【拓展 1】中诚通讯 2019 年准备拓展海外业务，因此需要设置"有外币核算"业务。

操作指导：

① 执行"系统"|"注册"命令，打开"登录"对话框。录入操作员"401"（或王莉），密码为空，单击"账套"栏的下三角按钮，选择"[123]（default）中诚通讯"，如图 1-15 所示。

修改账套

图 1-15　以账套主管身份登录系统管理

如果此时系统管理员已经登录了系统管理，则应先通过执行"系统"|"注销"命令注销当前操作员，然后再由账套主管重新注册。

② 单击【登录】按钮，以账套主管的身份登录系统管理。浏览系统管理功能菜单，黑色字体

功能项即为账套主管的权限范围。由此可见，账套主管有修改账套、账套库管理、为本账套用户赋权等权限。

③ 执行"账套"｜"修改"命令，打开"修改账套"对话框。单击【下一步】按钮，找到"基础信息"对话框，选中"有无外币核算"复选框。依照系统提示完成账套修改。

6．账套输出

为了保护计算机内数据安全，企业应定期进行数据备份。U8 中提供了自动备份和人工备份两种方式，此处介绍人工账套输出的方法，自动备份输出方式在 1.3.2 节介绍。只有系统管理员有权限进行账套输出。

假设将本书所有实验存储于"E:\实验账套"文件夹中，则首先需要在"E:\"中建立"实验账套"目录，再在该目录中分别建立"企业建账""基础设置"等文件夹，用于存放本书中各实验结果。将本账套输出至"E:\实验账套\企业建账"中步骤如下。

操作指导：

① 以系统管理员身份注册进入系统管理，执行"账套"｜"输出"命令，打开"账套输出"对话框。

账套输出

② 从"账套号"下拉列表中选择要输出的账套，在"输出文件位置"输入框中选择"E:\实验账套\企业建账\"，如图 1-16 所示。

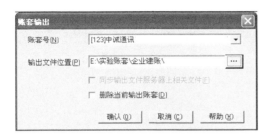

图 1-16　账套输出

③ 单击【确认】按钮，系统将对企业账套数据库进行整理，稍候，系统弹出提示框"输出成功！"，单击【确定】按钮。

④ 账套输出之后在指定路径下形成两个文件：UFDATA.BAK 和 UfErpAct.Lst。这两个文件不能直接打开，只能通过系统管理中的账套引入功能引入 U8 中，才能正常查询。

提示

输出账套之前，最好关闭所有系统模块。如果将"删除当前输出账套"复选框选中，系统会先输出账套，然后进行删除确认提示，最后删除当前账套。

1.3.2　拓展任务

1．设置自动备份计划

设置自动备份计划是一种由系统自动备份数据的方式。利用该功能，可以实现定时、自动输出多个账套，有效减轻了系统管理员的工作量，保障了系统数据安全。

【拓展 2】设置自动备份计划如下。

计划编号：2019-1

计划名称：123 账套备份

备份类型：账套备份

发生频率：每天

发生天数：1

开始时间：22:00

有效触发：2

保留天数：15

备份路径：D:\账套备份

账套：123 北京中诚通讯有限责任公司

操作指导：

① 在 D: 盘中新建"账套备份"文件夹。

② 以系统管理员身份登录系统管理界面，执行"系统"|"设置备份计划"命令，进入"备份计划设置"窗口。

③ 单击【增加】按钮，打开"备份计划详细情况"对话框。

④ 录入计划编号"2019-1"、计划名称"123 账套备份"；单击"发生频率"栏的下三角按钮，选择"每天"；在"发生天数"栏默认"1"；在"开始时间"栏录入"22:00:00"；在"保留天数"栏输入 15；单击【增加】按钮，选择"D:\账套备份\"文件夹为备份路径；选中"123 中诚通讯"作为备份账套，如图 1-17 所示。

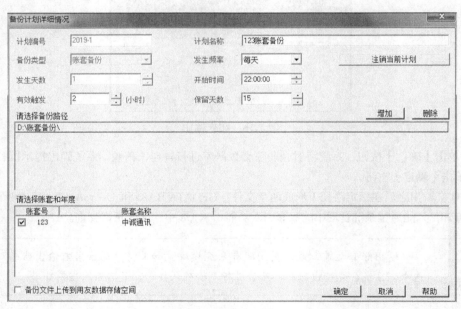

图 1-17 增加备份计划

⑤ 单击【确定】按钮，保存备份计划设置，单击【取消】按钮退出。

2．应用服务器配置

用友 U8 是运行于局域网环境下的 C/S 架构的应用软件，采用三层架构体系，即逻辑上分为数据服务器、应用服务器和客户端。数据服务器上存放 U8 所有的数据；应用服务器为客户端提供应用服务。采用三层架构体系，可以提供系统的效率与安全性。

物理上，既可以将数据服务器、应用服务器和客户端安装在一台计算机上，即单机应用（模式学校教学多数采用单机模式）；也可以将数据服务器和应用服务器安装在一台计算机上，将客户端安装在另一台计算机上；还可以将数据服务器、应用服务器和客户端分别安装在 3 台不同的计算机上。如果在服务端和客户端安装了不同的内容，需要进行三层结构的互联。

（1）应用服务器与数据服务器的连接

操作指导：

① 执行"开始"｜"所有程序"｜"用友 U8V10.1"｜"系统服务"｜"应用服务器配置"命令，打开"U8 应用服务器配置工具"对话框，如图 1-18 所示。

② 双击"数据库服务器"按钮，打开"数据源配置"对话框，如图 1-19 所示。

③ 默认数据源为（default），目前数据服务器为"PEIXUN"。可以新建数据源或修改现有数据源。

（2）客户端与应用服务器的连接

在 U8 系统登录界面"登录到"文本框（见图 1-3）中就是指定客户端要登录到的应用服务器的名称或 IP 地址。

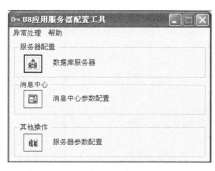

图 1-18　U8 应用服务器配置工具

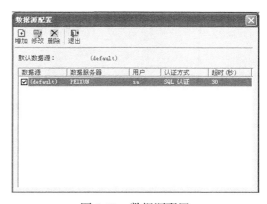

图 1-19　数据源配置

1.4　自助维护

Q1. 同样装的是 U8 10.1 版，为什么我在个人计算机上做的账套输出后不能在学校的计算机上引入？

如果 U8 软件版本一致，那么可能的原因是 SQL Server 数据库版本不一致。SQL Server 数据库管理系统是运行 U8 必需的一款系统软件，同样存在多个版本，如 SQL Server 2000、SQL Server 2005、SQL Server 2008 等，在低版本 SQL Server 上做的账套数据在高版本 SQL Server 上可以引入，在高版本 SQL Server 上做的账套数据在低版本 SQL Server 上不能引入。

操作指导：

① 以系统管理员身份登录系统管理，执行"系统"｜"升级 SQL Server 数据"命令，打开"升级 SQL Server 数据"对话框。

② 选择需要升级的账套和账套库，单击【确认】按钮进行升级。

Q2. 出现异常任务和单据锁定时该怎么处理？

如果 U8 服务端超过限制时间未工作或由于不可预见的原因非法退出系统，会被系统识别为异常任务，在系统管理主界面中显示"运行状态异常"。"运行状态异常"会带来两种后果：一是占用系统资源，企业购买软件时是有用户数限制的，运行异常的任务也占用了一个用户的操作资源，影响其他用户登录；二是如果该任务是独占性质的任务（独占是指该功能执行时与其他功能互斥，如月末结账时是不允许其他业务同时处于运行状态的），会影响其他操作的正常执行。

同样，如果 U8 客户端正在填制业务单据，如填制采购入库单且尚未保存的情况下突然发生系统断电、死机或网络中断等不可预见的情况，系统会锁定当前操作的单据。再次启动系统并重新填制采购入库单时，系统会提示采购入库单正在使用无法增加，这时就需要用到系统管理中的清除单据锁定功能。

针对异常任务和单据锁定的情况，可以参考如下解决方案。

以系统管理员身份登录系统管理界面，执行"视图"|"清除异常任务"或"清除单据锁定"命令，如图 1-20 所示。

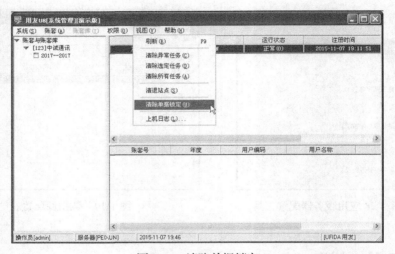

图 1-20 清除单据锁定

Q3. 以系统管理员身份登录系统管理界面时，系统显示如图 1-21 所示。

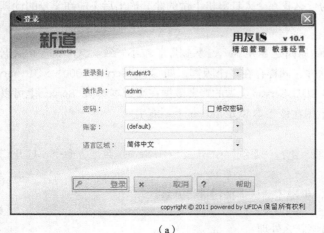

（a）

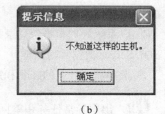

（b）

图 1-21 登录时系统提示

图 1-21（a）所示是客户端登录到应用服务器 student3 的界面。图 1-22（b）所示的系统提示表示应用服务器目前并没有开启，因此"登录到"文本框中录入正确的服务器机器名或 IP 地址即可。

1.5　单元测试

一、判断题

1. 数据库管理系统是运行 U8 系统必须的系统软件。
2. 在 U8 中，不仅可以建立多个账套，还可以在每个账套中存放多个年度的数据。
3. 账套主管只能在建立账套时由系统管理员指定。
4. 只有以账套主管的身份登录管理系统才能进行创建账套的工作。
5. 从系统安全考虑，操作员应定期通过系统管理员更改自己的密码。
6. 一个账套，可以指定多个账套主管。
7. 编码方案在建账时一旦设置完成，便不得修改。
8. 必须先建立角色，再建立用户。

二、选择题

1. 以下（　　　）项目不需在建立账套过程中确定。
   A. 会计主管　　　　　　　　　　B. 企业行业类型
   C. 账套启用会计期　　　　　　　D. 单位名称
2. 系统管理员无权进行以下哪种操作？（　　　）
   A. 建立账套　　B. 修改账套　　　C. 删除账套　　　　D. 引入账套
3. 如果出纳员张欣一年后调出本企业，为确保系统安全，应在系统管理中做何处理？（　　　）
   A. 将张欣的名字修改为新来的出纳　　B. 删除操作员
   C. 注销当前操作员　　　　　　　　　D. 停用当前账套
4. 引入账套时，如果系统内已存在相同账套号的数据，则（　　　）。
   A. 无法引入
   B. 覆盖系统中同账套号内的所有数据
   C. 恢复为账套号不同的另外一个账套
   D. 将引入进来的数据追加到系统中同账套号的账套中
5. 关于输出账套，以下说法错误的是（　　　）。
   A. 必须选择要备份的账套　　　　　B. 必须由系统管理员登录系统管理
   C. 本月所有系统必须已结账　　　　D. 必须选择输出的路径
6. 增加操作员时，必须输入的项目包括（　　　）。
   A. 操作员编号　　B. 操作员姓名　　C. 操作员口令　　D. 操作员所属部门
7. 关于账套主管，以下说法正确的是（　　　）。
   A. 可以增加用户　　　　　　　　　B. 可以为本账套的用户设置权限
   C. 自动拥有本账套所有权限　　　　D. 可以删除自己所管辖的账套

8. 如果要给王莉赋账套主管，以下哪种方法是可行的？（　　　）

A. 在建立用户时由系统管理员指定王莉为账套主管角色

B. 由王莉建立账套便自动成为该账套账套主管

C. 在建立账套时由系统管理员指定王莉为该账套账套主管

D. 在权限中由系统管理员指定王莉为该账套账套主管

9. 建立账套时需要确定的基础信息包括以下哪一项？（　　　）

A. 存货是否分类　B. 客户是否分类　　C. 是否有外币核算　D. 是否有数量核算

10. 关于系统管理员，以下说法正确的是（　　　）。

A. 其名称为 ADMIN，不能更改

B. 其口令为空，且不允许更改

C. 系统不区分 ADMIN 的大小写

D. 系统管理员可以为系统内所有的账套指定账套主管

三、问答题

1. 系统管理中有哪些主要功能？

2. 能登录系统管理的人员有哪些？

3. 账套和账套库之间有何联系？

4. 角色和用户之间有何关联？

5. U8 系统提供了哪些保障系统安全的手段？

6. 系统管理员都有哪些权限？账套主管有哪些权限？

7. U8 系统用户身份认证有哪几种方式？

8. 选择企业类型为"工业"还是"商业"会对业务处理造成何种影响？

第2章 基础设置

2.1 工作情景

问题一，企业购买了总账、UFO 报表、薪资管理、固定资产、应收款管理和应付款管理。财务部日常工作就很忙碌，新系统的学习和熟练使用也需要一段时间，是否可以先使用总账、UFO 报表，待熟悉之后再使用其他系统呢？

用友 U8 管理软件分为财务会计、管理会计、供应链、生产制造、人力资源、集团应用、决策支持和企业应用集成等产品组，每个产品组中又包含若干模块，它们中大多数既可独立运行，又可以集成使用，但集成使用和独立使用在某些功能的用法上是有差异的。一方面，企业可以按照信息化整体规划及本身的管理特点选购不同的产品组；另一方面，企业也可以采取循序渐进的策略有计划地先启用一些模块，一段时间之后再启用另外一些模块。

U8 中提供了系统启用功能。可以独立地设置每个子系统的启用时间，只有设置了系统启用的模块才可以登录。

问题二，建账完成后只是在数据库管理系统中为中诚通讯建立了一个新的数据库，里面没有任何数据，那么接下来我们需要做些什么呢？

总账是 U8 管理软件最核心的一个模块。为了系统学习总账功能，可以先启用总账系统。但在正式开始使用总账之前，还需要事先输入业务处理必须用到的一些基础档案，如部门、人员、客户、供应商、凭证类别、会计科目等。这些基础档案不仅总账模块要使用、其他模块也要使用。

所有模块的公共基础档案均在 U8 企业应用平台中录入。

问题三，限于目前财务人员的工作强度，企业目前的财务核算比较粗放，在将手工会计核算向信息化平台迁移的过程中，是照搬照抄目前的账户设置还是需要做一些改变呢？信息系统有哪些优势可以用来细化核算，为管理提供更多有价值的信息呢？

从手工核算到信息化管理不是简单的照搬照抄，而是要将企业的管理需求和管理软件优势功能相结合。U8 中提供了灵活的科目辅助核算、常用摘要、常用凭证、自定义项和自由项等，可以帮助企业规范业务核算、优化账户设置、详细记录业务信息、方便管理查询，以充分发挥信息系统的优势。

2.2 基础设置认知

2.2.1 何为基础设置

建账只是在数据库管理系统中为中诚通讯建立了一个新的数据库，用来存放企业即将录入的各种业务数据。当经济业务发生时，企业要进行正确的记录和计量，此时，首先要保证要使用的子系统已经启用，因为只有启用的子系统才可以登录。其次进行业务记录要用到很多基础信息，如收款要涉及客户、报销要涉及部门和人员、录入凭证要用到凭证类型和会计科目等。因此，必须要事先将这些公共的基础信息建立到企业账套中，才能开始日常业务处理。

2.2.2　在哪里进行基础设置

用友 U8 中有一个企业应用平台。顾名思义，企业应用平台就是用友 U8 管理软件的集成应用平台，是用户、合作伙伴访问 U8 系统的唯一入口。

按照不同的用途，企业应用平台中划分了 3 个功能组：系统服务、基础设置和业务工作。这 3 个功能组的主要功能，如图 2-1 所示。

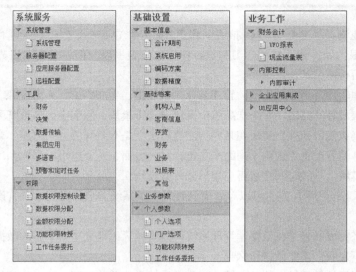

图 2-1　企业应用平台功能组

1. 系统服务

系统服务功能组主要是为系统安全正常运行而设，主要包括系统管理、服务器配置、工具和权限。

用友 U8 管理软件，提供了 3 种不同性质的权限管理：功能权限、数据权限和金额权限。功能权限在系统管理中进行设置，主要规定了每个操作员对各模块及细分功能的操作权限。数据权限是针对业务对象进行的控制，可以选择对特定业务对象的某些项目和某些记录进行查询和录入。金额权限的主要作用体现在两个方面：一是设置用户在填制凭证时对特定科目允许输入的金额范围；二是设置在填制采购订单时允许输入的采购金额范围。

2. 基础设置

基础设置功能组主要包括设置 U8 各模块公用的基本信息、基础档案、单据设置等。

（1）基本信息

在基本信息中可以对企业建账过程中设定的会计期间、编码方案和数据精度等进行修改，还可以进行 U8 子系统启用设置。

系统启用是指设定在用友 U8 管理软件中各个子系统开始使用的日期。只有设置为启用的子系统才可以登录。

（2）基础档案

每个企业选购的是 U8 中不同的子系统，这些子系统共享基础档案信息，基础档案是 U8 系统运行的基石。企业在启用新账套之始，应根据本单位的实际情况及业务需求进行基础档案的整理工作，并正确地录入系统。

设置基础档案的前提是先确定基础档案的分类编码方案。基础档案的设置必须要遵循分类编码方案中所设置的级次及各级编码长度的规定。按照基础档案的用途，系统将基础档案划分为机构人员、客商信息、存货、财务、收付结算信息等类。

由于企业基础数据之间存在前后承接关系（如必须在设置客户分类的基础上再设置客户档案），因此，基础档案的设置应遵从一定的顺序。

（3）单据设置

单据是企业经济业务发生的证明，如代表货物发出的销售发货单、代表材料入库的采购入库单，还有购销业务中的专用发票等。单据设置包括单据格式设置、单据编号设置和单据打印控制。

不同企业各项业务处理中使用的单据可能存在细微的差别，用友 U8 管理软件中预置了常用单据模板，允许用户对各单据类型的多个显示模板和多个打印模板进行设置，以满足企业个性化的单据格式需求。单据编号是单据的标识，U8 系统默认单据采取流水编号。如果企业根据业务需要有特定的编号规则，可以设置为手工编号方式。

3．业务工作

业务工作功能组集成了登录用户拥有操作权限的所有功能模块，它们分类归属于各功能组中。业务工作功能组为企业用户提供了进入用友 U8 各子系统的唯一入口。

> 业务工作下的财务会计中目前没有显示总账、固定资产、应收款管理、应付款管理等，是因为这些模块目前还没有启用，因此也就不提供登录入口。UFO 报表是不需要启用的。

2.2.3 如何进行基础设置

在 U8 系统中，每一项基础档案都要进行编码，编码要符合编码方案的规定。企业在建账环节已经设置了编码方案，在企业应用平台中可以对编码方案进行修改。基础设置的工作流程，如图 2-2 所示。

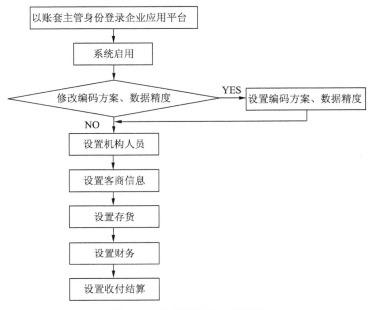

图 2-2 基础设置的工作流程

2.3 基础设置实务

2.3.1 基本任务

本章的基本任务是掌握基础设置的主要内容。

 基础设置资料

1．启用总账系统

启用日期为 2019 年 1 月 1 日。

2．机构人员

（1）部门档案（见表 2-1）

表 2-1 部门档案

部门编码	部门名称	负责人
1	总经办	
2	财务部	王莉
3	采购部	范文芳
4	销售部	
401	销售一部	高文庆
402	销售二部	沈宝平
5	生产部	杜海涛

（2）人员类别

企业在职人员分类（见表 2-2）。

表 2-2 人员类别

人员类别编码	人员类别名称
1011	企业管理人员
1012	销售人员
1013	车间管理人员
1014	生产工人

（3）人员档案（见表 2-3）

表 2-3 人员档案

人员编码	人员姓名	性别	人员类别	行政部门	是否业务员	是否操作员
001	马国华	男	企业管理人员	总经办	是	是
002	王莉	女	企业管理人员	财务部	是	否
003	方萌	女	企业管理人员	财务部	是	否
004	白亚楠	女	企业管理人员	财务部	是	否
005	范文芳	女	企业管理人员	采购部	是	否
006	高文庆	男	销售人员	销售一部	是	否
007	沈宝平	男	销售人员	销售二部	是	否
008	杜海涛	男	车间管理人员	生产部	是	否
009	段博	男	生产工人	生产部	否	否

注：以上人员雇佣状态均为"在职"。

3．客商信息

（1）客户分类（见表2-4）

表2-4　客户分类

客户分类编码	客户分类名称
1	批发商
2	零散客户

（2）客户档案（见表2-5）

表2-5　客户档案

客户编码	客户名称	客户简称	所属分类码	税号	开户银行	账号	分管部门	专管业务员
001	慧童养老院	慧童	2		工行北京分行	11011112222	销售一部	高文庆
002	苏华电商股份有限公司	苏华	1	5987320101018909	工行湖南分行	22100003333	销售二部	沈宝平
003	蓝享科技有限责任公司	蓝享	1	1203243242342203	工行北京分行	11010498888	销售一部	高文庆

（3）供应商档案（见表2-6）

表2-6　供应商档案

供应商编号	供应商名称	供应商简称	所属分类码	税号	开户银行	账号	税率	分管部门	专管业务员
001	北京新锐科技有限公司	新锐	00	110108534878374	工行北京分行	10543982039	13%	采购部	范文芳
002	深圳美安电子有限公司	美安	00	075543543723435	工行深圳分行	43828942454	13%	采购部	范文芳

4．存货

（1）计量单位组及计量单位（见表2-7）

表2-7　计量单位

计量单位组编号	计量单位组名称	计量单位组类别	计量单位编码	计量单位名称
01	基本计量单位	无换算率	01	个
			02	部
			03	千米

（2）存货分类（见表2-8）

表2-8　存货分类

存货类别编码	存货类别名称
1	原材料
2	产成品
3	应税劳务

（3）存货档案（见表2-9）

表2-9　存货档案

存货编码	存货名称	计量单位	所属分类	税率（%）	存货属性
1001	高清摄像头	个	1	13	外购、生产耗用
1002	普通摄像头	个	1	13	外购、生产耗用
1003	主板	个	1	13	外购、生产耗用
1004	机壳	个	1	13	外购、生产耗用
2001	云米手机	部	2	13	内销、自制
2002	云易手机	部	2	13	内销、自制
2003	乐士对讲机	部	2	13	内销、自制
3001	运费	千米	3	9	内销、外购、应税劳务

5．财务

（1）外币设置

本企业采用固定汇率核算外币，外币只涉及美元一种，美元币符假定为$，2019年1月月初汇率为6.2。

（2）会计科目

本企业常用会计科目如表2-10所示。

表2-10　会计科目

科目编号及名称	币别/计量	账页格式	辅助核算	方向	备注
库存现金（1001）			日记账	借	修改
银行存款（1002）			日记账、银行账	借	修改
工行存款（100201）			日记账、银行账	借	新增
人民币户（10020101）			日记账、银行账	借	新增
美元户（10020102）	美元	外币金额式	日记账、银行账	借	新增
应收票据（1121）			客户往来	借	修改
应收账款（1122）			客户往来	借	修改
预付账款（1123）			供应商往来	借	修改
其他应收款（1221）			个人往来	借	修改
原材料（1403）				借	
高清摄像头（140301）	个		数量核算	借	新增
普通摄像头（140302）	个		数量核算	借	新增
主板（140303）	个		数量核算	借	新增
机壳（140304）	个		数量核算	借	新增
库存商品（1405）			项目核算	借	修改
应付票据（2201）			供应商往来	贷	修改
应付账款（2202）				贷	
一般应付款（220201）			供应商往来	贷	新增
暂估应付款（220202）				贷	新增

科目编号及名称	币别/计量	账页格式	辅助核算	方向	备注
预收账款（2203）			客户往来	贷	修改
应付职工薪酬（2211）				贷	
应付工资（221101）				贷	新增
应付福利费（221102）				贷	新增
工会经费（221103）				贷	新增
职工教育经费（221104）				贷	新增
应交税费（2221）				贷	
应交增值税（222101）				贷	新增
进项税额（22210101）				贷	新增
销项税额（22210105）				贷	新增
利润分配（4104）				贷	
未分配利润（410415）				贷	新增
生产成本（5001）				借	
直接材料（500101）			项目核算	借	新增
直接人工（500102）				借	新增
制造费用（500103）				借	新增
其他（500104）				借	新增
制造费用（5101）				借	
工资（510101）				借	新增
折旧费（510102）				借	新增
其他（510103）				借	新增
主营业务收入（6001）			项目核算	贷	修改
主营业务成本（6401）			项目核算	借	修改
销售费用（6601）				借	
薪资（660101）				借	复制
福利费（660102）				借	复制
办公费（660103）				借	复制
差旅费（660104）				借	复制
招待费（660105）				借	复制
折旧费（660106）				借	复制
其他（660107）				借	复制
管理费用（6602）				借	
薪资（660201）			部门核算	借	新增
福利费（660202）			部门核算	借	新增
办公费（660203）			部门核算	借	新增
差旅费（660204）			部门核算	借	新增
招待费（660205）			部门核算	借	新增
折旧费（660206）			部门核算	借	新增
财务费用（6603）				借	
利息（660301）				借	新增
手续费（660302）				借	新增

利用增加、修改、成批复制等功能完成对会计科目的编辑，最后指定现金科目、银行科目。

（3）凭证类别（见表2-11）

表2-11　凭证类别

凭证分类	限制类型	限制科目
收款凭证	借方必有	1001，1002
付款凭证	贷方必有	1001，1002
转账凭证	凭证必无	1001，1002

（4）项目目录

项目大类：产品。

项目分类：1-手机；2-对讲机。

项目目录：具体目录如表2-12所示。

表2-12　项目目录

项目编号	项目名称	所属分类码
01	云米手机	1
02	云易手机	1
03	乐士对讲机	2

按产品大类核算的会计科目：1405 库存商品、500101 生产成本/直接材料、6001 主营业务收入、6401 主营业务成本。

6．收付结算

设置结算方式，如表2-13所示。

表2-13　结算方式

结算方式编码	结算方式名称	票据管理
1	现金结算	否
2	支票结算	否
201	现金支票	是
202	转账支票	是
3	电汇	否
4	商业汇票	否
401	商业承兑汇票	否
402	银行承兑汇票	否

基础设置指导

由系统管理员在系统管理中引入"企业建账"账套作为基础数据。

1．启用总账系统

系统启用有两种方法：一是由系统管理员在系统管理中创建完企业账套后，进行系统启用设置；二是如果在建立账套时未设置系统启用，则由账套主管在企业应用平台中进行系统启用的设置。

引入账套

第 1 章企业建立账套"[123]中诚通讯"时没有启用任何系统,因此需要由账套主管在企业应用平台中启用总账。

操作指导:

① 执行"开始"|"所有程序"|"用友 U8V10.1"|"企业应用平台"命令,打开"登录"对话框。输入操作员"401"或"王莉";密码为空;在"账套"下拉列表框中选择"[123](default)中诚通讯";更改"操作日期"为"2019-01-01",如图 2-3 所示。单击【登录】按钮,进入"UFIDA U8"窗口。

启用总账系统

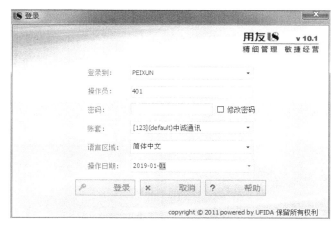

图 2-3 以账套主管身份登录企业应用平台

难点 用户身份认证

与手工方式下通过签字盖章等明确责任人的方式不同,在 U8 中,是通过登录系统时"操作员+密码"来认定用户身份的,因此登录界面中的"操作员"后的文本框中需要输入在系统中已经预先建立的操作员编号或操作员姓名和对应密码。当该操作员在 U8 系统中进行业务处理时,系统会自动在业务凭据上记录其姓名,以此明确经济责任。可以说,操作员的口令是系统识别用户的关键。

通过前面的学习,大家已经了解到:只有系统管理员才可以建立用户,并在建立用户时为用户设置口令。也就是说,此时设置的用户口令除了用户本人外,还有系统管理员知晓。因此,作为用户,第一次登录 U8 系统时,就要及时修改口令,以避免他人盗用自己的身份操作系统。不仅如此,用户还应定期更改口令,加强个人身份的安全防范意识。

② 在企业应用平台"基础设置"选项卡中,执行"基本信息"|"系统启用"命令,打开"系统启用"对话框。

③ 单击"GL 总账"前的复选框,弹出"日历"对话框,选择"2019-01-01",如图 2-4 所示。

④ 单击【确定】按钮,系统弹出"确实要启用当前系统吗?"信息提示框,单击【是】按钮返回。

图 2-4 以账套主管身份进行系统启用设置

只有账套主管才有权在企业应用平台中进行系统启用。

各子系统的启用日期必须大于等于账套的启用时间，小于等于系统日期。账套启用时间在"系统启用"界面的右上角显示；系统日期是计算机时钟日期，用鼠标指向任务栏右下角可以看到。

2．设置机构人员

（1）设置部门档案

操作指导：

① 在企业应用平台"基础设置"选项卡中，执行"基础档案"｜"机构人员"｜"部门档案"命令，进入"部门档案"窗口。

② 单击【增加】按钮，输入部门编码、部门名称信息，单击【保存】按钮。如图 2-5 所示。

设置部门档案

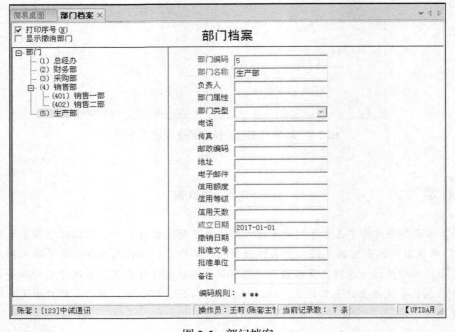

图 2-5　部门档案

部门档案窗口下方显示的"* **"表示在编码方案中设定部门编码为 2 级，第 1 级 1 位，第 2 级 2 位。输入部门编码时需要遵守该规定。

在未建立职员档案前，不能选择输入负责人信息。待人员档案建立完成后，再返回部门档案界面通过"修改"功能补充输入负责人信息。

（2）设置人员类别

操作指导：

① 在基础设置中，执行"基础档案"｜"机构人员"｜"人员类别"命令，进入"人员类别"窗口。

② 在左边窗口中选择"正式工"人员类别，单击【增加】按钮，按资料在正式工下增加人员类别，如图 2-6 所示。

设置人员类别

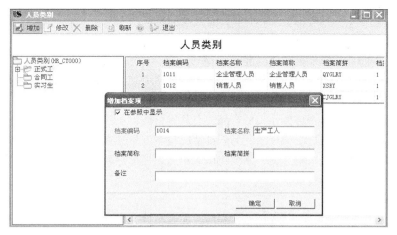

图 2-6 增加人员类别

人员类别与工资费用的分配、分摊有关，工资费用的分配及分摊是薪资管理系统的一项重要功能。人员类别设置的目的是为工资分摊生成凭证设置相应的入账科目做准备的，可以按不同的入账科目需要设置不同的人员类别。

人员类别是人员档案中的必选项目，需要在人员档案建立之前设置。

人员类别名称可以修改，但已使用的人员类别名称不能删除。

（3）设置人员档案

企业所有的员工都需要在这里进行建档。

操作指导：

① 在基础设置中，执行"基础档案"|"机构人员"|"人员档案"命令，进入"人员列表"窗口。

② 单击左窗口中"部门分类"下的"总经办"。

③ 单击【增加】按钮，按基础设置资料输入人员信息，如图 2-7 所示。

设置人员档案

图 2-7 增加人员档案

人员编码：必须录入且必须唯一。一旦保存，不能修改。

人员姓名：必须录入。可以接受两个职工姓名相同的情况，可以随时修改。

行政部门：参照部门档案选择末级部门。

是否业务员：如果该员工需要在其他档案或业务单据中的"业务员"项目中被参照，需要选中"是否业务员"选项。

是否操作员：该人员是否可操作 U8 产品。有两种可能，一种情况是在系统管理中已经将该人员设置为用户，此处无须再选中该选项。另一种情况是该人员没有在系统管理中设置为用户，那么此处可以选中"是否操作员"复选框，系统将该人员追加在用户列表中，人员编码自动作为用户编码和用户密码，所属角色为普通员工。

提示　　选中"是否操作员"复选框，保存后在系统管理中查看其是否出现在用户列表中。

3．设置客商信息

（1）设置客户分类

操作指导略。

提示　　客户是否需要分类在建立账套时设定。

设置客户分类

（2）设置客户档案

操作指导：

① 在"基础设置"选项卡中，执行"基础档案"|"客商信息"|"客户档案"命令，打开"客户档案"窗口。窗口分为左右两部分，左窗口中显示已经设置的客户分类，单击鼠标选中某一客户分类，右窗口中显示该分类下所有的客户列表。

② 单击【增加】按钮，打开"增加客户档案"对话框。对话框中共包括四个选项卡，即"基本""联系""信用"及"其他"，用于对客户不同的属性分别归类记录。

③ 在"基本"选项卡中，按基础设置资料输入"客户编码""客户名称""客户简称""所属分类""税号"等信息，如图 2-8 所示。

设置客户档案

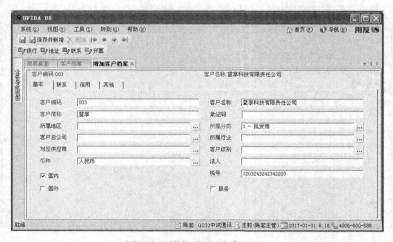

图 2-8　增加客户档案-基本

> 如果此处不输入税号，之后将无法向该客户开具增值税专用发票。

④ 在"联系"选项卡中，输入"分管部门"和"专管业务员"信息。

> 之所以设置"分管部门""专管业务员"，是为了在应收应付款管理系统中填制发票等原始单据时能自动根据客户显示部门及业务员的信息，以便按业务员进行业绩统计与考核。

⑤ 单击【银行】按钮，打开"客户银行档案"对话框，录入相应信息，如图 2-9 所示。

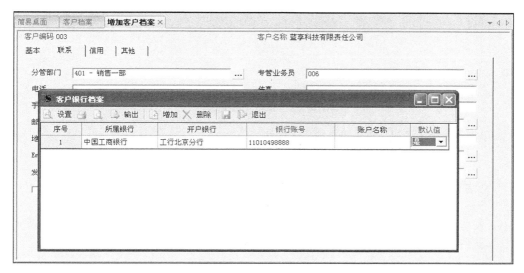

图 2-9　增加客户档案

（3）设置供应商档案

操作指导略。

> 由于该账套并未对供应商进行分类，因此供应商所属分类为无分类。
>
> 供应商是否分类在建立账套时确定，在此处不能修改，如果修改只能在未建立供应商档案的情况下，以账套主管身份登录系统管理以修改账套的方式修改。

设置供应商档案

4. 设置存货

（1）设置计量单位组及计量单位

操作指导：

① 在企业应用平台基础设置中，执行"基础档案"|"存货"|"计量单位"命令，打开"计量单位"对话框。

② 单击【分组】按钮，打开"计量单位组"对话框。

③ 单击【增加】按钮，录入计量单位组编码"01"，录入计量单位组名称"基本计量单位"，单击"计量单位组类别"栏的下三角按钮，选择"无换算率"，如图 2-10 所示。

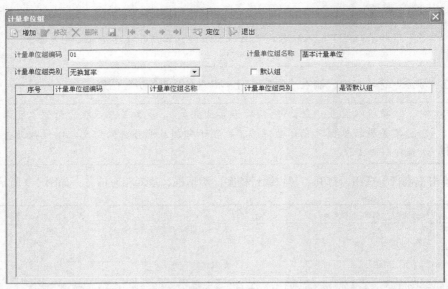

图 2-10　增加计量单位组

④ 单击【保存】按钮，再单击【退出】按钮。

 难点　　　　　　　　　　**计量单位及其换算率**

企业在实际的经营活动中，对某种存货可能会采用不同的计量方式。例如，大家熟悉的可口可乐，销售部对外发货时用箱计量，听装的每箱有 24 听，2L 瓶装的每箱有 12 瓶。

U8 中的计量单位组类别包括 3 种：无换算率、固定换算率和浮动换算率。

无换算率计量单位组中的计量单位都以单独形式存在，即相互之间没有换算关系，全部为主计量单位。

固定换算率计量单位组中可以包括多个计量单位，一个主计量单位、多个辅计量单位。主辅计量单位之间存在固定的换算率，如 1 箱=24 听。

浮动换算率计量单位组中只能包括两个计量单位，一个主计量单位、一个辅计量单位。

主计量单位作为财务上的计量单位，换算率自动设置为 1。每个辅计量单位都和主计量单位进行换算。数量（按主计量单位计量）=件数（按辅计量单位计量）×换算率。

⑤ 单击【单位】按钮，打开"计量单位"对话框。

⑥ 单击【增加】按钮，录入计量单位相关信息，如图 2-11 所示。

 提示　　在设置存货档案之前必须先在企业应用平台的基础档案中设置计量单位，否则，存货档案中没有备选的计量单位，存货档案不能保存。

（2）存货分类

操作指导略。

在企业日常购销业务中，经常会发生一些劳务费用，如运输费、装卸费等，这些费用也是构成企业存货成本的一个组成部分，并且它们可以拥有不同于一般存货的税率。为了能够正确反映和核算这些劳务费用，我们一般在存货分类中单独设置一类，如"应税劳务"或"劳务费用"。

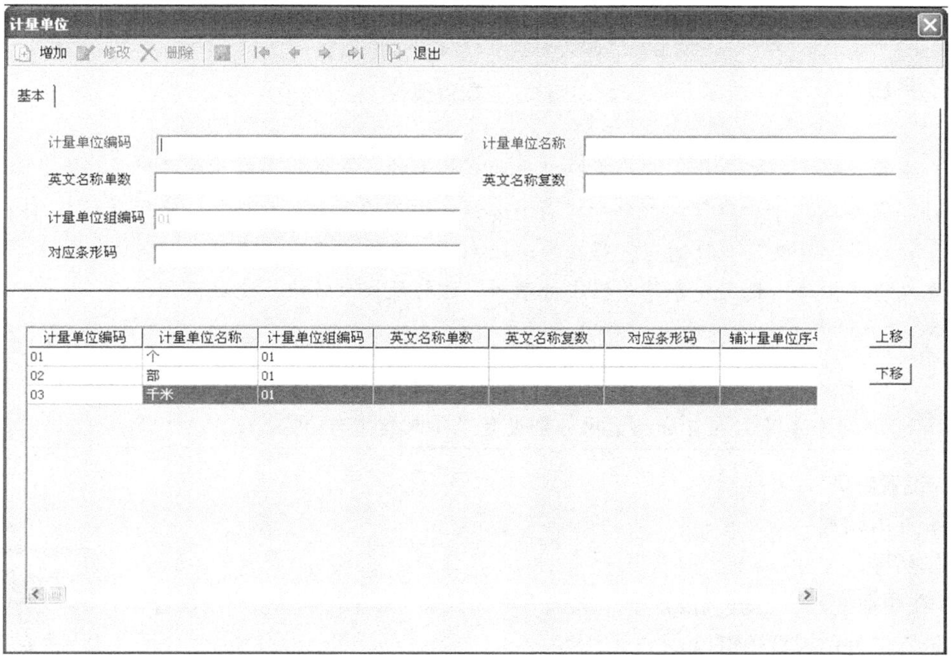

图 2-11　增加计量单位

（3）存货档案

操作指导：

①　在企业应用平台基础设置中，执行"基础档案"|"存货"|"存货档案"命令，进入"存货档案"窗口。

②　单击【增加】按钮，打开"增加存货档案"对话框。在"基本"选项卡中按基础设置资料输入各项信息，如图 2-12 所示，单击【保存】按钮。

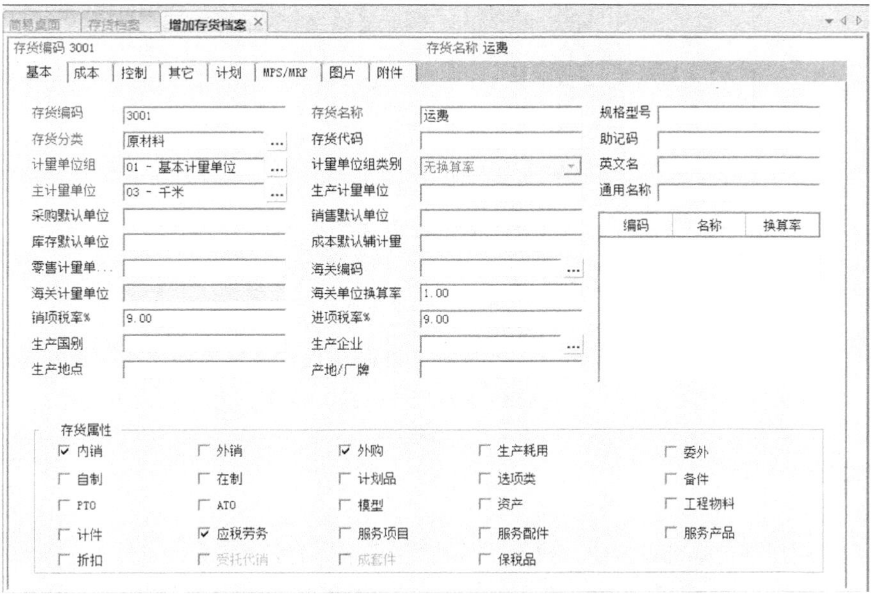

图 2-12　增加存货档案

难点　　　　　　　　　　　**存货属性**

　　一个中等规模的制造企业，其存货一般平均有几千种。在填写与存货相关的单据如出入库单、发票等时，需要从几千种存货中找到所需存货不是一件容易的事。U8 中，存货属性是对存货的一种分类。标记了"外购"属性的存货将在入库、采购发票等单据中被参照，标记了"销售"属性的存货将在发货、出库、销售发票等单据中被参照，这样便大大缩小了查找范围。

　　目前，交通运输业已全部完成营业税改增值税改革。改革后交通运输业一般纳税人增值税率为 10%，小规模纳税人增值税率 3%。为了区别发票来源不同造成的税率差异，在存货档案中分别设置了 10%运费和 3%运费。

5．设置财务

（1）外币设置

操作指导：

① 在企业应用平台基础设置中，执行"基础档案"|"财务"|"外币设置"命令，进入"外币设置"窗口。

② 输入币符"$"，币名"美元"，其他项目采用默认值，单击【确认】按钮。

③ 输入 2019.01 月的记账汇率 6.2，按"Enter"键确认，如图 2-13 所示。

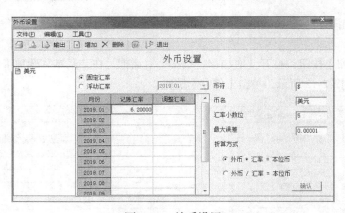

图 2-13　外币设置

④ 单击【退出】按钮，完成外币设置。

　　使用固定汇率的用户，在填制每月的凭证前应预先在此录入本月的记账汇率；使用浮动汇率的用户，在填制该天的凭证前，应预先在此录入当天的记账汇率。

（2）增加会计科目

操作指导：

① 在企业应用平台基础设置中，执行"基础档案"|"财务"|"会计科目"命令，进入"会计科目"窗口。

② 单击【增加】按钮，打开"新增会计科目"对话框，如图 2-14 所示。

增加会计科目

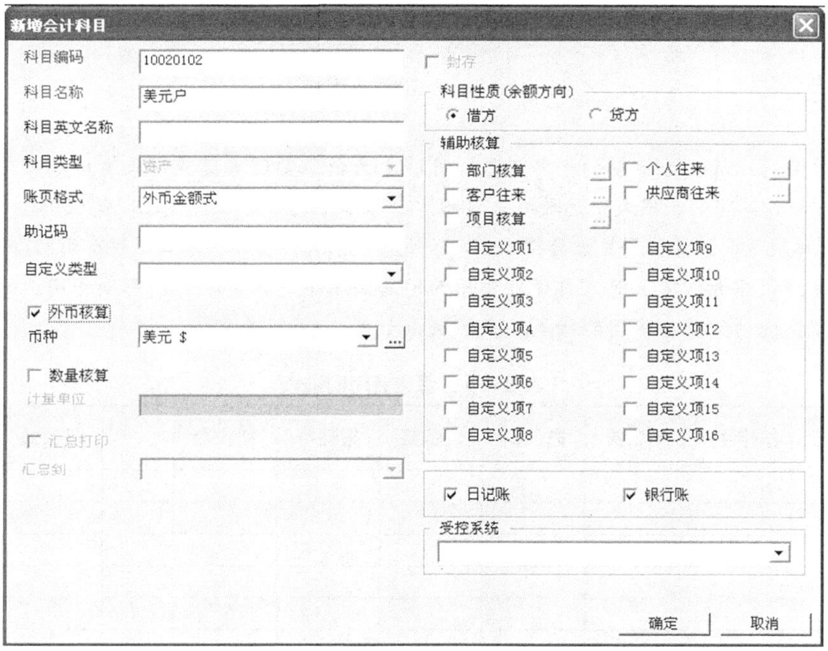

![新增会计科目对话框](新增会计科目窗口，包含科目编码 10020102、科目名称 美元户、科目类型 资产、账页格式 外币金额式、外币核算 美元$ 等选项)

图 2-14 增加会计科目

主要栏目说明如下。

科目编码：要符合编码方案中关于会计科目编码的设定。各级科目编码必须唯一。

科目名称：科目中文名称必须录入。

科目类型：按照科目编码的第 1 位数字系统自动判断：1-资产，2-负债，3-共同，4-权益，5-成本，6-损益。

账页格式：定义科目在查询及打印时的格式。系统提供金额式、外币金额式、数量金额式、外币数量式供选择。

助记码：用于帮助记忆科目。

外币核算：选中该选项，代表该科目核算外币，必须从币种下拉列表中选择外币种类。

数量核算：选中该选项，代表该科目核算数量，需要人工输入数量计量单位。

科目性质：指科目的余额方向。只能为一级科目设置余额方向，下级科目的余额方向与上级科目保持一致。

辅助核算：是否对该科目设置部门核算、客户往来、供应商往来、个人核算和项目核算。

日记账：是否需要对该科目记日记账。库存现金科目需要选中该项。其他科目若有必要，也可以设置序时登记。

银行账：是否需要对该科目进行对账管理。银行存款科目需要选中日记账和银行账。

此外，汇总打印和封存项为灰色，在修改科目时其状态可选。

③ 按基础设置资料会计科目表输入备注栏标注为"新增"的会计科目，单击【确定】按钮保存。

提示

如果企业建账时选中了"按行业性质预置科目"，那么一级科目已经根据企业建账时选择的行业性质自动装入。

增加科目时，需要先增加上级科目，再增加下级科目。

难点　　　　　　　　　　　　　　辅助核算

会计是对企业经济业务活动的一种记录，目的是为企业管理人员提供决策信息。企业各级管理需求是以报表形式体现的，报表中的数据来自账簿，账簿中的数据来自凭证，凭证中各种事项的记录是通过科目来体现的，因此，科目设置得合理与否直接关系到能否为管理者提供有用的信息。

举例来说，管理者希望了解每月管理费用为何居高不下，是哪个部门哪项费用引起的。管理层的这一需求可以设计"管理费用明细表"来解决，如表 2-14 所示。

表 2-14　管理费用明细表

部门＼费用	招待费	差旅费	办公费	通信费	报刊费	福利费	…	共20项	合计
企管办									
财务部									
采购部									
人事部									
…									
共10个部门									
合计									

手工状态下，为了提供这张报表，管理费用下需要设置 200 个明细科目，其中费用明细科目 20 个，每个费用明细科目下再按照部门设置三级明细科目 10 个，例如，

6602　管理费用

　　　660201　招待费

　　　　　66020101 企管办

　　　　　66020102 财务部

　　　　　66010103 采购部

　　　　　……

月末编制管理费用明细表时，需要查询 200 个明细账。因此，手工状态下管理成本是极高的。

使用 U8 系统后，利用辅助核算可以轻松解决这一问题。企业只需要在管理费用下按照费用明细设置 20 个明细科目，并且将这 20 个明细科目设置为部门辅助核算。经济业务发生时，凭证中只要用到"管理费用/招待费"科目，所属费用必须明确到部门，因此，必须录入哪个部门发生了办公费，如图 2-15 所示。

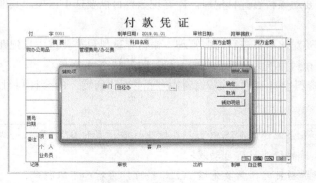

图 2-15　辅助核算说明

月末编报更容易了，直接查询辅助账中的部门收支分析就行了。

由上例可见，从手工过渡到信息化管理需要充分利用信息系统的优势，绝对不是照搬照抄。

（3）利用"成批复制"功能增加会计科目

当完成管理费用下明细科目的增加后，可以利用成批复制功能增加销售费用下的明细科目。

操作指导：

① 在会计科目窗口中，执行"编辑"|"成批复制"命令，打开"成批复制"对话框。

② 输入复制源科目编码"6602"和目标科目编码"6601"，不选"辅助核算"复选框，如图2-16所示。

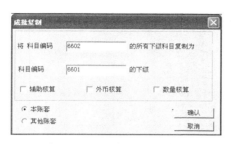

图 2-16　成批复制会计科目

③ 单击【确认】按钮，保存。查看6601销售费用下已经通过科目复制的方法增加的明细科目。

（4）修改会计科目

系统预置的科目中没有指定科目的辅助核算内容，如现金科目未设置日记账核算、应收账款未指定客户往来核算，因此，需要对基础设置资料中标注了辅助核算的科目进行修改，以补充指定科目的辅助核算内容。

操作指导：

① 在会计科目窗口中，将光标定位在"库存现金"科目，单击【修改】按钮，打开"会计科目-修改"对话框。

② 单击【修改】按钮，选中"日记账"复选框，如图 2-17 所示。单击【确定】按钮。

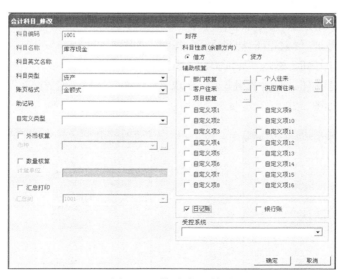

图 2-17　修改会计科目

③ 对会计科目表备注栏中所有标注为"修改"的科目进行修改。

（5）指定会计科目

操作指导：

① 在会计科目窗口中，执行"编辑"|"指定科目"命令，打开"指定科目"对话框。

指定会计科目

② 单击"现金科目"按钮，从待选科目列表框中选择"1001 库存现金"科目，单击">"按钮，将库存现金科目添加到已选科目列表中。

③ 同理，将银行存款科目设置为银行科目，如图 2-18 所示。

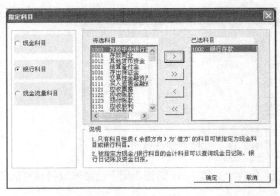

图 2-18　指定会计科目

④ 单击【确定】按钮，保存。

提示

被指定的"现金科目"及"银行科目"必须是一级会计科目。

只有指定了现金及银行总账科目才能进行出纳签字的操作。

只有指定了现金及银行总账科目才能查询现金日记账和银行存款日记账。

（6）凭证类别

操作指导：

① 在企业应用平台基础设置中，执行"基础档案"|"财务"|"凭证类别"命令，打开"凭证类别预置"对话框。

设置凭证类别

② 单击"收款凭证 付款凭证 转账凭证"按钮，如图 2-19 所示。

③ 单击【确定】按钮，进入"凭证类别"窗口。

④ 单击【修改】按钮，双击限制类型，出现下拉箭头，选择"借方必有"，选择或输入限制科目"1001，1002"，如图 2-20 所示。

图 2-19　凭证类别预置（1）

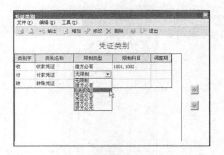

图 2-20　凭证类别设置（2）

提示

已使用的凭证类别不能删除，也不能修改类别字。

如果收款凭证的限制类型为借方必有"1001，1002"，则在填制凭证时系统要求收款凭证的借方一级科目至少有一个是"1001"或"1002"，否则，系统会判断该张凭证不属于收款凭证类别，不允许保存。付款凭证及转账凭证也应满足相应的要求。

如果直接录入科目编码，则编码间的标点符号应为英文状态下的标点符号，否则系统会提示科目编码有错误。

⑤ 同样，设置其他限制类型和限制科目。

（7）项目目录

操作指导：

① 在企业应用平台基础设置中，执行"基础档案"|"财务"|"项目目录"命令，打开"项目档案"对话框。

② 单击【增加】按钮，打开"项目大类定义-增加"对话框。

③ 输入新项目大类名称"产品"，选择新增项目大类的属性"普通项目"，如图 2-21 所示。

设置项目目录

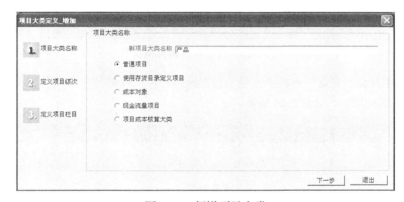

图 2-21　新增项目大类

④ 单击【下一步】按钮，进入"定义项目级次"填写界面，设定项目级次：一级 1 位，如图 2-22 所示。

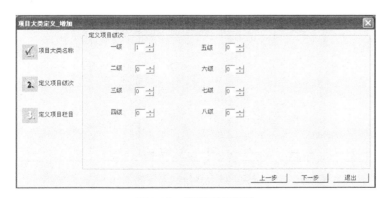

图 2-22　定义项目级次

⑤ 单击【下一步】按钮，进入"定义项目栏目"填写界面，这里使用系统默认值，不做修改。

⑥ 单击【完成】按钮，返回"项目档案"界面。

⑦ 从项目大类下拉列表中选择"产品"，单击"核算科目"选项卡，单击"≫"按钮将全部待选科目选择为按产品项目大类核算的科目，单击【确定】按钮保存，如图 2-23 所示。

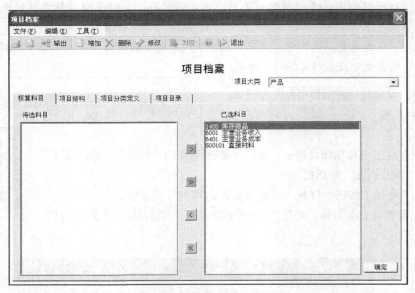

图 2-23　选择项目核算科目

⑧ 单击"项目分类定义"选项卡，输入分类编码"1"，分类名称"手机"，单击【确定】按钮。同理，输入其他项目，如图 2-24 所示。

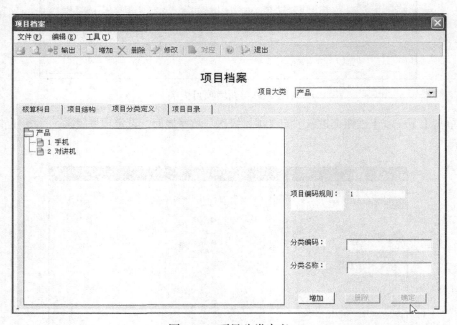

图 2-24　项目分类定义

⑨ 单击"项目目录"选项卡，单击【维护】按钮，进入"项目目录维护"窗口。

⑩ 单击【增加】按钮，输入项目"01 云米手机"等项目，如图 2-25 所示。

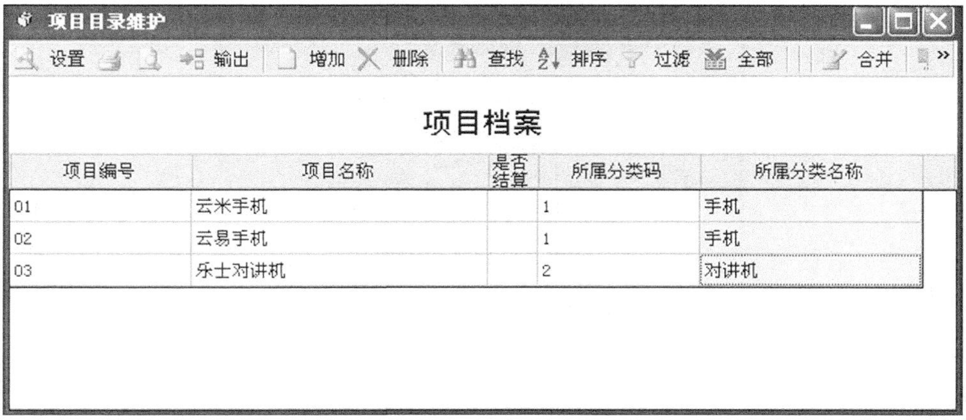

图 2-25　项目目录维护

提示

一个项目大类可以指定多个科目，一个科目只能属于一个项目大类。

在每年年初应将已结算或不用的项目删除。结算后的项目将不能再使用。

难点　　　　　　　　　项目辅助核算

随着企业管理活动的不断细化，通常需要对某种对象进行收入和成本的核算，这种对象可以是工程，也可以是某个订单或某种产品。在 U8 中，我们将其称之为项目。例如，对于我们熟悉的学校来说，教师的科研课题就是一个项目，科研经费可以视为项目经费，科研会发生调研、咨询、差旅、出版等各种各样的费用，最终可以针对该项目核算项目收支情况。除此以外，学校还会存在如整修校园、修建学生活动中心等工程性质的项目。

企业中通常存在多种不同性质的项目，对应地，在 U8 中可以将具有相同特性的一类项目定义为一个项目大类。为了便于管理，可以对每个项目大类进行细分，在每个分类下定义具体的项目档案。

6．设置收付结算

收付结算包括本单位开户银行、付款条件、结算方式等多种基础信息。但目前未启用应收款系统和应付款系统，因此，只能进行结算方式设置。

结算方式用来建立和管理用户在经营活动中所涉及的结算方式。它与财务结算方式一致。

操作指导：

① 在企业应用平台基础设置中，执行"基础档案"|"收付结算"|"结算方式"命令，进入"结算方式"窗口。

② 按要求输入企业常用结算方式，如图 2-26 所示。

设置结算方式

提示

企业对外进行收付结算时，需要指定结算方式。

银企对账时，结算方式也是系统自动对账的一个重要参数。

设置了"票据管理"标记的结算方式在填制凭证环节中出现时系统会对未进行支票登记的票据提示进行登记。

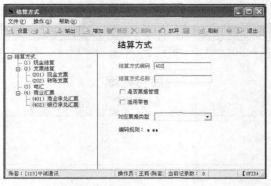

图 2-26　结算方式定义

7. 账套备份

全部完成后，将账套输出至"基础设置"文件夹中。

2.3.2　拓展任务

1. 设置常用摘要

企业在处理日常业务数据时，在输入单据或凭证的过程中，因为业务内容重复发生，经常会有许多摘要完全相同或大部分相同，如果将这些常用摘要存储起来，在输入单据或凭证时随时调用，必将大大提高业务处理效率。

【拓展 1】设置常用摘要"01 从工行人民币户提现"。

操作指导：

① 在企业应用平台基础设置中，执行"基础档案"|"其他"|"常用摘要"命令，进入"常用摘要"窗口。

② 单击【增加】按钮，输入常用摘要如图 2-27 所示。

设置常用摘要

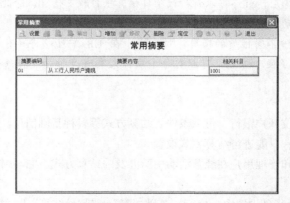

图 2-27　常用摘要

提示　如果某常用摘要对应某科目，可以将常用摘要输入在相关科目中，此后在调用常用摘要的同时，相关科目也将被一同调入，以提高录入速度。

2. 金额权限设置

金额权限设置有两个业务对象：采购订单的金额审核额度和科目的制单金额额度。在设置这两个金额权限之前必须先设定对应的金额级别。

【**拓展2**】设置白亚楠只能填制管理费用科目金额在1万元以下的凭证。

操作指导：

① 在企业应用平台系统服务中，执行"权限"|"金额权限分配"命令，打开"金额权限设置"对话框。

② 单击【级别】按钮，打开"金额级别设置"对话框。设置管理费用科目金额级别如图2-28所示。单击【保存】按钮并退出。

设置金额权限

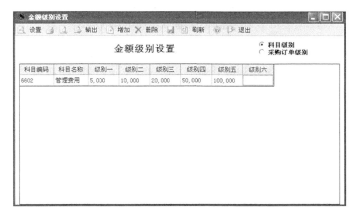

图2-28　金额级别设置

③ 在金额权限设置界面，单击【增加】按钮，设置用户白亚楠对应的金额级别为"级别二"，如图2-29所示，单击【保存】按钮。

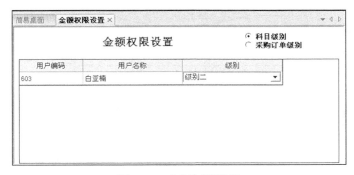

图2-29　金额权限设置

3．数据权限设置

企业输入到U8中的数据存储在数据库管理系统中，不同性质的数据存放在不同的表中，很多情况下，不同的用户对数据的访问权限是不同的。例如，客户是企业的一项重要资源，手工管理方式下，客户信息一般散落在业务员手中，每个业务员掌握数量不等的客户信息资源。业务员一旦离开企业，极易造成客户资源的流失，给企业带来损失。企业建立会计信息系统时，需要全面整理客户资料并录入系统，以便有效地管理客户、服务客户。 但是，如此全面的客户信息存储在系统中，会容易造成客户信息泄露，因此，从信息安全的角度，企业的需求为不同管理岗位其所能接触和管理的客户范围和客户内容是不同的，如限定销售员高文庆只能查看和管理自己辖区的客户，而无权查阅企业所有的客户；数据录入员孟凡杰参照客户时只能看到客户编码、客户名称几项基本内容，不能看到客户联系人、信用情况等信息。

假设客户档案在数据库中存放形式如图 2-30 所示。

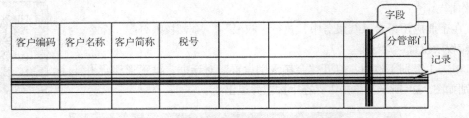

图 2-30　客户档案在数据库中存放形式

在"客户"这张二维表中，一行是一个客户的完整信息，称之为记录，一列代表了客户某一方面的属性，称之为字段，对应地数据权限分为记录级权限控制和字段级权限控制。这样，我们就把上述需求表述成：销售员高文庆仅对客户表中的某些记录有查询和录入权限，而数据录入员孟凡杰仅对客户表中的某些字段有查看权限。

数据权限设置的工作流程如图 2-31 所示。

【拓展 3】设置销售一部高文庆（用户编号 411）只能查看销售一部管理的慧童养老院和蓝享科技有限责任公司，不能查看销售二部管理的苏华电商股份有限公司。

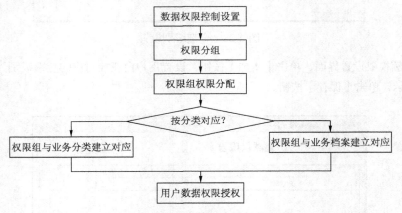

图 2-31　数据权限设置的工作流程

（1）数据权限控制设置

在进行数据权限设置之前，需要首先在系统管理中设置用户高文庆的功能权限。目前，已授予高文庆"公共目录设置"的功能权限。

操作指导：

① 在"系统服务"选项卡中，执行"权限"|"数据权限控制设置"命令，打开"数据权限控制设置"窗口。

② 在"记录级"选项卡中，选中"客户档案"复选框，如图 2-32 所示。

③ 单击【确定】按钮返回。

（2）权限分组

操作指导：

① 在"系统服务"选项卡中，执行"权限"|"数据权限分配"命令，进入"权限浏览"窗口。

② 在"记录"选项卡中，选择业务对象"客户档案"，如图 2-33 所示。

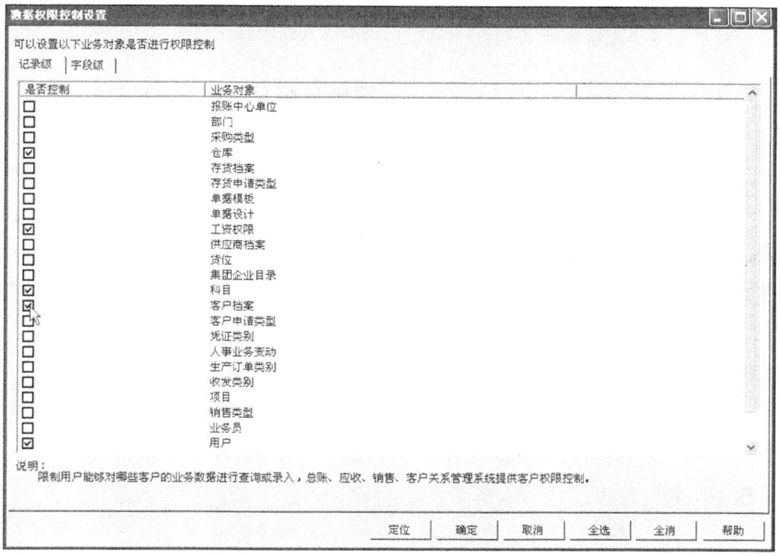

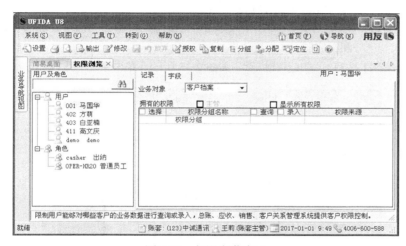

图 2-32　数据权限控制设置-记录级

图 2-33　权限浏览窗口

③ 单击【分组】按钮，进入"客户权限分组"窗口。

④ 单击【增加】按钮，增加一个分组"01 销售一部"，如图 2-34 所示，单击【保存】按钮。

图 2-34　增加权限分组

难点　　　　　　　　　　　　　　　　　　　权限分组

与第 1 章介绍的用户与角色的关系相似。一般来说，企业中的客户、供应商、存货档案记录的数量会比较多，如果对每一个档案记录直接授权，工作量很大而且容易出错；若按照客户分类、供应商分类、存货分类对用户进行分类授权，虽然可以简化工作量，但也会有问题，如客户分类与需要授权的具体档案记录不太吻合。针对以上问题，U8 提供了权限分组，用权限分组的方式解决这个问题。

在对客户、供应商、存货授权时，不直接对这些档案记录进行授权，而是通过对其权限组进行授权达到授权目的。采用权限分组的授权方式，只是在刚开始时会有一些工作量，但之后数据权限的授权就简便了。

（3）权限组权限分配

操作指导：

① 在权限浏览窗口中，单击【分配】按钮，打开"档案分配"对话框。

② 选中"档案"单选按钮，即选择权限分类的依据是按照客户档案而非客户分类。

③ 在权限分组下选择"销售一部"，单击" > "按钮，将销售一部可管理的客户档案从"未分配档案"选入"已分配档案"。

④ 单击【保存】按钮，弹出系统提示，如图 2-35 所示。单击【确定】按钮返回。

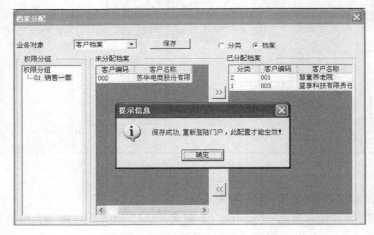

图 2-35　为权限组分配客户档案

（4）用户数据权限授权

操作指导：

① 在数据浏览窗口左侧"用户及角色"列表中选择"411 高文庆"，再单击【授权】按钮，打开"记录权限设置"对话框。

② 单击" > "按钮将销售一部从"禁用"列表中选入"可用"列表中，单击【保存】按钮，如图 2-36 所示。

 提示　　以"411 高文庆"的身份进入企业应用平台，验证其在客户档案窗口中是否只能查看到慧童养老院和蓝享科技有限责任公司，不能查看苏华电商股份有限公司。

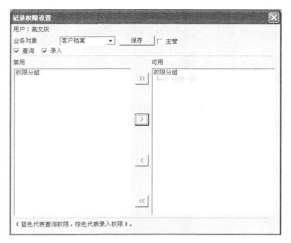

图 2-36 记录权限设置

2.4 自助维护

Q1. 进入账套提示演示版已到期。

通常，学校的教学环境里安装的是用友 U8 的演示版，也称教学版。演示版与企业版的主要区别有两点：一是只支持 3 个月的业务处理，如果您在系统中建了一个账套，用该账套处理的业务超过了 3 个月的时间期限，就会出现这样的系统提示；二是不支持跨年处理。

Q2. 在进行编码方案设置时会计科目编码方案为 32222，且一级科目编码 "3" 为灰色，无法修改为现行会计制度要求的行业性质编码方案，如设置会计科目编码为 "4"。

如果编码方案中一级科目编码为 "3"，应该是建账时选择了错误的行业性质，而不是 "2007 新会计准则" 行业性质。

以账套主管身份登录系统管理，虽然可以修改账套参数，重新选择行业性质，但由于第一次选择行业性质时系统已经在企业账套中预置了相关的会计科目，因此，并不能完全解决问题。建议重新建立新账套。

Q3. 为什么以账套主管身份登录企业应用平台后，在 "基础设置" | "基础档案" 中不能打开 "机构人员" "客商信息" 等节点。

有可能你还没有启用 U8 中任何一个子系统。只有设置了系统启用，与该系统相关的基础档案、业务工作才能登录。

Q4. 为什么录入部门档案时出现如图 2-37 所示界面，保存不了？

输入的部门编码不符合事先设定的部门编码规则。在窗口下方显示的 "编码规则：* **" 的含义是部门分为二级，一级部门 1 位数字编码，二级部门 3 位数字编码（上级部门编码加本级部门编码）。先建立上级部门，再建立下级部门。该学员录入的 "06 人事部" 如果是一级部门，则应录入 "6 人事部"。

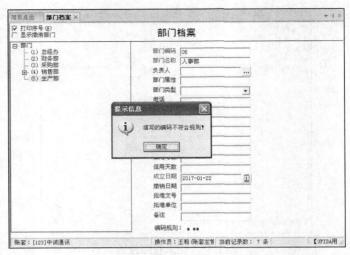

图 2-37　部门档案无法保存

Q5. 在录入项目档案时，无法正常退出，如图 2-38 所示。

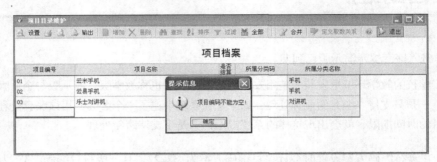

图 2-38　录入项目档案时无法正常退出

遇到这种情况，可以按键盘左上角的"Esc"键退出。

2.5　单元测试

一、判断题

1. 只能由系统管理员在建立账套时启用总账子系统。

2. 从系统安全考虑，操作员应定期更改自己的密码。

3. 部门档案中的负责人信息只能从已经建立的人员档案中进行选择。

4. 建立人员档案时，人员编码必须唯一，人员姓名不可重复。

5. 不设置客户的税号，则不能给该客户开具销售专用发票。

6. 用户可以按照本单位的需要对记账凭证进行分类，不同的凭证分类方式将产生不同的记账结果。

7. 指定现金、银行总账科目的作用是指定出纳的专管科目。

8. 已经建立的结算方式一旦被引用，便不能进行修改或删除。

二、选择题

1. 必须先建立以下哪项档案，才能建立人员档案（　　）。
   A. 本单位信息　　　B. 部门档案　　　　C. 职务档案　　　　D. 岗位档案

2. 在企业应用平台中，可以对以下哪项账套信息进行修改？（　　）
   A. 会计期间　　　　B. 编码方案　　　　C. 账套主管　　　　D. 数据精度

3. 关于总账的启用日期，以下哪一种说法是正确的？（　　）
   A. 总账启用会计期必须小于等于账套的启用日期
   B. 总账启用会计期必须小于等于系统日期
   C. 总账启用会计期必须大于等于账套的启用日期
   D. 总账启用会计期必须大于等于系统日期

4. 在 U8 系统管理中为用户设置的权限称为（　　）。
   A. 功能权限　　　　B. 数据权限　　　　C. 金额权限　　　　D. 操作权限

5. 如果在人员档案中选择该员工是操作员，则该员工的哪些信息被记录在用户列表中？
（　　）
   A. 用户编码　　　　B. 用户姓名　　　　C. 所属部门　　　　D. 所属角色

6. 本公司应收款项通过总账系统进行核算，则"应收账款"科目应选择（　　）辅助核算方式。
   A. 部门核算　　　　B. 个人核算　　　　C. 客户往来　　　　D. 供应商往来

7. 关于增加会计科目，以下说法错误的是（　　）。
   A. 必须先建上级科目再建下级科目
   B. 会计科目编码的长度及每级位数必须要符合会计科目编码规则的规定
   C. 不仅能在本账套内成批复制科目，还可以将科目复制到其他账套
   D. 会计科目已经使用后则不能再增加下级科目

8. 关于项目，以下说法错误的是（　　）。
   A. 相同特点的一类项目可以定义为一个项目大类
   B. 一个项目大类可以核算多个科目
   C. 可以定义项目的具体栏目
   D. 一个科目也可以对应到不同项目大类

三、问答题

1. 企业应用平台的作用是什么？
2. U8 子系统的启用有哪些方法？
3. 功能权限、数据权限和金额权限的区别是什么？
4. 客户档案中的客户全称和客户简称各用于哪种情况？
5. 企业中哪些科目适合设置为部门核算？
6. 对于医药企业某种药品，1 箱=100 盒，1 盒=2 板，那么财务计量单位应选择哪个呢？
7. 目前全民旅游热，对旅行社来说，在 U8 中如何按每一个旅游团核算收支情况？
8. 在建立结算方式档案时，什么情况下需要选中"票据管理"复选框？

第 3 章　总账系统

3.1　工作情景

问题一，企业财务部门目前的状况是工作繁杂，财务人员少，工作强度大，经常加班加点，疏漏难以避免，企业能否通过财务信息化改善目前的情况呢？

用友 U8 财务管理最核心的一个系统就是总账系统，以上所述的企业问题通过总账系统的应用即可轻松解决。手工环境下，总账是指总分类账簿，是根据总分类科目开设账户，用来登记全部经济业务，进行总分类核算，提供总括核算资料的分类账簿。总分类账所提供的核算资料，是编制会计报表的主要依据，任何单位都必须设置总分类账。总分类账的登记依据和方法，主要取决于所采用的会计核算形式。它可以直接根据各种记账凭证逐笔登记，也可以先把记账凭证按照一定方式进行汇总，编制成科目汇总表或汇总记账凭证等，然后再据以登记。

启用 U8 总账系统后，涉及企业资金变动的所有业务均需要在总账中进行处理，经济业务发生时，只需根据原始凭证在 U8 中填制记账凭证，再根据内部控制要求由他人对凭证进行审核，之后记账由系统自动完成。计算机系统运算速度快，数出一源，记账准确，可以将财务人员从繁重的核算工作中解放出来，将精力更多地投放在财务管理工作中。

问题二，手工方式下的各种各样的会计资料，哪些需要转移到 U8 系统中呢？

手工方式下，装订成册的凭证、各类账簿、报表，均需要作为会计档案进行保管。那么，在手工向信息化过渡的过程中，U8 需要哪些资料作为信息化业务处理的基础资料呢？

U8 总账初始化的主要内容包括选项设置、基础档案设置和科目期初余额设置，这三项正是本章要介绍的主要内容。

问题三，每月结账前有很多需要结转的业务，如结转本月完工产品成本、结转销售成本、结转期间损益等。手工结转涉及查账、计算、编制凭证等工作，烦琐易错，在 U8 中能否辅助财务人员完成这项工作呢？

对于有规律可循的业务，如计提银行借款利息、按增值税一定比例计算各种税金、销售成本结转等，这些业务的共同特征是凭证类型固定、业务内容固定、凭证科目固定、金额来源及计算方法固定，在 U8 中就可以事先定义自动凭证规则，届时由计算机自动生成凭证。

3.2　总账认知

3.2.1　总账系统基本功能

总账系统的基本功能就是利用建立的会计科目体系，输入和处理各种记账凭证，完成记账、结账以及对账的工作，输出各种总分类账、日记账、明细账和有关辅助账。

总账是 U8 财务会计最核心的一个子系统，是企业财务信息化的起点，也是编制对外财务报告的数据基础。总账内容比较多，以下拆分为总账初始设置、总账日常业务处理和总账期末处理 3 部分分别介绍。

3.2.2 总账初始设置

U8 是通用企业管理软件，而每个企业都有自身的行业特征和个性化管理需求。总账初始设置是企业根据自身的行业特性和管理需求，将通用的总账管理系统设置为适合企业自身特点的个性化系统的过程，通常也称为总账初始化。

总账初始化的工作流程如图 3-1 所示。

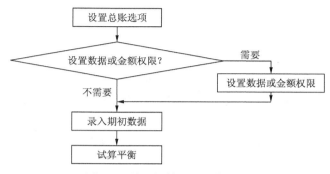

图 3-1 总账初始化的工作流程

1．设置总账选项

为了最大范围地满足不同企业用户的信息化应用需求，总账作为通用商品化管理软件的核心子系统，是通过内置大量的选项也称为参数来提供面向不同企业应用的解决方案的。企业可以根据自身的实际情况进行选择，以确定符合企业个性特点的应用模式。

软件越通用，意味着系统内置的参数越多。系统参数的设置决定了企业的应用模式和应用流程。为了明确各项参数的适用对象，软件一般将参数分门别类进行管理。

2．设置数据或金额权限

U8 中包括功能权限、数据权限和金额权限。功能权限在第 1 章企业建账中已经介绍，数据权限和金额权限在第 2 章基础设置中已经介绍，此处不赘述。如果企业业务量大、内部控制比较严格，需要采用更精细的数据权限或金额权限控制。在开始总账日常业务处理之前，在总账初始设置中可以完成该项工作。

3．录入期初数据

企业账套建立之后，需要在系统中建立各账户的初始数据，才能接续手工业务处理进程。各账户余额数据的准备与总账启用的会计期间相关。

（1）准备期初数据

为了保持账簿资料的连续性，应该将原有系统下截止到总账启用日的各账户年初余额、累计发生额和期末余额输入到计算机系统中。它们之间存在这样的关系：如果某账户余额在借方，则年初余额+本年累计借方发生额-本年累计贷方发生额=期末余额；如果某账户余额在贷方，则年初余额+本年累计贷方发生额-本年累计借方发生额=期末余额。因此，一般只需要向计算机输入其中 3 个数据，另外一个数据则可以根据上述关系自动计算。

选择年初启用总账和选择年中启用总账需要准备的期初数据是不同的。如果选择年初建账，只需要准备各账户上年年末的余额作为新一年的期初余额，且年初余额和月初余额是相同的。例如，某企业选择 2016 年 1 月启用总账系统，则只需要整理该企业 2015 年 12 月月末各账户的期末余额作为 2016 年 1 月月初的期初余额，因为本年没有累计数据发生，因此，月初余额同时也是 2016 年年初余额。如果选择年中建账，不仅要准备各账户启用会计期间上一期的期末余额作为启用期的期初余额，而且还要整理自本年度开始截至启用期的各账户累计发生数据。例如，某企业 2016 年 8 月开始启用总账系统，那么，应将该企业 2016 年 7 月月末各科目的期末余额及 1~7 月的累计发生额整理出来，作为计算机系统的期初数据录入到总账系统中，系统将自动计算年初余额。

如果科目设置了某种辅助核算，那么还需要准备辅助项目的期初余额。例如，应收账款科目设置了客户往来辅助核算，除了要准备应收账款总账科目的期初数据外，还要详细记录这些应收账款是哪些客户的销售未收，因此，要按客户整理详细的应收余额数据。

（2）录入期初数据

期初余额录入时，根据科目性质不同，分为以下几种情况。

① 末级科目的余额可以直接输入。

② 非末级科目的余额数据由系统根据末级科目数据逐级向上汇总而得。

③ 科目有数量外币核算时，在输入完本位币金额后，还要在下面一行输入相应的数量和外币信息。

④ 科目有辅助核算时，不能直接输入该账户的期初余额，而是必须输入辅助账的期初余额。辅助账余额输入完毕后，自动带回总账。

4．试算平衡

期初数据输入完毕后应进行试算平衡。如果期初余额试算不平衡，可以填制、审核凭证，但不能进行记账处理。因为企业信息化时，初始设置工作量大，占用时间比较长，为了不影响日常业务的正常进行，故允许在初始化工作未完成的情况下进行凭证的填制。

凭证一经记账，期初数据便不能再修改。

3.2.3　总账日常业务处理

1．总账日常业务处理的主要工作内容

总账日常业务处理的主要工作包括以下几项。

（1）凭证管理

凭证是记录企业各项经济业务发生的载体，凭证管理是总账系统的核心功能。凭证管理主要包括填制凭证、出纳签字、审核凭证、记账、查询打印凭证等。凭证是总账系统数据的唯一来源，为严把数据源的正确性，总账系统设置了严密的制单控制以保证凭证填制的正确性。另外，总账系统还提供资金赤字控制、支票控制、预算控制、外币折算误差控制、凭证类型控制、制单金额控制等功能，以加强对业务的及时管理和控制。

（2）出纳管理

资金收付的核算与管理是企业的重要日常工作，也是出纳的一项重要工作内容。总账系统中的出纳管理为出纳人员提供了一个集成办公环境，可完成现金日记账、银行存款日记账的查询和打印，随时出最新资金日报表，进行银行对账并生成银行存款余额调节表。

（3）账证查询

总账系统提供了强大的账证查询功能，可以查询打印总账、明细账、日记账、发生额余额表、多栏账、序时账等。不仅可以查询到已记账凭证的数据，而且查询的账表中也可以包含未记账凭证的数据；可以轻松实现总账、明细账、日记账和凭证的联查。

　　总账中的辅助核算，不仅可以使业务得到全面、详细地记录，而且还提供各种维度的辅助信息查询功能，为管理人员提供多方位的管理信息。

2．总账日常业务处理的工作流程

　　总账日常业务处理的主要工作流程如图 3-2 所示。

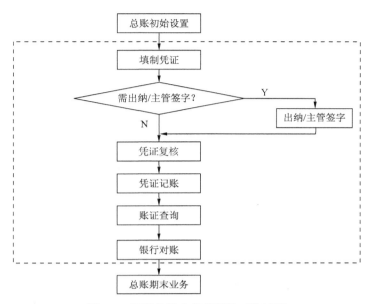

图 3-2　总账日常业务处理的工作流程

（1）填制凭证

　　记账凭证按其编制来源可分为手工填制凭证和机制凭证两大类。机制凭证包括利用总账系统自动转账功能生成的凭证以及在其他子系统中生成传递到总账的凭证。本节主要介绍手工填制凭证。

　　手工填制凭证也分为两种方式：一种是根据审核无误的原始凭证直接在总账系统中填制记账凭证；另一种是先在手工方式下填制好记账凭证而后再集中输入到总账系统中。企业可以根据实际情况选择适合自己的方式。

　　填制凭证时各项目应填制的内容及注意事项如下。

　　① 凭证类别。填制凭证时可以直接选择所需的凭证类别。如果在设置凭证类别时设置了凭证的限制类型，那么必须符合限制类型的要求，否则系统会给出错误提示。例如，假定企业选择了"收、付、转"三类凭证，且设置了收款凭证的限制类型为"借方必有"科目"1001，1002"，如果企业发生了"销售产品，货款未收"的业务，应借记应收账款科目，贷记主营业务收入科目，如果用户误选择了"收款凭证"类别，保存时系统会提示"不满足借方必有条件"。

　　② 凭证编号。如果选择"系统编号"方式，凭证按凭证类别按月自动顺序编号。如果选择"手工编号"方式，需要手工输入凭证号，但应注意凭证号的连续性、唯一性。

　　③ 凭证日期。填制凭证时，日期一般自动取登录系统时的业务日期。选择"制单序时控制"的情况下，凭证日期应大于等于该类凭证最后一张凭证日期，但不能超过计算机内系统日期。

　　④ 附单据数。记账凭证打印出来后，应将相应的原始凭证黏附其后，这里的附单据数就是指将来该记账凭证所附的原始单据数。

　　⑤ 摘要。摘要是对经济业务的概括说明。因为计算机记账是以记录行为单位，因此每行记录都要有摘要，不同记录行的摘要可以相同也可以不同，每行摘要将随相应的会计科目在明细账、日

记账中出现。摘要可以直接输入，如果定义了常用摘要的话，也可以调用常用摘要。

⑥ 会计科目。填制凭证时，会计科目必须是末级科目；可以输入科目编码、科目名称、科目助记码。

如果输入的是银行科目，一般系统会要求输入有关结算方式的信息，此时最好输入，以方便日后银行对账；如果输入的科目有外币核算，系统会自动带出在外币中已设置的相关汇率，如果不符还可以修改，输入外币金额后，系统会自动计算出本币金额；如果输入的科目有数量核算，应该输入数量和单价，系统会自动计算出本币金额；如果输入的科目有辅助核算，应该输入相关的辅助信息，以便系统生成辅助核算信息。

⑦ 金额。金额可以是正数或负数（即红字），但不能为零。凭证金额应符合"有借必有贷，借贷必相等"原则，否则将不能保存。

另外，如果设置了常用凭证，可以在填制凭证时直接调用常用凭证，从而增加凭证录入的速度和规范性。

难点　　　　　　　　　　　关于损益类科目金额的填制

填制涉及损益类科目的凭证时需要注意，如果科目发生额与科目余额方向相反，需要将科目发生额以红字记录以便与科目余额方向保持一致。例如，本月正常销售 10 000 元，后发生销售退货 500 元，一般会记录借主营业务收入 500 元，这里建议在主营业务收入科目的贷方记录红字金额 500 元。原因何在呢？企业账务处理的最终结果要编制对外财务报告，其中利润表反映企业一定会计期间经营成果，利润表模板中的公式默认按照科目的余额方向取科目发生额。按照第一种记录方式，利润表中的主营业务收入会取到 10 000 元，没有包括销售退回的 500 元；按照第二种方式记录，可以取到正确的主营业务收入 9 500 元。

（2）凭证复核

为了保证会计事项处理正确和记账凭证填制正确，需要对记账凭证进行复核。凭证复核包括出纳签字、主管签字和审核凭证。

① 出纳签字。由于出纳凭证涉及企业资金的收支，所以应加强对出纳凭证的管理。出纳签字功能使得出纳可以对涉及现金、银行存款的凭证进行核对，以决定凭证是否有误。如果凭证正确无误，出纳便可签字；否则必须交由制单人进行修改后再重新核对。

出纳凭证是否必须由出纳签字取决于系统参数的设置，如果选择了"出纳凭证必须由出纳签字"选项，那么出纳凭证必须经过出纳签字才能够记账。

② 主管签字。为了加强对会计人员制单的管理，有的企业所有凭证都需要由主管签字，为了满足这一应用需求，总账系统提供主管签字功能。但凭证是否需要主管签字才能记账，取决于系统参数的设置。

③ 审核凭证。审核凭证是审核员按照相关规定，对制单员填制的记账凭证进行检查核对，如是否与原始凭证相符，会计分录是否正确等。凭证审核无误后，审核人便可签字，否则必须交由制单人进行修改后再重新审核。

所有凭证必须审核后才能记账。注意审核人与制单人不能是同一人。

如果设置了凭证审核明细权限的话，审核凭证还会受到明细权限的制约。

（3）凭证记账

记账凭证经过审核签字后，便可以记账了。计算机系统中，记账是由计算机自动进行的。记账过程一旦断电或其他原因造成中断，系统自动调用"恢复记账前状态"功能恢复数据，再重新选择记账。

如果记账后发现输入的记账凭证有错误需要进行修改，需要人工调用"恢复记账前状态"功能。系统提供了两种恢复记账前状态方式：将系统恢复到最后一次记账前状态和将系统恢复到月初状态。只有主管才能选择将数据"恢复到月初状态"。

如果期初余额试算不平衡不能记账。如果上月未结账，则本月不能记账。

（4）修改凭证

如果发生凭证填制错误的情况，就涉及修改凭证。在信息化方式下，凭证的修改分为有痕迹修改和无痕迹修改。

① 无痕迹修改。无痕迹修改，是指系统内不保存任何修改线索和痕迹。对于尚未审核和签字的凭证可以直接进行修改；对于已经审核或签字的凭证应该先取消审核或签字，然后才能修改。显然，这两种情况下，都没有保留任何审计线索。

② 有痕迹修改。有痕迹修改是指系统通过保存错误凭证和更正凭证的方式而保留修改痕迹，因而可以留下审计线索。对于已经记账的错误凭证，一般应采用有痕迹修改。具体方法是采用红字更正法或补充更正法。前者适用于更正记账金额大于应记金额的错误或者会计科目的错误，后者适用于更正记账金额小于应记金额的错误。

能否修改他人填制的凭证，将取决于系统参数的设置。其他子系统生成的凭证，只能在账务系统中进行查询、审核、记账，不能修改和作废，只能在生成该凭证的原子系统中进行修改和删除，以保证记账凭证和原子系统中的原始单据相一致。

修改凭证时，一般而言凭证类别及编号是不能修改的。修改凭证日期时，为了保持序时性，日期应介于前后两张凭证日期之间，同时日期月份不能修改。

（5）删除凭证

在 U8 系统中，没有直接删除凭证的功能。如果需要删除凭证，要分为两步。

第 1 步，作废凭证。对于尚未审核和签字的凭证，如果不需要的话，可以直接将其作废，作废凭证仍保留凭证内容及编号，仅显示"作废"字样。作废凭证不能修改、不能审核，但应参与记账，否则月末无法结账。记账时不对作废凭证进行数据处理，相当于一张空凭证。账簿查询时，查不到作废凭证的数据。

第 2 步，整理凭证。如果作废凭证没有保留的必要时，可以通过"整理凭证"彻底将其删除。另外，U8 系统也提供了将作废凭证恢复为正常凭证的功能。

（6）冲销凭证

冲销凭证是针对已记账凭证而言的。红字冲销可以采用手工方式也可以由系统自动进行。如果采用自动冲销，只要告知系统要被冲销的凭证类型及凭证号，系统便会自动生成一张与该凭证相同只是金额为红字（负数）的凭证。

（7）凭证汇总

凭证汇总时，可按一定条件对记账凭证进行汇总并生成凭证汇总表。进行凭证汇总的凭证可以是已记账凭证，也可以是未记账凭证。凭证汇总功能可供财务人员随时查询凭证汇总信息，及时了解企业的经营状况及其他财务信息。

（8）设置常用凭证

企业发生的经济业务都有其规律性，有些业务在一个月内会重复发生若干次，因而在填制凭证的过程中，经常会有许多凭证完全相同或部分相同，因而可以将这些经常出现的凭证进行预先设置，以便将来填制凭证时随时调用，简化凭证的填制过程，这就是常用凭证。

（9）设置常用摘要

由于经济业务的重复性，在日常填制凭证的过程中，经常会反复用到许多相同的摘要，为了提高凭证的录入速度，可以将这些经常使用的摘要预先设置下来，而在填制凭证时可以随时调用这些摘要，这样就会提高业务处理的效率。

（10）账证查询

① 凭证查询。凭证查询是计算机系统较手工方式的优势之一。它既可以查询已记账凭证也可以查询未记账凭证；既可以查询作废凭证也可以查询标错凭证；既可以按凭证号范围查询也可以按日期查询；既可以按制单人查询，也可以按审核人或出纳员查询；通过设置查询条件，可以按科目、摘要、金额、外币、数量、结算方式或各种辅助项查询，快捷方便。

② 基本会计账簿查询。基本会计账簿就是手工处理方式下的总账、明细账、日记账、多栏账等。凭证记账后，所有的账簿资料自动生成。在信息化环境下，总账可以用发生额及余额表替代。在查询多栏账之前，必须先定义多栏账的格式。多栏账格式设置可以有自动编制栏目和手工编制栏目两种方式。

③ 辅助核算账簿查询。辅助账在手工处理方式下一般作为备查账存在。

• 个人核算。个人核算主要进行个人借款、还款管理工作，及时地控制个人借款，完成清欠工作。个人核算可以提供个人往来明细账、催款单、余额表、账龄分析报告及自动清理核销已清账等功能。

• 部门核算。部门核算主要为了考核部门收支的发生情况，及时地反映控制部门费用的支出，对各部门的收支情况加以比较分析，便于部门考核。部门核算可以提供各级部门的总账、明细账，以及对各部门收入与费用进行部门收支分析等功能。

• 项目核算。项目核算用于收入、成本、在建工程等业务的核算，以项目为中心为使用者提供各项目的成本、费用、收入、往来等汇总与明细信息，以及项目计划执行报告等。

• 客户核算和供应商核算。客户核算和供应商核算主要进行客户和供应商往来款项的发生、清欠管理工作，及时掌握往来款项的最新情况。同时，也可以提供往来款的总账、明细账、催款单、对账单的查询以及往来账清理、账龄分析报告等功能。如果用户启用了应收款管理系统和应付款管理系统，可以分别在这两个系统中对客户往来款和供应商往来款进行更为详细的核算与管理。

（11）银行对账

银行对账是出纳的一项重要工作。企业为了了解未达账的情况，应定期（至少每月一次）将银行存款日记账与银行对账单进行核对，这个过程称为银行对账。银行对账的程序如下。

① 银行对账期初录入。在首次使用 U8 中的银行对账功能之前，应将银行对账启用日的企业方银行日记账调整前余额和银行方的银行对账单调整前余额，以及单位日记账和银行对账单的未达账项录入系统，并保证单位日记账调整后的余额与银行对账单调整后余额相等。

 银行对账功能不一定和总账同时启用，可以在总账启用之后的任何一个月份开始使用。

---

② 录入银行对账单。银行对账单是银行记录的企业在银行存取款的明细账，由银行定期提供给企业进行账目核对。在每月对账前，必须将银行提供的银行对账单录入 U8 系统，以便于与企业银行存款日记账进行对账。目前，有些系统提供了银行对账单导入功能，避免了烦琐的手工录入。

③ 银行对账。U8 系统提供了自动对账与手工对账两种方式。

自动对账即由计算机根据对账依据将银行日记账与银行对账单进行自动核对、勾销。对账依据通常是"结算方式+结算号+方向+金额"或"方向+金额"。对于已核对上的银行业务，系统将自动在银行存款日记账和银行对账单标记两清标志，并视为已达账项，否则，视其为未达账项。由于自动对账是以银行存款日记账和银行对账单双方对账依据完全相同为条件，所以为了保证自动对账的正确和彻底，必须保证对账数据的规范合理。

手工对账是对自动对账的补充。采用自动对账后，可能还有一些特殊的已达账没有对出来，而被视为未达账项，为了保证对账更彻底正确，可通过手工对账进行调整勾销。

 难点　　　　　　　　　　　　未达账项

即使银行对账单上的存款余额与本单位银行存款日记账上的存款余额都没有错误，也可能会出现对账不一致的情况，这是发生未达账项造成的。所谓"未达账项"是指由于双方记账时间不一致而发生的一方已入账，另一方尚未入账的会计事项。如发现有未达账项，应据以编制未达账项调节表，以便检查双方的账面余额。调节以后的账面余额如果相等，表示双方所记账目正确，否则，说明记账有错误，应及时查明原因予以更正。

④ 余额调节表查询。在对银行账进行两清勾对后，计算机自动整理汇总未达账和已达账，生成"银行存款余额调节表"，以检查对账是否正确。该余额调节表为截止到对账截止日期的余额调节表，若无对账截止日期，则为最新余额调节表。

⑤ 查询对账勾对情况。查询对账勾对情况用于查询单位日记账及银行对账单的对账结果。

⑥ 核销银行账。为了避免文件过大，占用存储空间，可以利用核销银行账功能将已达账项删除。核销银行账不会影响银行日记账的查询和打印。

3.2.4　总账期末处理

总账系统月末处理主要包括自动转账凭证的定义、自动转账凭证的生成、对账和结账等内容。总账期末业务处理的工作流程如图 3-3 所示。

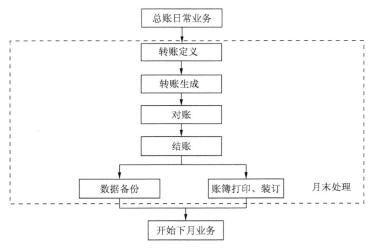

图 3-3　总账期末业务处理的工作流程

1．定义自动转账凭证

转账分为内部转账和外部转账。外部转账是指将其他专项核算子系统自动生成的凭证转入到总账系统，如薪资系统有关工资费用分配的凭证，固定资产系统有关固定资产增减变动及计提折旧的凭证，应收款管理系统有关应收账款发生、收回及坏账准备的凭证，应付款管理系统有关应付账款发生及偿还的凭证。而内部转账就是我们这里所讲的自动转账，是指在总账系统内部通过设置凭证模板而自动生成相应的记账凭证。一些期末业务具有较强的规律性，而且每个月都会重复发生，如费用的分配、费用的分摊、费用的计提、税金的计算、成本费用的结转、期间损益的结转等。这些业务的凭证分录是固定的，金额来源和计算方法也是固定的，因而可以利用自动转账功能将处理这些经济业务的凭证模板定义下来，期末时通过调用这些模板来自动生成相关凭证。

（1）常用自动转账类型

用友 U8 中提供了自定义转账、对应结转、销售成本结转、售价结转、汇兑损益结转、期间损益结转、自定义比例转账、费用摊销和预提等几种类型的转账定义。自定义转账具有通用性，可以说其他几种类型的转账都是自定义转账对应于某种具体应用的特殊情况。

① 对应结转。当两个或多个上级科目的下级科目及辅助项有一一对应关系时，可将其余额按一定比例系数进行对应结转，可一对一结转，也可一对多结转。对应结转只能结转期末余额。

② 销售成本结转。销售成本结转，是将月末商品（或产成品）销售数量乘以库存商品（或产成品）的平均单价计算各类商品销售成本并进行结转。销售成本结转只需告知系统库存商品科目、主营业务收入科目和主营业务成本科目，系统将销售成本结转凭证定义为：

借：主营业务成本

　　贷：库存商品

库存商品科目、主营业务收入科目、主营业务成本科目及下级科目的结构必须相同，并且辅助账类必须完全相同。

③ 汇兑损益结转。汇兑损益结转用于期末自动计算外币账户的汇兑损益，并在转账生成中自动生成汇兑损益转账凭证。

④ 期间损益结转。期间损益结转用于在一个会计期间终了将损益类科目的余额结转到本年利润科目中，从而及时反映企业利润的盈亏情况。

（2）定义自动转账凭证

要想利用自动转账功能自动生成记账凭证，首先应该定义凭证模板。定义凭证模板时，应设置凭证类别、摘要、借贷会计科目及其金额。其中，关键是金额公式的设置。因为各月金额不可能总是相同的，因而不能直接输入金额数，而必须利用账务子系统提供的账务函数来提取账户数据，如期初余额函数、期末余额函数、发生额函数、累计发生额函数、净发生额函数等。

（3）注意自动转账凭证生成顺序

定义转账凭证时，一定要注意这些凭证的生成顺序。例如，定义了结转销售成本、计算汇兑损益、结转期间损益、计提所得税、结转所得税等五张自动转账凭证，因为销售成本、汇兑损益是期间损益的一部分，所以一定要先生成结转销售成本、计算汇兑损益的凭证并复核记账后，才能生成结转期间损益的凭证；因为要依据本期利润计提所得税，所以一定要先生成结转期间损益的凭证并复核记账后，才能生成计提所得税的凭证；因为有了所得税费用才能结转所得税至本年利润，所以一定要先生成计提所得税的凭证并复核记账后才能生成结转所得税的凭证。故此，这五张凭证的顺序是结转销售成本—计算汇兑损益—结转期间损益—计提所得税—结转所得税，并且前一张凭证必须复核记账后才能继续生成后一张凭证。

凭证模板只需定义一次即可，各月不必重复定义。

2．生成记账凭证

凭证模板定义好以后，当每个月发生相关经济业务时，可不必再通过手工录入凭证，而可以直接调用已定义好的凭证模板来自动生成相关的记账凭证。

利用凭证模板生成记账凭证需要各月重复进行。

一般而言，只有在凭证记账后，账务函数才能取出相关数据。所以，利用自动转账生成凭证时，一定要使得相关凭证已经全部记账，这样才能保证取出数据并且是完整的。例如，定义了一张根据本期利润计提所得税的凭证，那么，要生成该张凭证，必须保证有关利润的凭证已经全部记账，否则，要么不能取出相应数据而导致金额为零而不能生成凭证，要么取出的数据不完整而导致所得税计提错误。

利用自动转账生成的凭证属于机制凭证，它仅仅代替了人工查账和填制凭证的环节，自动转账生成的凭证仍然需要审核记账。

3．对账

对账是对账簿数据进行核对，以检查记账是否正确，是否账账相符。对账包括总账与明细账、总账与辅助账的核对。试算平衡时，系统会将所有账户的期末余额按会计平衡公式"借方余额=贷方余额"进行平衡检验，并输出科目余额表。正常情况下，系统自动记账后，应该是账账相符的，账户余额也是平衡的。但由于非法操作或计算机病毒等原因有时可能会造成数据被破坏，因而引起账账不符。为了检查是否账证相符、账账相符以及账户余额是否平衡，应经常使用对账及试算平衡功能。结账时，系统一般会自动进行对账和试算平衡。

4．结账

每月工作结束后，月末都要进行结账。结账前最好要进行数据备份。结账后，当月不能再填制凭证，并终止各账户的记账工作。同时，系统会自动计算当月各账户发生额合计及余额，并将其转入到下月月初。本月结账时，系统会进行下列检查工作。

① 检查本月业务是否已全部记账，有未记账凭证时不能结账。

② 检查上月是否已结账，上月未结账，则本月不能结账。实际上，如果上月未结账的话，本月也不能记账，只能填制、复核凭证。

③ 核对总账与明细账、总账与辅助账，账账不符不能结账。

④ 对科目余额进行试算平衡，试算结果不平衡将不能结账。

⑤ 损益类账户是否已结转至本年利润。

⑥ 当各子系统集成应用时，总账系统必须在其他各子系统结账后才能最后结账。

3.3　总账初始设置实务

3.3.1　基本任务

总账初始化资料

1．总账选项

总账选项（见表 3-1）

表 3-1　总账选项

选项卡	选项设置
凭证	制单序时控制 支票控制 赤字控制：资金及往来科目　　赤字控制方式：提示 可以使用应收、应付、存货受控科目 取消"现金流量科目必录现金流量项目" 凭证编号方式采用系统编号
权限	出纳凭证必须经由出纳签字 允许修改、作废他人填制的凭证 可查询他人凭证
会计日历	会计日历为 1 月 1 日至 12 月 31 日 数量小数位和单价小数位设为 2 位
其他	外币核算采用固定汇率 部门、个人、项目按编码方式排序

2．期初余额

（1）总账期初明细（见表 3-2）

表 3-2　总账期初明细

科目编号及名称	辅助核算	方向	币别/计量	期初余额	备注
库存现金（1001）	日记账	借		10 466.00	
银行存款（1002）	日记账、银行账	借		136 467.66	
工行存款（100201）	日记账、银行账	借		136 467.66	
人民币户（10020101）	日记账、银行账	借		136 467.66	
美元户（10020102）	日记账、银行账	借	美元		
应收账款（1122）	客户往来	借		107 200.00	见辅助账明细
其他应收款（1221）	个人往来	借		7 000.00	见辅助账明细
坏账准备（1231）		贷		9 780.00	
原材料（1403）		借		167 600.00	
高清摄像头（140301）	数量核算	借	220 个	11 000.00	
普通摄像头（140302）	数量核算	借	165 个	4 950.00	
主板（140303）	数量核算	借	450 个	144 000.00	
机壳（140304）	数量核算	借	170 个	7 650.00	
库存商品（1405）		借		1 287 000.00	云米手机 840 000 云易手机 420 000 乐土对讲机 27 000
固定资产（1601）		借		347 900.00	
累计折旧（1602）		贷		110 899.26	
短期借款（2001）		贷		200 000.00	
应付账款（2202）		贷		49 515.00	
一般应付款 220201	供应商往来	贷		17 515.00	见辅助账明细
暂估应付款 220202		贷		32 000.00	

科目编号及名称	辅助核算	方向	币别/计量	期初余额	备注
应付职工薪酬（2211）		贷			
应付工资（221101）		贷		247 982.40	
应付福利费（221102）		贷		34 000.00	
应交税费（2221）		贷		9 800.00	
应交增值税（222101）		贷		9 800.00	
进项税额（22210101）		贷		−35 600.00	
销项税额（22210105）		贷		45 400.00	
长期借款（2501）		贷		500 000.00	
实收资本（4001）		贷		600 000.00	
资本公积（4002）		贷		160 000.00	
盈余公积（4101）		贷		60 605.00	
利润分配（4104）		贷		81 052.00	
未分配利润（410415）		贷		81 052.00	

（2）辅助账期初明细（见表3-3）

表 3-3　辅助账期初明细

应收账款往来明细：1122　应收账款　　　　　　　　　　　　　　余额：借 107 200 元

日期	凭证号	客户	业务员	摘要	方向	金额
2018−10−27	转−89	慧童养老院	高文庆	期初	借	42 000
2018−11−11	转−35	苏华	沈宝平	期初	借	65 200

其他应收款往来明细：1221　其他应收款　　　　　　　　　　　　余额：借 7 000 元

日期	凭证号	部门	个人	摘要	方向	金额
2018−12−19	付−98	总经办	马国华	出差借款	借	4 000
2018−12−24	付−137	销售一部	高文庆	出差借款	借	3 000

一般应付款往来明细：220201　一般应付款　　　　　　　　　　　余额：贷 17 515 元

日期	凭证号	供应商	业务员	摘要	方向	金额
2018−11−10	转−62	美安	范文芳	期初	贷	17 515

总账初始设置指导

由系统管理员在系统管理中引入"基础设置"账套作为基础数据，以账套主管身份进行总账初始化设置。

1．设置总账选项

操作指导：

① 在企业应用平台业务工作中，选择"财务会计"中的"总账"，执行"设置"|"选项"命令，打开"选项"对话框。

② 单击【编辑】按钮，进入修改状态。

设置总账选项

③ 单击"凭证"选项卡，按照总账初始化资料的要求进行相应的设置，如图 3-4 所示。

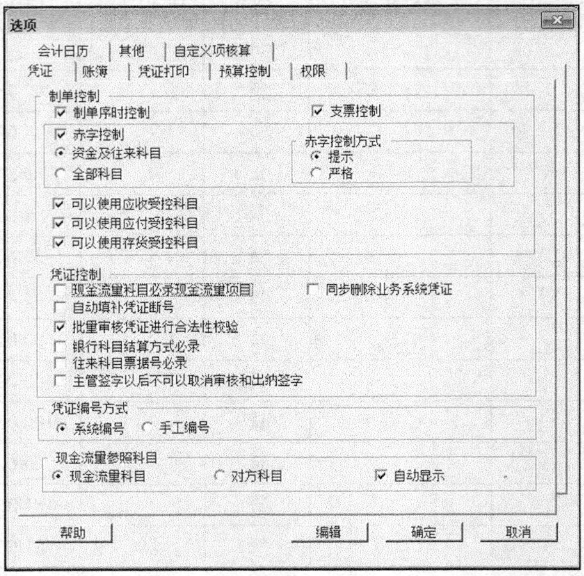

图 3-4　选项-凭证

制单序时控制：指制单时凭证编号按日期顺序从小到大排列。

支票控制：制单时使用了标注为银行账的科目时，如果结算方式设置了"票据管理"，那么输入的支票号如果在支票登记簿中存在，系统就提供支票报销；否则就提供支票登记。

赤字控制：制单时，如果资金及往来科目的最新余额出现负数时，系统及时予以提示。

可以使用应收受控科目：应收系统的受控科目是指只能在应收款系统制单时使用的科目，在企业启用应收款管理系统的前提下，与应收票据、应收账款、预收账款科目相关的业务在应收款管理系统生成，总账中不再填制这类业务凭证，因此不选中此项。此外，为了全面学习总账功能，暂不启用应收款系统，因此，涉及客户往来管理的业务需要在总账中处理，需要选中该项，否则，在总账中不能使用这些科目制单。

选择"可以使用应收受控科目"选项时，系统弹出"受控科目被其他系统使用时，会造成应收系统与总账对账不平"信息提示框，单击【确定】按钮返回即可。

现金流量科目必录现金流量项目：在会计科目中指定了现金流量科目的前提下，选中该项，在填制凭证时使用了现金流量科目，必须输入现金流所属的现金流量项目，否则凭证不能保存。

凭证编号方式：系统提供自动编号和手工编号两种凭证编号方式。选择系统编号，系统按照凭证类别按月顺序编号。

难点　　　　　　　　　　　　　受控科目

选项设置中提到三种受控科目：应收受控科目、应付受控科目和存货受控科目，仅以应收受控科目为例阐释受控科目的意义。

应收系统的受控科目是指只能在应收款管理系统制单使用的科目。在总账系统与应收款管理系统集成应用的前提下，企业与客户之间的往来业务均在应收款管理系统处理，业务处理的结果通过自动凭证机制生成凭证传递给总账。涉及客户往来业务处理的科目包括应收票据、应收账款和预收账款科目，既然与此相关的业务在应收款管理系统生成，那么总账中不再填制这类业务凭证，否则业务处理就重复了。这几个科目也称为应收受控科目。

本书目前为了全面学习总账功能，还不曾启用应收款管理系统，因此，涉及客户往来的业务需要在总账中进行处理，需要选中该项，否则在总账中不能使用这些科目制单。

④ 单击"权限"选项卡，按照总账初始化资料的要求进行相应的设置，如图 3-5 所示。

图 3-5　选项-权限

选项中的权限提供了更为明细的权限划分，包括以下几个方面。

a. 制单权限控制到科目：如果希望限定每个制单人制单时所使用的会计科目，则选中该项。然后再在数据权限分配中授权制单人所能使用的科目。使用该功能的前提是在数据权限控制设置中已选择对"科目"业务对象进行控制。

b. 制单权限控制到凭证类别：限定制单人制单时可使用的凭证类别。其他原理同上。

c. 操作员进行金额权限控制：限定不同级别的人员制单时可填写金额。此项对机制凭证和外来凭证无效。

d. 凭证审核控制到操作员：限定具有凭证审核权限的人只能对某些制单人填制的凭证行审核。

e. 出纳凭证必须经由出纳签字：出纳凭证是指凭证上包含指定为现金科目或银行存款科目的凭证。如果企业需要关注涉及现金收付的业务，可以选择该选项。

f. 凭证必须经由主管会计签字：选中该项，所有凭证必须由主管会计签字。

g. 允许修改、作废他人填制的凭证：审核人员在审核凭证的过程中发现凭证有误，是否可以作废和修改取决于该选项是否为选中状态。"控制到操作员"可以细化到允许修改、作废哪些制单人填制的凭证。

h. 可查询他人凭证：是否可以查看他人填制的凭证。"控制到操作员"可以细化到可以查看哪些制单人填制的凭证。

i. 制单、辅助账查询控制到辅助核算：是否需要限定制单或辅助账查询时能查看到哪些辅助核算类型。

j. 明细账查询权限控制到科目：是否需要限定有账簿查询权限的人可以查看哪些科目的明细账。

⑤ 单击"会计日历"选项卡，按照总账初始化资料的要求进行相应的设置。

在会计日历选项卡中，可以查看企业建账时的部分信息，包括账套名称、单位名称、账套路径、行业性质、科目级长等，此处的会计日历只能查看，不能修改。

⑥ 单击"其他"选项卡，按照总账初始化资料的要求进行相应的设置。如果企业有外币业务，那么采用固定汇率核算还是采用浮动汇率核算在此处进行选择。

⑦ 设置完成后，单击【确定】按钮返回。

难点　　　　　　　选项对企业账务处理流程的影响

总账的账务处理流程可简单概括为"填制凭证—审核凭证—记账"，如果在选项中选中了"出纳凭证必须经由出纳签字"选项，则账务处理流程在记账之前增加了一个环节"出纳签字"，出纳签字可以在审核凭证之前也可以在审核凭证之后，但必须在记账之前完成。

2. 输入期初余额

中诚通讯于 2019 年 1 月 1 日建账，因此，只需录入各科目的期初余额和辅助账期初即可，无须录入科目的累计借贷方发生额。

（1）无辅助核算的科目余额录入

操作指导：

① 执行"设置"|"期初余额"命令，进入"期初余额录入"窗口。期初余额列底色有 3 种。

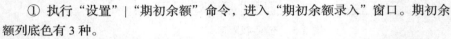

无辅助核算的科目
余额录入

② 底色为白色单元格表示为末级科目，期初余额直接录入，如库存现金科目、银行存款\工行存款\人民币户，上级科目的余额自动汇总计算。

③ 数量辅助核算科目，如原材料/高清摄像头，第 1 行录入金额余额，第 2 行录入数量余额，且必须先录金额再录数量。

提示

如果要修改余额的方向，可以在未录入余额的情况下，单击【方向】按钮改变余额的方向。

总账科目与其下级科目的方向必须一致。如果所录入明细余额的方向与总账余额方向相反，则用"–"号表示。例如，"应交税金/应交增值税/进项税额"科目借方余额 35 600 需要录入"-35 600"。

（2）客户往来辅助核算科目录入

底色为黄色的单元格表示为设置了客户往来、供应商往来、部门核算、个人往来、项目核算核算的科目。以应收账款为例介绍客户往来辅助核算科目录入。

① 双击应收账款科目期初余额栏，进入"辅助期初余额"窗口。

② 单击【往来明细】按钮进入"期初往来明细"窗口。

③ 单击【增行】按钮，按资料录入应收账款往来明细，如图 3-6 所示。

④ 单击【汇总】按钮，系统自动汇总并弹出"完成了往来明细到辅助期初表的汇总！"，单击【确定】按钮。

客户往来辅助核算
科目期初余额录入

图 3-6 期初往来明细

⑤ 单击【退出】按钮，返回到辅助期初余额界面，如图 3-7 所示。

图 3-7 辅助期初余额

⑥ 单击【退出】按钮，返回到期初余额录入界面，应收账款科目余额已自动生成。

同理，录入其他应收款科目、一般应付款科目期初余额。

（3）项目核算科目期初余额录入

项目辅助核算期初余额录入与其他辅助核算不同，以库存商品为例介绍如下。

① 双击库存商品科目期初余额栏，进入"辅助期初余额"窗口。

② 单击【增行】按钮，按项目录入期初余额，如图 3-8 所示。

③ 单击【退出】按钮，返回期初余额窗口，库存商品科目余额已自动生成。

图 3-8 项目核算科目期初余额录入

3. 试算平衡

输入完所有科目余额后，单击【试算】按钮，打开"期初试算平衡表"对话框，如图 3-9 所示。

若期初余额不平衡，则修改期初余额；若期初余额试算平衡，单击【确定】按钮。

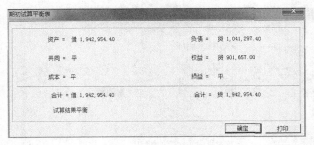

试算平衡

图 3-9　期初试算平衡

提示

系统只能对期初余额的平衡关系进行试算，而不能对年初余额进行试算。

如果期初余额不平衡，可以填制凭证、审核凭证，但是不允许记账。

凭证记账后，期初余额变为"只读、浏览"状态，不能再修改。

4．账套备份

全部完成后，将账套输出至"总账初始化"文件夹中。

3.3.2　拓展任务

如果企业规模较大，财务分工也比较细，分设往来会计、成本会计等多个岗位，按照财务内部管理制度需要设定每个人只能查询自己负责的账簿。

【拓展】假设白亚楠是往来会计，限制其只能查询与客户和供应商往来相关的科目明细账，如"应收账款"明细账，而不能查询其他科目明细账，如"管理费用/招待费"明细账。

操作指导：

① 前期在企业建账一章中已经为用户"403 白亚楠"设置了"总账"功能权限。

② 以账套主管"401 王莉"身份登录企业应用平台，在"系统服务"|"权限"|"数据权限控制设置"中，设置对"科目"进行"记录级"控制，如图 3-10 所示。

数据权限设置

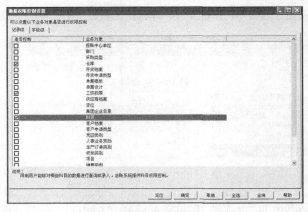

图 3-10　数据权限控制设置

③ 在总账系统中，执行"设置"|"选项"命令，打开"选项"对话框。单击【编辑】按钮，单击"权限"选项卡，选中"明细账查询权限控制到科目"选项，单击【确定】按钮返回。

④ 在总账系统中，执行"设置"|"数据权限分配"命令，进入"权限浏览"窗口。从用户列表中选中"403 白亚楠"，单击【授权】按钮，打开"记录权限设置"对话框。将"应收账款"科

目从"禁用"列表中选入"可用"列表中,单击【保存】按钮,如图 3-11 所示。系统提示"保存成功,重新登录门户,此配置才能生效",单击【确定】按钮。

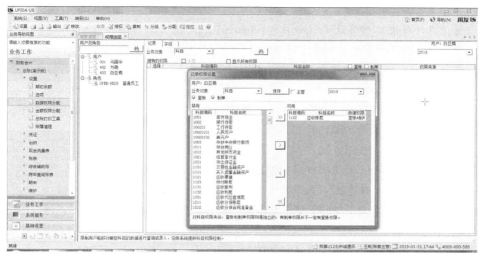

图 3-11 记录权限设置

⑤ 以"403 白亚楠"的身份登录企业应用平台,执行"总账"|"账表"|"科目账"|"明细账"命令,打开"明细账查询条件"对话框,输入查询科目"660205"-"660205",单击【确定】按钮,系统弹出提示信息,如图 3-12 所示。

图 3-12 测试设置数据权限

3.4 总账日常业务处理实务

3.4.1 基本任务

总账日常业务处理资料

1.填制凭证

(1)增加凭证

① 2 日,销售一部高文庆报销业务招待费 1 200 元,以现金支付。(附单据一张)

借:销售费用/招待费(660105）　　　　　　　　　　　　　　1 200

　　贷:库存现金(1001）　　　　　　　　　　　　　　　　　　1 200

② 3 日，财务部方萌持现金支票（支票号 X0001）从工行人民币户提取现金 10 000 元，作为备用金。

借：库存现金（1001） 10 000

 贷：银行存款/工行存款/人民币户（10020101） 10 000

③ 4 日，收到星旗集团投资资金 200 000 美元，汇率 1 : 6.2。（转账支票号 W0001）

借：银行存款/工行存款/美元户（10020102） 1 240 000

 贷：实收资本（4001） 1 240 000

④ 6 日，采购部范文芳采购主板 100 个，单价 320 元，税率 13%，材料已直接入库，货款以银行存款支付。（转账支票号 Z0001）

借：原材料/主板（140303） 32 000

 应交税费/应交增值税/进项税额（22210101） 4 160

 贷：银行存款/工行存款/人民币户（10020101） 36 160

⑤ 8 日，销售二部沈宝平收到苏华电商转来一张转账支票，金额 65 200 元，用以偿还前欠货款。（转账支票号 Z0002）

借：银行存款/工行存款/人民币户（10020101） 65 200

 贷：应收账款（1122） 65 200

⑥ 10 日，采购部范文芳从新锐科技购入机壳 500 个，单价 45 元，货税款暂欠，已验收入库。（适用税率 13%）

借：原材料/机壳（140304） 22 500

 应交税费/应交增值税/进项税额（22210101） 2 925

 贷：一般应付款（220201） 25 425

⑦ 12 日，分配本月工资费用，其中总经办 8 000 元、财务部 10 000 元、采购部 5 000 元、销售部 12 000 元、车间管理人员 4 000 元、生产工人 20 000 元。

借：管理费用/薪资-总经办（660201） 8 000

 管理费用/薪资-财务部（660201） 10 000

 管理费用/薪资-采购部（660201） 5 000

 销售费用/薪资（660101） 12 000

 制造费用/工资（510101） 4 000

 生产成本/直接人工（500102） 20 000

 贷：应付职工薪酬/应付工资（221101） 59 000

⑧ 15 日，总经办马国华出差归来，报销差旅费 3 560 元，交回现金 440 元。

借：管理费用/差旅费（660204） 3 560

 库存现金（1001） 440

 贷：其他应收款（1221） 4 000

⑨ 18 日，生产部领用主板 50 个，单价 320 元，用于生产云易手机。

借：生产成本/直接材料（500101） 16 000

 贷：原材料/主板（140303） 16 000

⑩ 20 日，蓝享科技购买 20 部云米手机，无税单价 1800 元/部，已提货，货款未付。

借：应收账款（1122） 40 680

 贷：主营业务收入（6001） 36 000

  应交税费/应交增值税/销项税额（22210105） 4 680

（2）修改凭证

① 经查，15 日总经办马国华报销的 3 560 元差旅费中有 500 元是个人行为，应由个人负担，追缴现金 500 元。会计分录应做如下修改。

借：管理费用/差旅费　　　　　　　　　　　　　　　　　3 060

　　库存现金　　　　　　　　　　　　　　　　　　　　　940

　　贷：其他应收款　　　　　　　　　　　　　　　　　　　4 000

② 经查，18 日生产部领用 50 个主板为生产"云米手机"，误录为"云易手机"。请更正。

（3）删除凭证

经查，2 日高文庆报销的业务招待费属个人消费行为，不允许报销，现金已追缴，业务上不再反映。

2．出纳签字

由出纳方萌对所有涉及现金和银行科目的凭证签字。

3．审核凭证

由账套主管王莉对凭证进行审核。

4．记账

由账套主管王莉对凭证进行记账。

5．冲销凭证

1 月 24 日，由 403 白亚楠冲销已记账的第 1 号收款凭证。

6．账证查询

以账套主管身份进行账证查询和辅助账查询。

① 查询凭证。查询用库存现金支出在 5 000 元以上的凭证。

② 查询余额表。查询 2019 年 1 月余额表并联查应收账款专项资料。

③ 查询"原材料/主板"数量金额明细账，并联查"转-0003"凭证。

④ 查询多栏账。定义并查询管理费用多栏账。

7．辅助账查询

① 查询部门辅助账。查询 2019 年 1 月总经办、财务部、采购部本期支出情况。

② 查询个人辅助账。查询总经办马国华个人往来清理情况。

③ 查询客户往来辅助账。进行客户往来账龄分析。

④ 查询项目账。查询"云米手机"项目明细账。进行"产品"项目大类的统计分析。

8．出纳管理

以出纳身份完成以下工作。

① 查询现金日记账。

② 查询 2019 年 1 月 15 日资金日报。

③ 登记支票登记簿。

22 日，采购部范文芳借转账支票一张采购高清摄像头，票号 Z1655，预计金额 20 000 元。

④ 银行对账。中诚通讯银行账的启用日期为 2019-01-01，工行人民币户企业日记账调整前余额为 114 467.66 元，银行对账单调整前余额为 136 467.66 元，未达账项一笔，系银行已收企业未收款 22 000 元（转账支票 1622）。2019 年 1 月银行对账单如表 3-4 所示。

表 3-4　2019 年 1 月银行对账单

日期	结算方式	票号	借方金额	贷方金额
2019.01.03	201	X0001		10 000.00
2019.01.06	202	Z0001		36 160.00
2019.01.08	202	Z0002	65 200.00	

 总账日常业务处理指导

由系统管理员在系统管理中引入"总账初始化"账套。以"403 白亚楠"的身份注册进行填制凭证、修改凭证、删除凭证、冲销凭证等操作；以出纳身份进行出纳签字、出纳管理；以账套主管身份进行审核、记账、账证查询、辅助账查询等。

1．填制凭证

（1）增加凭证

业务 1：无辅助核算的一般业务

操作指导：

① 在企业应用平台业务工作中，执行"财务会计"|"总账"|"凭证"|"填制凭证"命令，进入"填制凭证"窗口。

② 单击【增加】按钮或者按"F5"键，系统自动增加一张空白收款凭证。单击旁边的"⋯"参照按钮，选择凭证类型"付款凭证"，按回车键，凭证号 0001 自动产生。

增加凭证–无辅助核算的一般业务

③ 输入制单日期"2019.01.02"。按照制单序时控制要求，制单日期不能小于上一张同类别凭证的制单日期，且不能大于系统日期。

④ 输入附单据数"1"。附件数是指该记账凭证所附原始单据的张数。

⑤ 在摘要栏直接输入摘要"报销业务招待费"；选择科目名称"660105"，借方金额"1 200"，按回车键；摘要自动带到下一行，输入贷方科目"1001"，光标位于贷方时，按"="键将借贷方差额"1 200"取到当前位置，如图 3-13 所示。

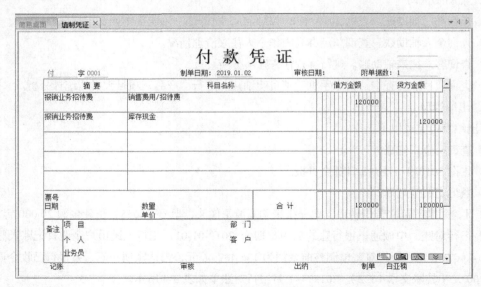

图 3-13　填制第 1 笔业务凭证

⑥ 单击【保存】按钮，系统弹出提示"凭证已成功保存!"信息提示框，单击【确定】按钮。

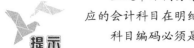

选择了系统编号方式，凭证编号按凭证类别按月顺序编号。

凭证一旦保存，其凭证类别、凭证编号不能修改。

正文中不同分录行的摘要可以相同也可以不同，但不能为空。每行摘要将随相应的会计科目在明细账、日记账中出现。

科目编码必须是末级的科目编码。

金额不能为"零"；红字以"-"号表示。

可按"="键取当前凭证借贷方金额的差额到当前光标位置。

单击"📑"增加按钮在保存凭证的同时增加一张新凭证。

业务 2：银行账辅助核算科目，使用了需要票据管理的结算方式

操作指导：

① 在总账填制凭证功能中，增加一张付款凭证，输入摘要"提现金"。

② 输完银行科目"10020101"，弹出"辅助项"对话框。

③ 输入结算方式"201"，票号"X0001"，发生日期"2019-01-03"，如图3-14 所示，单击【确定】按钮。

增加凭证-银行账
辅助核算科目

图 3-14　填制第 2 笔业务凭证-银行辅助核算

④ 凭证保存时，若此张支票未登记，则弹出"此支票尚未登记，是否登记？"对话框，如图3-15 所示。

⑤ 单击【是】按钮，弹出"票号登记"对话框，输入各项信息，如图 3-16 所示。

⑥ 单击【确定】按钮，弹出信息提示框"凭证已成功保存!"，单击【确定】按钮。

10020101 科目设置了银行账辅助核算，凭证汇总使用了银行账辅助核算科目时，银行账辅助信息不能为空。

在总账选项中选择了支票控制，那么在结算方式中设置为票据管理的结算方式其票号应在支票登记簿中进行登记。

图 3-15　提醒支票登记信息框

图 3-16　票号登记

业务 3：外币辅助核算科目

操作指导：

① 在填制凭证过程中，输完外币科目"10020102"，系统自动显示外币汇率"6.2"，输入外币金额"200 000"，系统自动算出并显示本币金额"1240000"，如图 3-17 所示。

② 全部输完后，单击【保存】按钮，保存凭证。

增加凭证–外币辅助核算科目

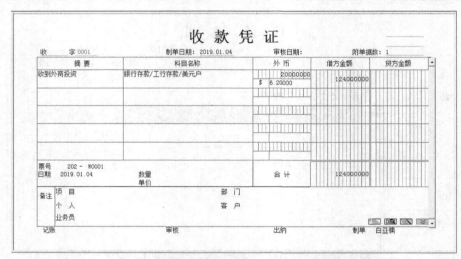

图 3-17　填制第 3 笔业务凭证–外币核算业务

提示　　汇率栏中的内容是固定的，不能输入或修改。如使用浮动汇率，汇率栏中显示最近一次汇率，可以直接在汇率栏中修改。

业务 4：数量辅助核算科目

操作指导：

① 在填制凭证过程中，输完数量科目"140303"，弹出"辅助项"对话框。

② 输入数量"100"，单价"320"，如图 3-18 所示，单击【确定】按钮。

③ 保存凭证时，登记支票登记簿。

增加凭证–数量辅助核算科目

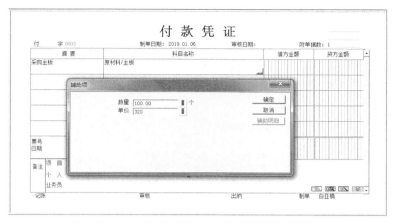

图 3-18 填制第 4 笔业务凭证–数量核算的业务

业务 5：客户往来辅助核算科目

操作指导：

① 在填制凭证过程中，输完客户往来科目 "1122"，弹出 "辅助项" 对话框。

② 选择输入客户 "苏华"，业务员 "沈宝平"，发生日期 "2019-01-08"，如图 3-19 所示。

③ 单击【确定】按钮。

增加凭证–客户
往来辅助核算科目

图 3-19 填制第 5 笔业务凭证–客户往来辅助核算

提示

如果往来单位不属于已定义的往来单位，则要正确输入新往来单位的辅助信息，系统会自动追加到往来单位目录中。

业务 6：供应商往来辅助核算科目

操作指导：

① 在填制凭证过程中，输完供应商往来科目 "220201"，弹出 "辅助项" 对话框。

② 选择输入供应商 "新锐科技"，发生日期 "2019-01-10"，如图 3-20 所示。

增加凭证–供应商
往来辅助核算科目

③ 单击【确定】按钮。

图 3-20　填制第 6 笔业务凭证–供应商辅助核算

业务 7：部门辅助核算科目

操作指导：

① 在填制凭证过程中，输完部门核算科目"660201"，弹出"辅助项"对话框。

② 选择输入部门"总经办"，单击【确定】按钮，如图 3-21 所示。

增加凭证–部门辅助核算科目

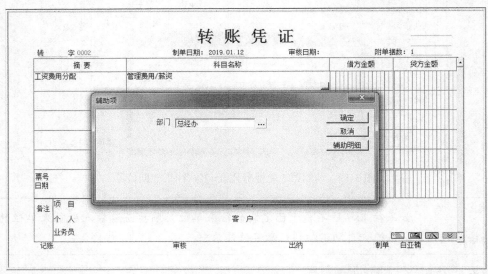

图 3-21　填制第 7 笔业务凭证–部门辅助核算

提示

屏幕上每张凭证上有五个分录行，本业务有 7 行，因此在凭证号后面出现分单号：0002/0002，以示该凭证有多页，如图 3-22 所示。

图 3-22 凭证有多个分录行情况下出现分单号

业务 8：个人往来辅助核算科目

操作指导：

① 在填制凭证过程中，输完个人往来科目"1221"，弹出"辅助项"对话框。

② 选择输入部门"总经办"，个人"马国华"，发生日期"2019-01-15"，如图 3-23 所示。

增加凭证–个人往来辅助核算科目

图 3-23 填制第 8 笔业务凭证–个人辅助核算

③ 单击【确定】按钮。

在输入个人信息时，若不输入"部门"只输入"个人"，系统将根据所输个人名称自动输入其所属的部门。

业务9：项目辅助核算科目、数量辅助核算科目

操作指导：

① 在填制凭证过程中，输完项目核算科目"500101"，弹出"辅助项"对话框。

② 选择输入项目名称"云易手机"，单击【确定】按钮，如图 3-24 所示。

增加凭证–项目辅助核算科目、数量辅助核算科目

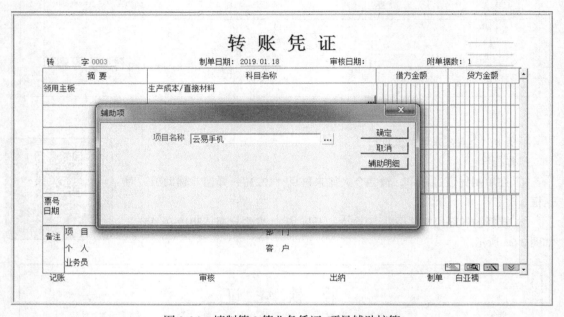

图 3-24　填制第 9 笔业务凭证-项目辅助核算

 系统根据数量×单价自动计算出金额，并将金额先放在借方，如果方向不符，按空格键即可调整金额方向。

业务10：客户往来辅助核算科目、项目辅助核算科目

操作指导略。

（2）修改凭证

操作指导：

① 执行"凭证"|"填制凭证"命令，进入"填制凭证"窗口。

② 单击" | ← ← → → | "按钮，找到要修改的"收-0003"凭证。

③ 将光标放在要修改的地方，本例为金额，直接修改，保存即可。

④ 继续找到"转-0003"凭证，选中"生产成本/直接材料"辅助核算科目行，然后将光标移动到凭证下方的备注栏，待鼠标指针变为" "时双击，弹出"辅助项"对话框。删除已有的"云易手机"，重新选择"云米手机"。

增加凭证–客户往来辅助核算科目及项目辅助核算科目

修改凭证

未经审核的错误凭证可通过"填制凭证"功能直接修改；但是凭证类别不能修改。

已审核的凭证或出纳已签字的凭证需由原签字人取消审核签字后，再进行修改。

若已采用制单序时控制，则在修改制单日期时，不能在上一张凭证的制单日期之前。

若选择"不允许修改、作废他人填制的凭证"权限控制，则不能修改或作废他人填制的凭证。若"允许修改、作废他人填制的凭证"，那么最后一个修改该凭证的人成为该凭证的制单人。

提示

如果涉及银行科目的分录已录入支票信息，并对该支票做过报销处理，修改操作将不影响"支票登记簿"中的内容。

外部系统传过来的凭证不能在总账系统中进行修改，只能在生成该凭证的系统中进行修改。

（3）删除凭证

作废凭证

操作指导：

① 在"填制凭证"窗口中，先查询到要作废的凭证"付-0001"。

② 单击"✕ 作废/恢复"按钮。凭证的左上角显示"作废"，表示该凭证已作废。

删除凭证

提示

作废凭证仍保留凭证内容及编号，只显示"作废"字样。

作废凭证不能修改，不能审核。

在记账时，已作废的凭证应参与记账，否则月末无法结账，但不对作废凭证做数据处理，相当于一张空凭证。

账簿查询时，查不到作废凭证的数据。

若当前凭证已作废，可再次单击"✕ 作废/恢复"按钮，取消作废标志，并将当前凭证恢复为有效凭证。

整理凭证

操作指导：

① 在"填制凭证"窗口中，单击"📝 整理凭证"按钮，打开"凭证期间选择"对话框。

② 选择要整理的"月份"，如图 3-25 所示。

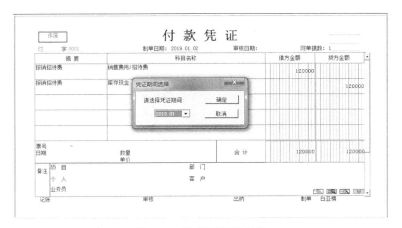

图 3-25　选择要整理月份

③ 单击【确定】按钮，打开"作废凭证表"对话框。

④ 单击【全选】按钮或双击要删除的凭证记录行，选择真正要删除的作废凭证，如图 3-26 所示。

⑤ 单击【确定】按钮，系统将弹出"是否还需整理凭证断号"信息提示框，如图 3-27 所示。

图 3-26　作废凭证表　　　　　　　图 3-27　整理凭证号提示

⑥ 单击【是】按钮系统将这些凭证从数据库中删除并对剩下凭证重新排号。

如果不想保留作废凭证，则可以通过"整理凭证"功能，将其彻底删除，并对未记账凭证重新编号。

只能对未记账凭证做凭证整理。

已记账凭证做凭证整理，应先恢复本月月初的记账前状态，再做凭证整理。

2．出纳签字

（1）更换操作员

操作指导：

① 在企业应用平台界面，执行"重注册"命令，打开"登录"对话框。

② 以"402 方萌"的身份注册，再进入总账系统。以出纳身份登录在总账

出纳签字

下只能看到"凭证"和"出纳"两个功能组。

凭证填制人和出纳签字人可以为不同的人，也可以为同一个人。

按照会计制度规定，凭证的填制与审核不能是同一个人。

在进行出纳签字和审核之前，通常需先更换操作员。

（2）出纳签字

操作指导：

① 执行"凭证"｜"出纳签字"命令，打开"出纳签字"查询条件对话框。

② 单击【确定】按钮，进入"出纳签字列表"窗口。

③ 双击某一要签字的凭证，进入"出纳签字"的签字窗口。

④ 单击【签字】按钮，凭证底部的"出纳"处自动签上出纳人姓名。

⑤ 单击"➡"下张凭证按钮，对其他凭证签字，最后单击【退出】按钮。

出纳签字与审核凭证没有顺序关系，既可以在审核凭证前进行，也可以在审核凭证后进行。

涉及指定为现金科目和银行科目的凭证才需出纳签字。

凭证一经签字，就不能被修改、删除，只有取消签字后才可以修改或删除，取消签字只能由出纳自己进行。

凭证签字并非审核凭证的必要步骤。若在设置总账参数时，不选择"出纳凭证必须经由出纳签字"，则可以不执行"出纳签字"功能。

可以执行"批处理"｜"成批出纳签字"功能对所有凭证进行出纳签字。

3．审核凭证

操作指导：

① 以"401 王莉"的身份重新注册总账系统，执行"凭证"|"审核凭证"命令，打开"凭证审核"查询条件对话框。

审核凭证

② 单击【确定】按钮，进入"凭证审核列表"窗口，如图 3-28 所示。

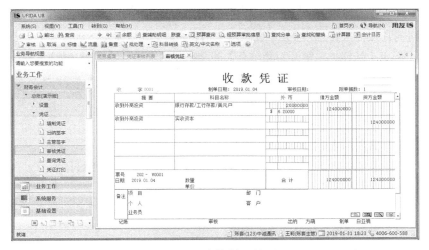

图 3-28　凭证审核列表界面

③ 双击要审核的凭证，进入"审核凭证"窗口，如图 3-29 所示。

图 3-29　审核凭证界面

④ 检查要审核的凭证，无误后，单击【审核】按钮，凭证底部的"审核"处自动签上审核人姓名，并自动翻到下一张凭证。

> 审核日期必须大于等于制单日期。
>
> 审核中发现凭证错误可以进行"标错"处理，以方便制单人准确定位错误凭证以便修改。
>
> 作废凭证不能被审核，也不能被标错。
>
> 审核人和制单人不能是同一个人，凭证一经审核，不能被修改、删除，只有取消审核签字后才可修改或删除，已标记作废的凭证不能被审核，需先取消作废标记后才能审核。
>
> 可以执行"批处理"|"成批审核凭证"功能对所有凭证进行审核签字。

4．记账

操作指导：

① 执行"凭证"|"记账"命令，进入"记账"窗口。

记账

② 第一步选择要进行记账的凭证范围。例如，在付款凭证的"记账范围"栏中输入"1-3"，本例单击【全选】按钮，选择所有凭证，如图 3-30 所示，单击【记账】按钮。

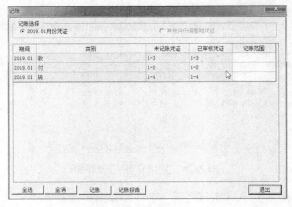

图 3-30　记账–选择本次记账范围

③ 系统进行记账前试算，并显示期初试算平衡表。

④ 单击【确定】按钮，系统开始登录有关的总账和明细账、辅助账。登记完后，弹出"记账完毕！"信息提示对话框。

⑤ 单击【确定】按钮，记账完毕。

第一次记账时，若期初余额试算不平衡，不能记账。

上月未记账，本月不能记账。

未审核凭证不能记账，记账范围应小于等于已审核范围。

作废凭证不需审核可直接记账。

记账过程一旦断电或其他原因造成中断后，系统将自动调用"恢复记账前状态"恢复数据，然后再重新记账。

5．冲销凭证

以 403 白亚楠身份登录总账。

操作指导：

① 在"填制凭证"窗口，单击" 冲销凭证 "按钮，打开"冲销凭证"对话框。

冲销凭证

② 输入条件：选择"月份""凭证类别"；输入"凭证号"等信息，如图 3-31 所示。

图 3-31　冲销凭证

③ 单击【确定】按钮，系统自动生成一张红字冲销凭证，如图 3-32 所示。

图 3-32　生成红字冲销凭证

通过红字冲销法增加的凭证，应视同正常凭证进行保存和管理。

红字冲销只能针对已记账凭证进行。

红字冲销凭证也可以手工填制。

练习将该红字冲销凭证删除。

6．账证查询

（1）查询凭证

查询现金支出在 150 元以上的凭证。

操作指导：

① 执行"凭证"|"查询凭证"命令，打开"凭证查询"对话框。

② 单击【辅助条件】按钮，设置科目为"1001"、方向为"贷方"、金额为"5000"，如图 3-33 所示。

查询凭证

图 3-33　查询凭证

③ 单击【确定】按钮，系统弹出"没有符合条件的凭证"信息提示框。

④ 单击【确定】按钮返回。

（2）查询余额表

查询 2019.01 余额表并联查应收账款专项资料。

操作指导：

① 执行"账表"|"科目账"|"余额表"命令，打开"发生额及余额表查询条件"对话框。

查询余额表

② 单击【确定】按钮，进入"发生额及余额表"窗口，如图 3-34 所示。

③ 将光标定位在"1122 应收账款"，单击【专项】按钮，打开"科目余额表"对话框，查看各个客户的期初余额、本期发生和期末余额专项资料，如图 3-35 所示。

发生额及余额表

月份：2019.01-2019.01

科目编码	科目名称	期初余额		本期发生		期末余额	
		借方	贷方	借方	贷方	借方	贷方
1001	库存现金	10,466.00		10,940.00		21,406.00	
1002	银行存款	136,467.66		1,305,200.00	46,160.00	1,395,507.66	
1122	应收账款	107,200.00		40,680.00	65,200.00	82,680.00	
1221	其他应收款	7,000.00			4,000.00	3,000.00	
1231	坏账准备		9,780.00				9,780.00
1403	原材料	167,600.00		54,500.00	16,000.00	206,100.00	
1405	库存商品	1,287,000.00				1,287,000.00	
1601	固定资产	347,900.00				347,900.00	
1602	累计折旧		110,899.26				110,899.26
资产小计		2,063,633.66	120,679.26	1,411,320.00	131,360.00	3,343,593.66	120,679.26
2001	短期借款		200,000.00				200,000.00
2202	应付账款		49,515.00		25,425.00		74,940.00
2211	应付职工薪酬		281,982.40		59,000.00		340,982.40
2221	应交税费		9,800.00	7,085.00	4,680.00		7,395.00
2501	长期借款		500,000.00				500,000.00
负债小计			1,041,297.40	7,085.00	89,105.00		1,123,317.40
4001	实收资本		600,000.00		1,240,000.00		1,840,000.00
4002	资本公积		160,000.00				160,000.00
4101	盈余公积		60,605.00				60,605.00
4104	利润分配		81,052.00				81,052.00

图 3-34　发生额及余额表

科目余额表

科目 1122 应收账款 ▼　　月份：2019.01-2019.01

科目		客户		方向	期初余额	借方	贷方	方向	期末余额
编码	名称	编号	名称		本币	本币	本币		本币
1122	应收账款	001	慧童	借	42,000.00			借	42,000.00
1122	应收账款	002	苏华	借	65,200.00		65,200.00	平	
1122	应收账款	003	蓝享	平		40,680.00		借	40,680.00
合计：				借	107,200.00	40,680.00	65,200.00	借	82,680.00

图 3-35　应收账款专项资料

④ 单击【累计】按钮，可以查看到累计借贷方发生额。

（3）查询"原材料/主板"数量金额明细账

查询："原材料/主板"数量金额明细账，并联查凭证。

操作指导：

① 执行"账表"|"科目账"|"明细账"命令，打开"明细账查询条件"对话框。

② 选择查询科目"140303"-"140303"，如图 3-36 所示。单击【确定】按钮，进入"原材料明细账"窗口。

查询数量金额
明细账

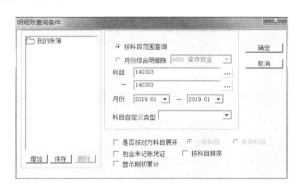

图 3-36　明细账查询条件

提示

手工状态下，凭证未经审核记账在账簿中查不到相关资料，但在计算机系统中，如果选中"包含未记账凭证"复选框，那么可以查询包含未记账凭证在内的明细账。

③ 在右上角选择"数量金额式"账页形式，如图 3-37 所示。

原材料明细账

数量单位：个

科目　140303 主板　　　　　　　　月份：2019.01-2019.01

2019年		凭证号数	摘要	单价	借方		贷方		方向	余额		
月	日				数量	金额	数量	金额		数量	单价	金额
			上年结转						借	450.00	320.00	144,000.00
01	06	付-0002	采购主板	320.00	100.00	32,000.00			借	550.00		176,000.00
01	18	转-0003	领用主板	320.00			50.00	16,000.00	借	500.00		160,000.00
01			当前合计		100.00	32,000.00	50.00	16,000.00	借	500.00	320.00	160,000.00
01			当前累计		100.00	32,000.00	50.00	16,000.00	借	500.00	320.00	160,000.00
			结转下年		100.00		50.00		借	500.00	320.00	160,000.00

图 3-37　数量金额明细账

④ 将光标定位在"转-0003"记录行，单击"凭证"按钮，联查凭证。

提示

在明细账查询中可以联查总账和记账凭证。

（4）查询多栏账

定义并查询管理费用多栏账。

85

操作指导：

① 执行"账表"|"科目账"|"多栏账"命令，打开"多栏账"对话框。

查询多栏账

② 单击【增加】按钮，打开"多栏账定义"对话框。选择核算科目"6602 管理费用"，单击【自动编制】按钮，系统自动将管理费用下的明细科目作为多栏账的栏目，如图 3-38 所示。

图 3-38　管理费用多栏账定义

③ 单击【确定】按钮，完成管理费用多栏账的定义。

④ 单击【查询】按钮，打开"多栏账查询"对话框，单击【确定】按钮，显示管理费用多栏账，如图 3-39 所示。

2019年		凭证号数	摘要	借方	贷方	方向	余额	借方			
月	日							薪资	福利费	办公费	差旅费
01	12	转-0002	工资费用分配	8,000.00		借	8,000.00	8,000.00			
01	12	转-0002	工资费用分配	10,000.00		借	18,000.00	10,000.00			
01	12	转-0002	工资费用分配	5,000.00		借	23,000.00	5,000.00			
01	15	收-0003	报销差旅费	3,060.00		借	26,060.00				3,060.00
01			当前合计	26,060.00		借	26,060.00	23,000.00			3,060.00
01			当前累计	26,060.00		借	26,060.00	23,000.00			3,060.00

图 3-39　管理费用多栏账

提示

多栏账需要先定义再查询，定义是一次性的。

普通多栏账由系统将要分析的下级科目自动生成。

自定义多栏账可以根据管理需要将不同科目或不同级次的科目形成多栏账，栏目内容、分析方向等均可以定义。

7．辅助账查询

（1）查询部门辅助账

查询 2019.01 部门收支分析表。

操作指导：

① 执行"账表"|"部门辅助账"|"部门收支分析"命令，打开"部门收支分析条件"对话框。

② 选择管理费用下的明细科目作为分析科目，单击【下一步】按钮。

③ 选择"总经办""财务部""采购部"作为分析部门，如图 3-40 所示，单击【下一步】按钮。

查询部门辅助账

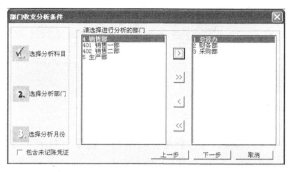

图 3-40　选择分析部门

④ 选择"2019.01"作为分析月份，单击【完成】按钮，系统显示部门收支分析表，如图 3-41 所示。

部门收支分析表
2019.01-2019.01

全部 ｜ 收入科目 ｜ 费用科目 ｜

科目编码	科目名称	统计方式	方向	合计 金额	1 总经办 金额	2 财务部 金额	3 采购部 金额
660201	薪资	期初	借				
		借方		23,000.00	8,000.00	10,000.00	5,000.00
		贷方					
		期末	借	23,000.00	8,000.00	10,000.00	5,000.00
660202	福利费	期初	借				
		借方					
		贷方					
		期末	借				
660203	办公费	期初	借				
		借方					
		贷方					
		期末	借				
660204	差旅费	期初	借				
		借方		3,060.00	3,060.00		
		贷方					
		期末	借	3,060.00	3,060.00		
660205	招待费	期初	借				
		借方					
		贷方					
		期末	借				
660206	折旧费	期初	借				

金额式

图 3-41　部门收支分析表

⑤ 单击【过滤】按钮，打开"过滤条件"对话框。选中"借方"，单击【确定】按钮，显示几个部门的本期支出情况，如图 3-42 所示。

部门收支分析表
2019.01-2019.01

全部 ｜ 收入科目 ｜ 费用科目 ｜

科目编码	科目名称	统计方式	方向	合计 金额	1 总经办 金额	2 财务部 金额	3 采购部 金额
660201	薪资		借方	23,000.00	8,000.00	10,000.00	5,000.00
660202	福利费		借方				
660203	办公费		借方				
660204	差旅费		借方	3,060.00	3,060.00		
660205	招待费		借方				
660206	折旧费		借方				
费用科目	合计		借方	26,060.00	11,060.00	10,000.00	5,000.00

金额式

图 3-42　部门本期支出分析

仔细观察一下，图 3-42 是不是就是我们前面提到过的"管理费用明细表"呢？

提示

（2）查询个人辅助账

查询总经办马国华个人往来清理情况。

操作指导：

① 执行"账表"|"个人往来账"|"个人往来清理"命令，打开"个人往来两清条件"对话框。

查询个人辅助账

② 选择个人"001 马国华"；选中左下角"显示已全部两清"复选框，单击【确定】按钮，进入"个人往来两清"窗口。

③ 单击【勾对】按钮，系统弹出"是否对查询条件范围内的数据进行两清？"信息提示框。

④ 单击【是】按钮，系统显示"自动勾兑结果"对话框。单击【确定】按钮，自动将已达账项打上已结清的标志，如图 3-43 所示。

图 3-43　个人往来两清

（3）查询客户往来辅助账

进行客户往来账龄分析。

操作指导：

① 执行"账表"|"客户往来辅助账"|"客户往来账龄分析"命令，打开"客户往来账龄"对话框。

查询客户往来辅助账

② 选择查询科目"1122 应收账款"，单击【确定】按钮，显示客户往来账龄分析情况，如图 3-44 所示。

图 3-44　客户往来账龄分析

（4）查询项目账

查询"云米手机"项目明细账，进行"产品"项目大类的统计分析。

操作指导：

① 执行"账表"|"项目辅助账"|"项目统计分析"命令，打开"项目统计条件"对话框。

② 选择项目大类"产品"下的全部统计项目，单击【下一步】按钮。

③ 选择"500101 生产成本/直接材料"科目作为统计科目，单击【下一步】按钮。

④ 选择统计月"2019.01"，单击【完成】按钮，显示项目统计情况，如图 3-45 所示。

图 3-45 项目统计表

8．出纳管理

以"402 方萌"的身份完成以下各项工作。

（1）查询现金日记账

操作指导：

① 执行"出纳"|"现金日记账"命令，打开"现金日记账查询条件"对话框。

② 选择科目"1001 库存现金"，默认月份"2019.01"，单击【确定】按钮，进入"现金日记账"窗口，如图 3-46 所示。

图 3-46 现金日记账

③ 双击某行或将光标定在某行再单击【凭证】按钮，可查看相应的凭证。

（2）查询资金日报表

操作指导：

查询资金日报表

① 执行"出纳"|"资金日报"命令，打开"资金日报表查询条件"对话框。

② 输入查询日期"2019.01.15"。选择"有余额无发生也显示"复选框。

③ 单击【确定】按钮，进入"资金日报表"窗口，如图 3-47 所示。单击【退出】按钮。

资金日报表

日期:2019.01.15

科目编码	科目名称	币种	今日共借	今日共贷	方向	今日余额	借方笔数	贷方笔数
1001	库存现金		940.00		借	21,406.00	1	
1002	银行存款				借	1,392,527.66		
合计			940.00		借	1,413,933.66	1	
		美元			借	200,000.00		

图 3-47　资金日报表

提示

在资金日报中可以查询现金、银行存款科目某日的发生额和余额情况。

如果选中"有余额无发生额也显示"，那么，即使现金或银行存款科目在查询日没有发生业务也显示。

（3）登记支票登记簿

操作指导：

登记支票登记簿

① 执行"出纳"|"支票登记簿"命令，打开"银行科目选择"对话框。

② 选择科目：人民币户"10020101"，单击【确定】按钮，进入"支票登记簿"窗口。

③ 单击【增加】按钮。

④ 输入领用日期"2019.01.22"，领用部门"采购部"，领用人"范文芳"，支票号"Z1655"，预计金额"20 000"，用途"采购高清摄像头"，单击【保存】按钮，如图 3-48 所示，单击【退出】按钮。

图 3-48　支票登记

只有在总账选项中选择了"支票控制"且在结算方式设置中选择"票据管理标志"功能才能在此选择登记。

不同的银行账户分别登记支票登记簿。

领用日期和支票号必须输入，其他内容可输可不输。

支票登记簿中报销日期为空时，表示该支票未报销。已报销的支票可成批删除。

当支票支出后，在填制凭证时输入该支票的结算方式和结算号，系统会自动在支票登记簿中将该支票标注报销日期。

（4）银行对账

操作指导：

输入银行对账期初数据

① 在总账系统中，执行"出纳"|"银行对账"|"银行对账期初录入"命令，打开"银行科目选择"对话框。

② 选择科目"10020101 人民币户"，单击【确定】按钮，进入"银行对账期初"窗口。

③ 输入单位日记账的调整前余额"114 467.66"，输入银行对账单的调整前余额"136 467.66"。

④ 单击【对账单期初未达项】按钮，进入"银行方期初"窗口。

⑤ 单击【增加】按钮，输入日期"2018.12.31"，结算方式"202"，票号"1622"，借方金额"22 000"。

⑥ 单击【保存】按钮，单击【退出】按钮，如图 3-49 所示。

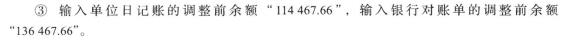

图 3-49　银行对账期初

第一次使用银行对账功能前，系统要求录入日记账及对账单未达账项，在开始使用银行对账之后就不再使用。

在录入完单位日记账、银行对账单期初未达账项后，请不要随意调整启用日期，尤其是向前调，这样可能会造成启用日期后的期初数不能再参与对账。

录入银行对账单

① 执行"出纳"|"银行对账"|"银行对账单"命令，打开"银行科目选择"对话框。

② 选择科目"10020101 人民币户"，月份"2019.01-2019.01"，单击【确定】按钮，进入"银行对账单"窗口。

③ 单击【增加】按钮，输入银行对账单数据，单击【保存】按钮，如图 3-50 所示。

银行对账–录入
银行对账单

图 3-50　录入银行对账单

银行对账

自动对账

① 执行"出纳"|"银行对账"|"银行对账"命令，打开"银行科目选择"对话框。

② 选择科目"10020101 人民币户"，月份"2019.01-2019.01"，单击【确定】按钮，进入"银行对账"窗口。

③ 单击【对账】按钮，打开"自动对账"条件对话框。

④ 输入截止日期"2019.01.31"，默认系统提供的其他对账条件。

⑤ 单击【确定】按钮，显示自动对账结果，如图 3-51 所示。

图 3-51　银行对账

提示

对账条件中的"方向、金额相同"是必选条件，对账截止日期可输入可不输。

对于已达账项，系统自动在银行存款日记账和银行对账单双方的"两清"栏打上圆圈标志。

手工对账

手工对账是对自动对账的补充。自动对账完成后，可能还有一些特殊的已达账没有对出来，而被视为未达账项，为了保证对账更彻底正确，可以用手工对账来进行调整。

① 在银行对账窗口，对于一些应勾对而未勾对上的账项，可分别双击"两清"栏，直接进行手工调整。保存后，手工对账的标记为"Y"，以区别于自动对账标记。

② 对账完毕，单击【检查】按钮，检查结果平衡，单击【确定】按钮。

输出余额调节表

① 执行"出纳"|"银行对账"|"余额调节表查询"命令，进入"银行存款余额调节表"窗口。

② 选中科目"10020101 人民币户"。

银行对账-自动
对账

银行对账-输出
余额调节表

③ 单击【查看】或双击该行，即显示该银行账户的银行存款余额调节表。

提示
银行存款余额调节表应显示账面余额平衡，如果不平衡应找出原因。

银行对账完成之后，如果确定对账结果无误，可以使用"核销银行账"功能核销已达账。

9. 备份账套
全部完成后，将账套输出至"总账日常业务"文件夹中。

3.4.2 拓展任务

1. 常用凭证
日常填制凭证的过程中，许多凭证部分相同或完全相同，如果每一次都重新填制，必然十分烦琐，因此，可以将这样的凭证以常用凭证的方式存储起来，当下一次需要填制类似业务的凭证时，则将该常用凭证复制一张出来，稍做修改即可生成一张新凭证，这将大大提高业务处理的效率。利用用友 ERP-U8 总账系统中常用凭证功能即可解决上述问题。

【拓展 1】中诚通讯每个月都为总经办人员报销固定的通信费用。在 123 账套中，定义常用凭证 01，内容为：

借：管理费用——通信费（总经办）　　　　　　　　300
　　贷：库存现金　　　　　　　　　　　　　　　　　　　　300

操作指导：

① 首先在企业应用平台"基础设置"|"基础档案"|"财务"|"会计科目"中增加"660207 管理费用/通信费"科目。

② 在总账系统中，填制凭证。从"常用凭证"下拉列表框中选择"生成常用凭证"，打开"常用凭证生成"对话框。输入常用凭证代号和说明，如图 3-52 所示。

常用凭证

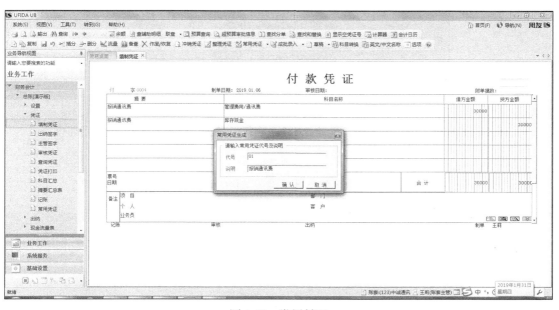

图 3-52　常用凭证

③ 单击【确认】保存。常用凭证保存之后，当下一次要填制与常用凭证相同的记账凭证时，可以在填制凭证窗口中，从"常用凭证"下拉列表框中选择"调用常用凭证"复制已有的常用凭证生成一张新的凭证。

2．凭证编号的灵活处理

用友 U8 支持两种凭证编号方式。一种是系统自动编号，每增加一张凭证时，系统自动按照凭证类别按月顺序编号；另一种是手工编号，增加凭证时需要人工录入凭证号。相比而言，第一种方式更加简单、快捷。因此，在实际应用中，往往大家都会选择凭证自动编号方式。如果遇到月末对已填凭证进行删除的情况，在对作废凭证进行整理时，系统会提示"是否整理断号"，这个时候就会面临两个选择，一是选择整理断号，如果选择"是"，则该笔凭证后面的凭证编号自动提前，但系统中的凭证号发生了改变，如果存在已打印的凭证，这时就需要重新打印；二是不整理断号，在系统中则会出现删除凭证所对应的凭证号空缺，如果不补充这个凭证编号，那这个号码则是空凭证。所以从应用来说，如何能灵活处理凭证编号，既保证日常录入的快捷，又保证结账后系统中的凭证与纸质凭证一致，且不出现断号，是客户的现实需求。

遇到上述情况，当通过整理凭证删除凭证时，不通过系统进行整理编号，而是人工将编号方式修改为"手工编号"，再录入一张新凭证时，手工将该凭证编号填写为之前已删除的凭证号，保存即可完成断号的填补。

【拓展 2】假定某企业客户选择系统编号，月末发现一张在月中填制的凭证需要作废删除，但该凭证及后续凭证均已打印。

操作指引：

① 在填制凭证界面，单击【作废/恢复】按钮，将需要删除的凭证进行作废处理。

② 单击【整理凭证】命令，系统提示如图 3-53 所示信息时，单击【否】按钮。

③ 执行"总账"|"设置"|"选项"命令，将凭证编号方式选择为"手工编号"。

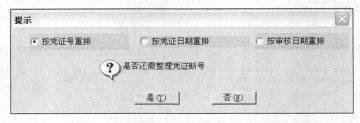

图 3-53 "是否还需整理凭证断号"系统提示

④ 增加一张凭证，手工录入凭证编号，如刚才已删除凭证的编号"0003"，保存即可。

 该操作结束后，为方便下月使用，建议将选项修改回"系统编号"。

提示

 难点   **手工凭证编号的适用场景**

企业何时会选择手工凭证编号方式呢，常见的有以下两种情况。

（1）一套账管理多家分支机构

在一些企业中，一套账用于管理多家分支机构，每家机构可能都有财务人员在账套中录入凭证，因此，往往会通过凭证编号进行来源的区分。例如，某商贸企业有多家分店，在 U8 中使用同一个账套，总部会计会给每家分店的财务人员分配一个凭证号的数。例如一分店为 1，则该分店财务人员录入凭证时，手工对凭证进行编号，即为 1-001，1-002 顺序排列；二分店则可为 2-001，2-002；这样就实现了在同一个账套内可区分不同组织的凭证来源。

（2）信息化实施时补录凭证

企业在实施阶段，可能会出现已有纸质凭证向系统中补录的情形。例如，某企业决定自 1 月开始使用 U8 系统管理财务数据，但正式环境准备完成，可以录入数据时，已是 2 月，则需要财务人员将 1 月的凭证补录入系统。为保持纸质凭证与系统中的凭证编号一致，则需要将系统设置为"手工编号"，以便于核对。

3.5 总账期末业务处理实务

3.5.1 基本任务

 总账期末业务处理资料

1．自动转账定义

（1）自定义结转

按短期借款期初余额计提短期借款利息（年利率 8%）

借：财务费用/利息（660301）　　JG() 取对方科目计算结果

　　贷：应付利息（2231）　　　　短期借款 2001 科目的期初贷方余额*0.08/12

（2）期间损益结转

设置本年利润科目为 4103；凭证类别"转账凭证"。

（3）对应结转

结转制造费用。

2．自动转账生成

① 生成自定义结转凭证和对应结转凭证，并审核、记账。

② 生成期间损益结转凭证，并审核记账。

3．对账

4．结账

 总账期末业务处理指导

由系统管理员在系统管理中引入"总账日常业务"账套。以"403 白亚楠"的身份注册进入企业应用平台，进行转账定义和转账生成；以账套主管身份进行审核、记账、对账、结账处理。

1．自动转账定义

（1）自定义结转设置

操作指导：

① 执行"总账"|"期末"|"转账定义"|"自定义转账"命令，进入"自动转账设置"窗口。

② 单击【增加】按钮，打开"转账目录"对话框。

③ 输入转账序号"0001"，转账说明"计提短期借款利息"；选择凭证类别"转　转账凭证"，如图 3-54 所示。

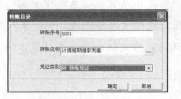

图 3-54　转账目录

④ 单击【确定】按钮，继续定义转账凭证分录信息。

⑤ 单击【增行】按钮，确定分录的借方信息。选择科目编码"660301"，方向"借"，输入金额公式"JG()"。

> 输入转账计算公式有两种方法：一是直接输入计算公式；二是引导方式录入公式。
>
> JG() 含义为"取对方科目计算结果"，其中的"()"必须为英文符号，否则系统提示"金额公式不合法：未知函数名"。

⑥ 单击【增行】按钮。

⑦ 确定分录的贷方信息。选择科目编码"2231"，方向"贷"，在金额公式栏单击"参照"按钮，打开"公式向导"对话框，选择"期初余额 QC（　）"，单击【下一步】按钮。

⑧ 选择科目"2001"，单击【完成】按钮，返回金额公式栏。

⑨ 继续输入"*0.08/12"，如图 3-55 所示。

图 3-55　自动转账设置

⑩ 单击【保存】按钮。

（2）期间损益结转设置

操作指导：

① 执行"总账"|"期末"|"转账定义"|"期间损益"命令，进入"期间损益结转设置"窗口。

自动转账定义–
期间损益结转

② 选择凭证类别"转 转账凭证"，选择本年利润科目"4103"，如图 3-56 所示，单击【确定】按钮。

图 3-56　期间损益结转定义

（3）对应结转设置

操作指导：

① 执行"总账"|"期末"|"转账定义"|"对应结转"命令，打开"对应结转设置"对话框。

② 输入编号"0002"，选择凭证类别"转账凭证"，摘要"结转制造费用"，转出科目"510101 制造费用/工资"。单击【增行】按钮，输入转入科目"500103 生产成本/制造费用"，结转系数为"1"，如图 3-57 所示。

③ 单击【保存】按钮。

自动转账定义–
对应结转

图 3-57　对应结转设置

提示
* 对应结转的两个科目的下级科目结构必须一致，如果有辅助核算，辅助核算账类也必须一致。
* 对应结转只能结转期末余额。

2．转账生成

以 403 白亚楠身份注册进入企业应用平台。

（1）自定义转账生成

操作指导：

① 执行"总账"|"期末"|"转账生成"命令，进入"转账生成"窗口。

② 单击"自定义转账"单选按钮，单击【全选】按钮，如图 3-58 所示。

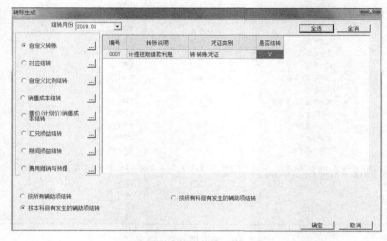

图 3-58　转账生成对话框

③ 单击【确定】按钮，系统生成转账凭证。

④ 单击【保存】按钮，系统自动将当前凭证追加到未记账凭证中，凭证左上角出现"已生成"标志，如图 3-59 所示。

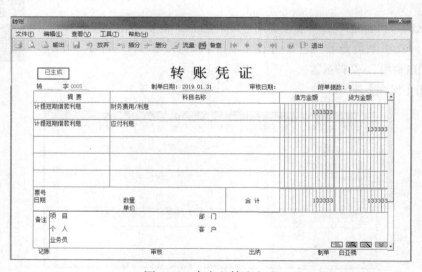

图 3-59　自定义转账生成

⑤ 以账套主管"王莉"身份将生成的自动转账凭证审核、记账。

　　进行转账生成之前，先将相关经济业务的记账凭证登记入账。
　　生成的转账凭证，仍需审核才能记账。

（2）对应结转生成

操作指导如下。

① 执行"总账"|"期末"|"转账生成"命令，进入"转账生成"窗口。

② 单击"对应结转"单选按钮，单击【全选】按钮，单击【确定】按钮，生成转账凭证。

③ 单击【保存】按钮，凭证左上角显示"已生成"字样，如图 3-60 所示。

图 3-60　对应结转凭证

④ 单击【退出】按钮返回。

⑤ 以账套主管"王莉"身份对以上两张生成的自动转账凭证进行审核、记账。

（3）期间损益结转生成

由白亚楠进行期间损益凭证生成。

操作指导：

① 执行"总账"|"期末"|"转账生成"命令，进入"转账生成"窗口。

② 单击"期间损益结转"单选按钮。

③ 单击【全选】按钮，单击【确定】按钮，生成转账凭证。

④ 单击【保存】按钮，凭证左上角显示"已生成"字样，如图 3-61 所示。

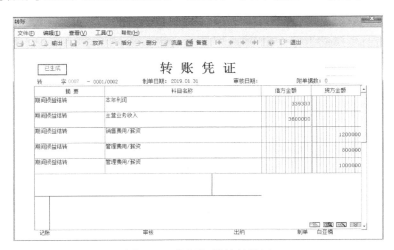

图 3-61　期间损益结转凭证

⑤ 以"王莉"身份将生成的自动转账凭证审核、记账。

（4）对应结转生成

3．对账

以"王莉"的身份进行对账、结账。

操作指导：

① 执行"期末"|"对账"命令，进入"对账"窗口。

② 将光标定位在要进行对账的月份"2019.01"，单击【选择】按钮。

③ 单击【对账】按钮，开始自动对账，并显示对账结果，如图 3-62 所示。

④ 单击【试算】按钮，可以对各科目类别余额进行试算平衡。

对账

图 3-62　对账

4．结账

操作指导：

① 执行"期末"|"结账"命令，进入"结账"窗口。

② 单击要结账月份"2019.01"，单击【下一步】按钮。

③ 单击【对账】按钮，系统对要结账的月份进行账账核对。

④ 单击【下一步】按钮，系统显示"2019 年 01 月工作报告"，如图 3-63 所示。

结账

图 3-63　结账-月度工作报告

⑤ 查看工作报告后，单击【下一步】按钮，单击【结账】按钮，若符合结账要求，系统将进行结账，否则不予结账。

> 结账只能由有结账权限的人进行。
>
> 本月还有未记账凭证时，则本月不能结账。
>
> 结账必须按月连续进行，上月未结账，则本月不能结账。
>
> 若总账与明细账对账不符，则不能结账。
>
> 如果与其他系统联合使用，其他子系统未全部结账，则本月不能结账。
>
> 结账前，要进行数据备份。
>
> 结账后，不能再处理本月业务。

提示

5. 账套备份

全部完成后，将账套输出至"总账期末处理"文件夹中。

3.5.2　拓展任务

首先回顾一下总账业务处理流程：填制凭证-复核凭证-记账-结账。复核后的凭证不能无痕迹修改，结账之后不能再录入本月凭证。如果结账之后发现本月有漏记的业务，如何处理呢？我们要循着正常的业务处理流程进行逆向操作。

【拓展1】取消2019年1月总账结账。

操作指导：

① 执行"期末"|"结账"命令，进入"结账"窗口。

② 选择要取消结账的月份"2019.01"。

③ 按"Ctrl+Shift+F6"组合键，系统打开"确认口令"对话框，如图3-64所示。

④ 输入主管口令，单击【确定】按钮，取消结账标记。

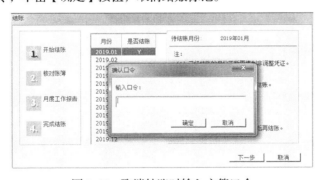

图3-64　取消结账时输入主管口令

【拓展2】取消2019年1月记账。

操作指导：

激活"恢复记账前状态"菜单

① 执行"期末"|"对账"命令，进入"对账"窗口。

② 按"Ctrl+H"组合键，弹出"恢复记账前状态功能已被激活。"信息提示框，如图3-65所示，单击【确定】按钮返回，在"凭证"菜单下显示"恢复记账前状态"菜单项。

③ 单击【退出】按钮。

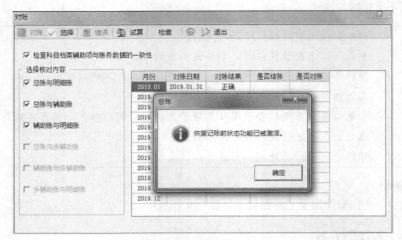

图 3-65　激活恢复记账前状态功能

　　　　　如果退出系统后又重新进入系统或在"对账"中按"Ctrl+H"组合键，将重新隐藏"恢复记账前状态"功能。

恢复记账

① 执行"凭证"|"恢复记账前状态"命令，打开"恢复记账前状态"对话框。

② 选择恢复方式，如图 3-66 所示。

③ 单击【确定】按钮，弹出"请输入主管口令"信息提示框。

④ 输入主管口令，单击【确定】按钮，稍候，系统弹出"恢复记账完毕！"信息提示对话框，单击【确定】按钮。

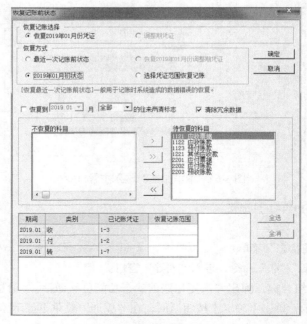

图 3-66　恢复记账前状态

已结账月份的数据不能取消记账。

【拓展 3】取消凭证复核。

凭证复核包括出纳签字和凭证审核，取消审核只能由签字人自己取消。取消签字后，凭证处于已制单未审核状态，可以进行无痕迹修改。

取消凭证复核

3.6 自助维护

Q1. 应收账款科目的期初余额翻倍，是什么原因造成的？应如何处理？

原因：应收账款科目未设置辅助核算前就录入了该科目的期初余额，之后将该科目设置为客户往来辅助核算，然后按照客户录入期初余额后返回总账期初余额造成期初余额翻倍。

处理方法：首先删除辅助账期初数据；然后修改科目去掉辅助核算，在余额录入界面删除应收账款科目的余额数据；最后修改科目，增加辅助核算，重新按辅助账录入期初余额。

Q2. 填制凭证保存时，系统提示"日期不能滞后系统日期"。

当前凭证上填制的日期超过了计算机中的 CMOS 时钟日期，凭证代表业务发生，系统日期一般为当前日期，系统判断你超前于业务发生就进行业务处理了。

有两种解决方法：或调整凭证上的业务日期，或重新设置系统日期再填制凭证。

Q3. 以出纳身份登录总账之后，找不到"出纳签字"功能。

出纳签字功能是在系统管理中为出纳赋予的一项功能权限。

处理方法：以系统管理员身份登录系统管理，在"用户"|"权限"中为出纳赋予"总账"|"凭证"|"出纳签字"功能权限。

Q4. 已经填制了各类凭证，但进行出纳签字时，系统提示"没有符合条件的记录"。

在会计科目设置时没有指定现金科目和银行科目。

处理方法：在企业应用平台基础设置中，执行"基础档案"|"财务"|"会计科目"命令，进入"会计科目"窗口。执行"编辑"|"指定科目"命令，指定现金科目和银行科目。

Q5. 填制凭证时，当使用应收账款、应收票据或预收账款科目时，系统提示"不能使用[应收系统]的受控科目"。

在设置会计科目时，当设置应收账款科目为"客户往来"辅助核算时，系统自动将该科目设置为应收账款系统的受控科目，即该科目只能在应收款系统中使用。

如果需要在总账中使用该科目，有两种解决方案。一是修改"应收账款"会计科目，将其受控系统设置为"空"；二是在"总账"|"设置"|"选项"凭证选项卡中选中"可以使用应收受控科目"选项。

Q6. 在保存凭证时，系统提示"不满足借方必有条件"，无法保存。

在设置凭证类别时，针对每一类凭证设置了限制类型和限制科目，如收款凭证借方必有"1001，1002"，付款凭证贷方必有"1001，1002"，当您填制了一张"收款凭证"而将凭证类别选择为"付款凭证"时，就会出现上述提示。

解决方法：选择正确的凭证类别保存凭证。

Q7. 凭证记账时提示：无可记账凭证。

原因可能是以下几种。第一种，上月未结账；第二种；本月凭证未审核；第三种：本月凭证已记账。

解决方法：第一，在总账中执行"期末"|"结账"命令，查看上月是否已经结账；第二，执行"凭证"|"查询凭证"命令，查看凭证上是否有审核人、记账人。查明无可记账凭证的原因，再采取相应措施。

Q8. 不能进入支票登记簿功能。

可能的原因：一是在设置会计科目时没有将银行存款科目设置为"银行账"，二是没有在结算方式设置中选择"是否票据管理"标记。

解决方法：按上述两项进行检查并设置。

Q9. 该操作员有审核权，却不能进行审核凭证的操作。

可能是在总账选项中设置了"凭证审核控制到操作员"，而之后没有进行后续相关权限的分配。

解决方法：执行"总账"|"设置"|"数据权限分配"命令，选择业务对象"用户"，在用户列表中选择欲赋权的审核人，对其进行授权。

3.7 单元测试

一、判断题

1. 制单序时控制是指凭证的填制日期必须大于等于系统日期。

2. 每个科目的余额方向由科目性质决定，但系统允许对各级科目的余额方向进行调整。

3. 在总账系统中，期初余额试算不平衡时，可以填制凭证，但不能执行记账功能。

4. 凭证上的摘要是对本凭证所反映的经济业务内容的说明，凭证上的每个分录行必须有摘要，且同一张凭证上的摘要应相同。

5. 在填制记账凭证时所使用的会计科目必须是末级会计科目，金额可以为零，红字用"-"号表示。

6. 在记账时，已作废的凭证将参与记账，否则月末无法结账，但系统不对作废凭证进行处理，即相当于一张空凭证。

7. 在总账系统中，取消出纳凭证的签字既可由出纳员自己进行，也可由账套主管进行。

8. 通过总账系统账簿查询功能，既可以实现对已记账经济业务的账簿信息查询，也可以实现对未记账凭证的模拟记账信息查询。

9. 每个月月末，均需要先进行转账定义，再进行转账生成。

10. 在总账系统中，上月未结账，本月可以先记账，但本月不能结账。

二、选择题

1. 关于项目，以下说法错误的是？（　　　）

    A. 相同特定的一类项目可以定义为一个项目大类

    B. 一个项目大类可以核算多个科目

    C. 可以定义项目的具体栏目

    D. 一个科目也可以对应到不同项目大类

2. 总账期初余额不平衡，则不能进行以下哪项操作？（　　　）

    A. 填制凭证　　　B. 修改凭证　　　C. 审核凭证　　　D. 记账

3. 在 U8 中，以下哪种描述是正确的？（　　　）

    A. 出纳凭证必须经由出纳签字

    B. 凭证必须经由会计主管签字

    C. 允许修改他人填制的凭证

    D. 所有凭证必须经过审核才能记账

4. 明光公司在工商银行开立了一个日元账户，公司对该账户进行银行存款日记账管理，并定期进行银行对账，则在设置会计科目时，应选择（　　　）选项。

    A. 外币核算　　　B. 项目核算　　　C. 日记账　　　D. 银行账

5. 删除会计科目时，下列描述正确的是（　　　）。

    A. 建立后，不能删除

    B. 有下级的科目，应从下至上删除

    C. 已经输入余额，可将余额设为 0 后再删除

    D. 已在输入凭证中使用，不允许删除

6. 凭证一旦保存，则以下哪项内容不能修改？（　　　）

    A. 凭证类别　　　B. 凭证日期　　　C. 附单据数　　　D. 凭证摘要

7. 总账系统中取消凭证审核的操作员必须是（　　　）。

    A. 该凭证制单人　B. 有审核权限的人　C. 会计主管　　　D. 该凭证审核人

8. 在总账系统中，用户可通过（　　　）功能彻底删除已作废记账凭证。

    A. 冲销凭证　　　B. 作废凭证　　　C. 整理凭证　　　D. 删除分录

9. 使用总账系统填制凭证时，如果系统要求输入对应的票据日期、结算方式和票号，说明该科目设置了（　　　）辅助核算。

    A. 数量核算　　　B. 往来核算　　　C. 银行核算　　　D. 外币核算

10. 在总账系统中，查询账簿的必要条件是（　　　）。

    A. 凭证已记账　　B. 当月已结账　　C. 凭证已审核　　D. 凭证已填制

11. 在总账系统中设置自定义转账分录时无须定义以下哪一项内容？（　　　）

    A. 凭证号　　　B. 凭证类别　　　C. 会计科目　　　D. 借贷方向

12. 关于审核凭证，以下说法正确的是（　　　）。

    A. 凭证必须审核之后才能记账　　　B. 审核人与记账人不能为同一人

C. 审核后的凭证不能进行无痕迹修改　　D. 取消审核只能由审核人自己进行

13. 关于记账，以下哪些说法是正确的？（　　　）

    A. 可以选择记账范围

    B. 记账只能由账套主管进行

    C. 可以选择要记账的账簿，如总账、明细账、日记账、辅助账和多栏账

    D. 一个月可以多次记账

14. 关于账簿查询，以下哪些说法是错误的？（　　　）

    A. 系统提供总账-明细账-凭证逆向联查

    B. 每次查询多栏账前要先定义

    C. 现金日记账和银行日记账只有出纳才能查询

    D. 在查询账簿时可以查到未记账凭证的数据

三、问答题

1. 总账系统有哪些主要功能？

2. 总结总账系统的完整工作流程是怎样的？

3. 总账选项设置的意义是什么？内容是什么？

4. 计算机系统需要哪些期初数据？年初建账和年中建账有何不同？

5. 日常业务处理包括哪些主要内容？

6. 凭证处理的关键步骤是什么？

7. 凭证录入的主要项目包括哪些？系统提供了哪些控制手段？

8. 凭证查询时能查到哪些相关信息？

9. 总账管理系统中包括哪些基本会计核算账簿？

10. 出纳管理包括哪些主要功能？

11. 什么是转账定义？系统提供了哪些转账定义？

12. 如何进行转账定义？

13. 结账前需要进行哪些检查？

14. 对比手工处理和计算机处理在账务处理上的异同。

第 4 章　UFO 报表

4.1　工作情景

问题一，企业每月要定期上报财务报表，高层管理人员也经常找财务要各种数据，每个月末，财务人员焦头烂额，加班加点。这次上了计算机系统，是不是账务处理完成之后，报表就能自动生成了呢？

企业购买了财务软件，相当于购置了一套制作报表的工具，软件中是不包括各种现成的表格的。企业财务报表分为对外财务报告和对内管理报表。对外财务报告的格式由国家统一规定，一般软件中对这些统一格式的报表提供报表模板，可以减轻企业人员绘制表格的工作量；由于表格中的数据来源稳定，也可以设置公式从数据库中读取数据快速生成报表。因此，相比于手工编报，计算机系统从编制报表的及时性、准确性上都有了极大提升。

问题二，目前，企业有些表格是用 Excel 编制的，U8 中的 UFO 报表和 Excel 之间是一种什么关系呢？

Excel 是一个功能强大的通用表处理软件，UFO 报表是用友 U8 管理软件中的一个子系统，UFO 中内置的函数可以完成从用友总账和其他系统获取数据生成报表。因此，与总账的无缝连接是 UFO 的主要优势。UFO 报表系统生成的报表可以转换为 Excel，利用 Excel 强大的功能可以进行后续的数据分析和处理。

4.2　UFO 报表认知

4.2.1　UFO 报表基本功能

UFO 报表系统从总账子系统或其他业务系统中取得有关会计核算信息，生成会计报表，进行报表汇总，生成各种分析图以及按预定格式输出各种会计报表。

1．报表格式设计

我们把一张报表拆分为两部分：相对固定的内容和相对变动的内容。相对固定的内容包括报表的标题、表格部分、表中的项目、表中数据的来源等；相对变动的内容主要是报表中的数据。报表格式设计是指在计算机系统中建立一张报表中相对固定的部分，相当于在计算机中建立一个报表模板，供以后编制此类报表时调用。UFO 报表系统提供了丰富的格式设计功能，包括设置报表行列数、定义组合单元、画表格线、定义报表关键字、设置公式等。

UFO 系统中按照会计制度提供了不同行业的标准财务报表模板，简化了用户的报表格式设计工作。如果标准行业报表仍不能满足需要，系统还提供了自定义模板的功能。

2．报表数据处理

报表数据处理是根据预先设置的报表格式和报表公式进行数据采集、计算、汇总等，生成会计报表。除此以外，UFO 系统还提供了排序、审核、舍位平衡、汇总等功能。

图表具有比数据报表更直观的优势。UFO 的图表处理功能能够方便地对报表数据进行图形制作，包括直方图、立体图、圆饼图、折线图等多种分析图表，并能编辑图表的位置、大小、标题、字体、颜色等，打印输出各种图表。

3．文件管理功能

利用文件管理功能可以方便地完成报表文件的创建、保存等一般文件管理功能；能够进行不同文件格式的转换，包括文本文件、*.MDB 文件、Excel 文件等。它还具有提供标准财务数据的导入、导出功能。

4.2.2　报表编制的工作流程

在 UFO 报表系统中，编制报表主要有两类方法。各企业标准的对外财务报告，一般调用系统预置的报表模板，微调后快速生成；企业内部用的各种管理报表，需要自行完成报表定义。结合以上两种情况，编制报表的工作流程如图 4-1 所示。

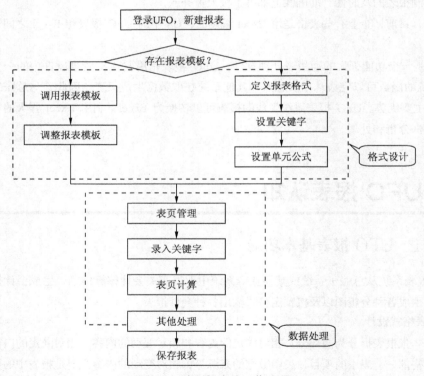

图 4-1　编制报表的工作流程

1．登录 UFO，新建报表

在 UFO 报表系统中新建报表时，系统自动建立一张空表，默认表名为 report1，并自动进入"格式"设计状态。在保存文件时，按照文件命名的基本规定为这张报表命名。

2．报表格式设计

报表的格式设计是在格式状态下进行的。格式对整个报表都有效，包括以下操作。

① 设置表尺寸：定义报表的大小即设定报表的行数和列数。

② 录入表内文字：包括表头、表体和表尾（关键字值除外）。在格式状态下定义单元内容的自动默认为表样型，定义为表样型的单元在数据状态下不允许修改和删除。

③ 确定关键字在表页上的位置，如单位名称、年、月等。

④ 定义行高和列宽。

⑤ 定义组合单元：即把几个单元作为一个单元使用。

⑥ 设置单元风格：设置单元的字型、字体、字号、颜色、图案、折行显示等。

⑦ 设置单元属性：把需要输入数字的单元定为数值单元；把需要输入字符的单元定为字符单元。

⑧ 画表格线。

⑨ 设置可变区：即确定可变区在表页上的位置和大小。

⑩ 定义各类公式。公式的定义在格式状态下进行。UFO 系统中有三种不同性质的公式：单元公式、审核公式和舍位公式。

在报表单元直接定义的计算公式称为单元公式。计算公式定义了报表数据之间的运算关系，可以实现报表系统从其他子系统取数。

审核公式：用于审核报表内或报表之间的钩稽关系是否正确。

舍位平衡公式：用于报表数据进行进位或小数取整时调整数据，避免破坏原数据平衡。

如果是对外常用报表，U8 系统中预置了不同行业的报表模板，报表模板中已经完成了报表的格式设计工作。调用报表模板后，可以检查或者在原有模板的基础上稍做修改，省去了大量的公式定义工作。

3．报表数据处理

报表格式和报表中的各类公式定义好之后，就可以录入数据并进行处理了。报表数据处理在数据状态下进行，包括以下操作。

① 因为新建的报表只有一张表页，需要追加多个表页。

② 如果报表中定义了关键字，则录入每张表页上关键字的值。

例如，录入关键字"单位名称"的值：给第一页录入"甲单位"，给第二页录入"乙单位"给第三页录入"丙单位"等。

③ 在数值单元或字符单元中录入数据。

④ 如果报表中有可变区，可变区初始只有一行或一列，需要追加可变行或可变列，并在可变行或可变列中录入数据。

随着数据的录入，当前表页的单元公式将自动运算并显示结果。如果报表有审核公式和舍位平衡公式，则执行审核和舍位。需要的话，做报表汇总和合并报表。

⑤ 报表图形处理。有必要的话，选取报表数据后可以制作各种图形，如直方图、圆饼图、折线图、面积图、立体图。图形可随意移动；图形的标题、数据组可以按照要求设置，图形可以打印输出。

4.3 自定义报表实务

4.3.1 基本任务

 自定义报表编制资料

编制"部门费用明细表"，如表 4-1 所示。

编制要求：

为简化编报工作，只需设置标注了"※"符号的单元格公式。

制表人每月不确定，于制表当月录入制表人姓名。

表 4-1 部门费用明细表

2019 年 1 月 31 日　　　　　　　　　　　　　　　　　　　　金额单位：元

	薪资	福利费	办公费	差旅费	招待费	合计
总经办	※			※		※
财务部						
采购部						
销售部						
合计						

制表人：

 自定义报表编制指导

系统管理员在系统管理中引入"总账期末业务"账套，以"401 王莉"账套主管的身份进行报表编制。

1. 启动 UFO 报表，新建报表

① 以王莉的身份进入企业应用平台，执行"财务会计"|"UFO 报表"命令，进入 UFO 报表管理系统。

② 执行"文件"|"新建"命令，建立一张空白报表，报表名默认为"report1"。

新建报表

2. 报表格式定义

查看空白报表底部左下角的【格式/数据】按钮，使当前状态为"格式"状态。

操作指导：

（1）设置表尺寸

① 执行"格式"|"表尺寸"命令，打开"表尺寸"对话框。

② 输入行数"9"，列数"7"，单击【确认】按钮。

报表格式定义–
设置表尺寸

提示 报表的行数应包括报表的表头、表体和表尾。

（2）定义组合单元

① 单击行号 1，选中需合并的区域 "A1：G1"。

② 执行 "格式" | "组合单元" 命令，打开 "组合单元" 对话框。

③ 选择组合方式 "整体组合" 或 "按行组合"，该单元即合并成一个单元格。

报表格式定义–
定义组合单元

（3）画表格线

① 选中报表需要画线的区域 "A3：G8"。

② 执行 "格式" | "区域画线" 命令，打开 "区域画线" 对话框。

③ 选择 "网线"，单击【确认】按钮，将所选区域画上表格线。

报表格式定义–
画表格线

（4）输入报表项目

① 选中需要输入内容的单元或组合单元。

② 在该单元或组合单元中输入相关文字内容，如在 A1 组合单元输入 "部门费用明细表"；在 G2 单元中输入 "金额单位：元"。

报表格式定义–
输入报表项目

提示 报表项目指报表的文字内容，主要包括表头内容、表体项目、表尾项目等，不包括关键字。

日期一般不作为文字内容输入，而是需要设置为关键字。

（5）定义报表行高和列宽

① 选中需要调整的单元所在行 "A1"。

② 执行 "格式" | "行高" 命令，打开 "行高" 对话框。

③ 输入行高 "9"，单击【确认】按钮。

④ 选中需要调整的单元所在列，执行 "格式" | "列宽" 命令，可设置该列的宽度。

报表格式定义–
定义报表行高和列宽

提示 行高、列宽的单位为毫米。

（6）设置单元属性

① 选中标题所在组合单元 "A1"。

② 执行 "格式" | "单元属性" 命令，打开 "单元格属性" 对话框。

③ 单击 "字体图案" 选项卡，设置字体 "黑体"，字号 "14"。

④ 单击 "对齐" 选项卡，设置对齐方式，水平 "居中"，单击【确定】按钮。

⑤ 选中单元 "B9"。

⑥ 执行 "格式" | "单元属性" 命令，打开 "单元格属性" 对话框。

⑦ 单击 "单元类型" 选项卡，选择 "字符"，如图 4-2 所示，单击【确定】按钮。

报表格式定义–
设置单元属性

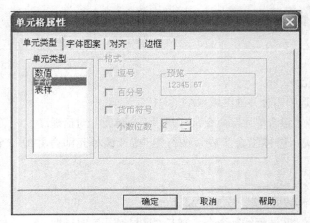

图 4-2　设置单元属性

提示

格式状态下输入内容的单元均默认为表样单元，未输入数据的单元均默认为数值单元，在数据状态下可输入数值。若希望在数据状态下输入字符，应将其定义为字符单元。

字符单元和数值单元输入后只对本表页有效，表样单元输入后对所有表页有效。

（7）设置关键字

① 选中需要输入关键字的组合单元"D2"。

② 执行"数据"|"关键字"|"设置"命令，打开"设置关键字"对话框。

③ 选中"年"单选按钮，单击【确定】按钮。

④ 同理，在 D2 单元中设置"月"关键字。"年"关键字和"月"关键字重叠在一起。

报表格式定义–
设置关键字

提示

每个报表可以同时定义多个关键字。

如果要取消关键字，需执行"数据"|"关键字"|"取消"命令。

　难点　　　　　　　　　　　**识别关键字**

关键字是游离于单元之外的特殊数据单元，可以唯一标识一个表页，用于在大量表页中快速选择表页。例如：一个资产负债表的表文件可以存放一年 12 个月的资产负债表（甚至多年的多张表），当要对某一张表页的数据进行定位时，就需要设定一些定位标志。这些定位标志就被称为关键字。关键字的显示位置在格式状态下设置，关键字的值则在数据状态下录入，每张报表可以定义多个关键字。

通常关键字可以有以下几种。

① 单位名称：该报表表页编制单位的名称。

② 单位编号：该报表表页编制单位的编号。

③ 年：该报表表页反映的年度。

④ 季：该报表表页反映的季度。

⑤ 月：该报表表页反映的月份。

⑥ 日：该报表表页反映的日期。

除了以上常见的关键字之外，系统通常还会提供一个自定义关键字功能，方便用户灵活定义并运用这些关键字。

那么如何识别关键字呢？前面已经讲到，关键字是游离于单元之外的特殊数据单元，用来唯一定位一个表页，是编制报表时从总账系统提取数据的关键标记。定义完成的关键字在单元中显示数量不等的红色字体的"××××"。但是如果在单元中直接输入红色字体的"××××"，是否能判断出是否关键字呢？

答案是肯定的，有两种方法可以验证。第一，既然关键字不属于单元格，那么当我们把鼠标定位到显示红色字体的单元时，在编辑栏中是不存在任何内容的。第二，如果用键盘上的"Delete"键清除，真正的关键字信息也是清除不掉的。

（8）调整关键字位置

① 执行"数据"|"关键字"|"偏移"命令，打开"定义关键字偏移"对话框。

② 在需要调整位置的关键字后面输入偏移量。月"50"，如图 4-3 所示。

③ 单击【确定】按钮。

报表格式定义–
调整关键字位置

图 4-3　定义关键字偏移

提示

关键字的位置可以用偏移量来表示，负数值表示向左移，正数值表示向右移。在调整时，可以通过输入正或负的数值来调整。

关键字偏移量单位为像素。

（9）报表公式定义

● 定义单元公式——从总账取数

① 选中需要定义公式的单元"B4"，即总经办"薪资"。

② 单击【fx】按钮或执行"数据"|"编辑公式"|"单元公式"命令，打开"定义公式"对话框。

③ 单击【函数向导】按钮，打开"函数向导"对话框。

④ 在函数分类列表框中选择"用友账务函数"，在右边的函数名列表中选择"发生（FS）"，单击【下一步】按钮，打开"用友账务函数"对话框。

⑤ 单击【参照】按钮，打开"账务函数"对话框。

⑥ 选择科目"660201"，部门编码"总经办"，其余各项均采用系统默认值，如图 4-4 所示，单击【确定】按钮，返回"用友账务函数"对话框。

图 4-4　定义单元公式-引导输入公式

⑦ 单击【确定】按钮，返回"定义公式"对话框，单击【确认】按钮。

⑧ 输入 E4 中单元公式。

一般来说，账务函数中的账套号和会计年度不需要输入，保持系统默认值。待输入关键字值时，系统会自动替换。

- 定义单元公式——统计函数

① 选中需要定义公式的单元"G4"。单击【fx】按钮，打开"定义公式"对话框。

② 单击【函数向导】按钮，打开"函数向导"对话框。

③ 在函数分类列表框中选择"统计函数"，在右边的函数名列表中选择"PTOTAL"，单击【下一步】按钮，打开"固定区统计函数"对话框。

报表公式定义– 统计函数

④ 在固定区区域文本框中输入"B4：F4"，单击【确认】按钮返回，定义公式，再单击【确认】按钮返回，定义完成后如图 4-5 所示。

	A	B	C	D	E	F	G
1			部门费用明细表				
2				xxxx 年　xx 月			金额单位：元
3		薪资	福利费	办公费	差旅费	招待费	合计
4	总经办	公式单元			公式单元		公式单元
5	财务部						
6	采购部						
7	销售部						
8	合计						
9	制表人：						

图 4-5　格式设计

3．保存报表格式

① 执行"文件"｜"保存"命令。如果是第一次保存，则打开"另存为"对话框。

保存报表格式

② 选择保存文件夹的目录，输入报表文件名"部门费用明细表"；选择保存类型"*.REP"，单击【另存为】按钮。

4．报表数据处理

（1）打开报表

① 启动 UFO 系统，执行"文件"|"打开"命令。

② 选择存放报表格式的文件夹中的报表文件"部门费用明细表.REP"，单击【打开】按钮。

③ 在空白报表左下角单击【格式/数据】按钮，使当前状态为"数据"状态。

报表数据处理–打开报表

提示

报表数据处理必须在"数据"状态下进行。

（2）输入关键字值

① 执行"数据"|"关键字"|"录入"命令，打开"录入关键字"对话框。

② 输入年"2019"，月"1"，单击【确认】按钮，系统弹出提示"是否重算第 1 页？"。单击【是】按钮，系统会自动根据单元公式计算 1 月数据，如图 4-6 所示；单击【否】按钮，系统不计算 1 月数据，以后可利用"表页重算"功能生成 1 月数据。

报表数据处理–输入关键字值

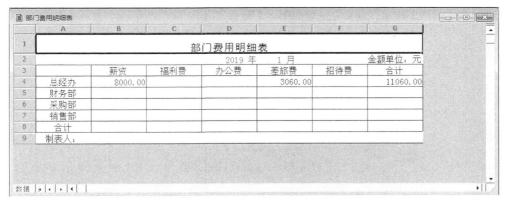

图 4-6　生成部门费用明细表

提示

每一张表页均对应不同的关键字值，输出时随同单元一起显示。

日期关键字可以确认报表数据取数的时间范围，即确定数据生成的具体日期。

（3）生成报表

① 执行"数据"|"表页重算"命令，系统弹出提示"是否重算第 1 页？"。

② 单击【是】按钮，系统会自动在初始的账套和会计年度范围内根据单元公式计算生成数据。

4.3.2　拓展任务

在实际工作中，为了业务统计及管理需要，经常需要编制格式无法固定的报表，这些报表的行数或列数会根据实际情况发生增减变动，例如，商品销售明细表、产品成本分析表等。报表中的商品或产品种类每月可能不相同，这种情况下，需要设计可变表。在格式设计中，可设为行可变或列可变，然后在数据处理状态下就可以随时对报表的行数或列数进行增加或删除。

【拓展】设计产品销售毛利分析表，除"A 产品""B 产品""C 产品" 3 种产品每月固定外，可能有其他产品种类，预留 5 行。

操作指导：

① 在 UFO 报表中，定义产品销售毛利分析表列数 4，输入各项目，画表格线。

② 单击 A6 单元，执行"格式"|"可变区"|"设置"命令，打开"设置可变区"对话框。选中"行可变"单选项，输入行可变数量"5"，如图 4-7 所示。

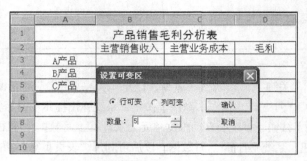

图 4-7　可变表设计-设计可变区

③ 单击【确认】按钮，定义完成后如图 4-8 所示。

图 4-8　可变区设计-完成

一个报表中只能定义一个可变区。

如果要设置行可变区，则选取第一可变行中的某个单元；如果要设置列可变区，则选取第一可变列中的某个单元。

如果想重新设置可变区，首先取消现有可变区，再设置新的可变区。

4.4　利用报表模板编制报表实务

4.4.1　基本任务

利用报表模板编制报表

（1）利用报表模板编制资产负债表、利润表。

（2）利用总账项目核算，利用报表模板编制现金流量表。

 利用报表模板编制报表指导

利用报表模板编制报表一般分为 3 个步骤：调用模板—调整模板—生成报表。以编制资产负债表为例。

由系统管理员在系统管理中引入"总账期末业务"账套作为基础数据。

1．编制资产负债表

（1）调用资产负债表模板

操作指导：

① 在"格式"状态下，执行"格式"|"报表模板"命令，打开"报表模板"对话框。

② 选择您所在的行业"2007 年新会计制度科目"，财务报表"资产负债表"，如图 4-9 所示。

调用资产负债表模板

图 4-9　调用资产负债表模板

③ 单击【确认】按钮，弹出"模板格式将覆盖本表格式！是否继续？"提示框。

④ 单击【确定】按钮，即可打开"资产负债表"模板。

（2）调整报表模板

操作指导：

① 单击【数据/格式】按钮，使"资产负债表"处于格式状态。

② 根据本单位的实际情况，调整报表格式，修改报表公式。

③ 保存调整后的报表模板。

（3）生成资产负债表数据

操作指导：

① 在数据状态下，执行"数据"|"关键字"|"录入"命令，打开"录入关

生产资产负债表数据

键字"对话框。

② 输入关键字：年"2019"，月"01"，日"31"。

③ 单击【确认】按钮，弹出"是否重算第 1 页？"提示框。

④ 单击【是】按钮，系统会自动根据单元公式计算 1 月数据。

⑤ 单击工具栏中的【保存】按钮，将生成的报表数据保存。

第一次调用报表模板生成资产负债表之后，需要检查资产负债表中每个项目是否取数正确，资产合计是否等于负债和所有者权益合计。

用同样方法，生成 2019 年 1 月利润表。

2. 利用总账项目核算和报表模板编制现金流量表

系统提供了两种生成现金流量表的方法。一是利用现金流量表模块。二是利用总账的项目管理功能和 UFO 报表。本例主要介绍第二种方法。

（1）指定现金流量科目

操作指导：

① 在企业应用平台基础设置中，执行"基础档案"｜"财务"｜"会计科目"命令，进入"会计科目"窗口。

② 执行"编辑"｜"指定科目"命令，打开"指定科目"对话框。

③ 指定现金流量科目，如图 4-10 所示，单击【确定】按钮。

指定现金流量科目

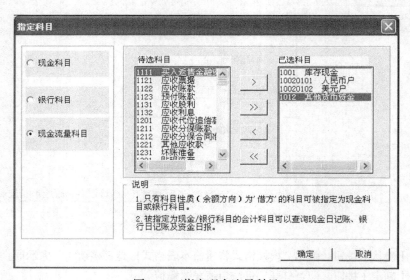

图 4-10　指定现金流量科目

（2）查看现金流量项目目录

操作指导：

① 在企业应用平台基础设置中，执行"基础档案"｜"财务"｜"项目目录"命令，打开"项目档案"对话框。

② 系统已预置现金流量项目，选择"现金流量项目"项目大类，查看其项目目录，如图 4-11 所示。

查看现金流量
项目目录

图 4-11 现金流量项目大类及项目目录

（3）确认每一笔涉及现金流量的业务对应的现金流量项目

有两种方法确认每一笔涉及现金流量的业务对应的现金流量项目。第一种是在填制凭证时，如果涉及现金流量科目，可以在填制凭证界面单击【流量】按钮，打开"现金流量表"对话框，指定发生的该笔现金流量的所属项目。第二种是凭证填制完成后再补充录入现金流量项目，本例为第二种。

操作指导：

① 在总账系统中，执行"现金流量表"|"现金流量表凭证查询"命令，打开"现金流量凭证查询"对话框，单击【确定】按钮，进入"现金流量查询及修改"窗口。

② 左边窗口中显示全部的与现金流量有关的凭证。针对每一张现金流量凭证，单击【修改】按钮补充录入现金流量项目，结果如图 4-12 所示。

确认涉及现金流量的业务对应的现金流量项目

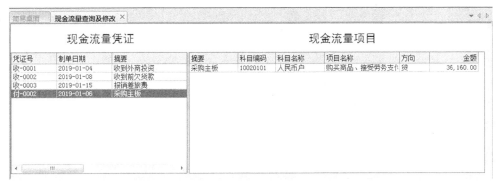

图 4-12 现金流量查询及修改

（4）调用现金流量表模板

操作指导：

① 在"格式"状态下，执行"格式"|"报表模板"命令，打开"报表模板"对话框。

调用现金流量表模板

② 选择您所在的行业"2007 新会计制度科目"，财务报表"现金流量表"。

③ 单击【确认】按钮，弹出"模板格式将覆盖本表格式！是否继续？"提示框。

④ 单击【确定】按钮，即可打开"现金流量表"模板。

（5）定义现金流量表项目公式

操作指导：

① 单击【数据/格式】按钮，使"现金流量表"处于格式状态。

② 单击选择 C6 单元格。单击【fx】按钮，打开"定义公式"对话框。单击【函数向导】按钮，打开"函数向导"对话框。

③ 在函数分类列表框中选择"用友账务函数"，在右边的函数名列表中选中"现金流量项目金额（XJLL）"，单击【下一步】按钮，打开"用友账务函数"对话框。

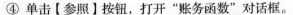

④ 单击【参照】按钮，打开"账务函数"对话框。

⑤ 单击"现金流量项目编码"右边的参照按钮，打开"现金流量项目"选项。

⑥ 双击选择与 C6 单元格左边相对应的项目，单击【确定】按钮，返回"账务函数"对话框，如图 4-13 所示。

⑦ 单击【确定】按钮，返回"定义公式"对话框，单击【确认】按钮。

⑧ 重复第 3～第 7 步骤，输入其他单元公式。

⑨ 单击工具栏中的【保存】按钮，保存调整后报表模板为"现金流量表"。

图 4-13 定义现金流量项目公式

在定义公式时，现金流量表中的现金流出项目在图 4-10 中方向中要选择"流出"，否则取不到数据。

（6）生成现金流量表主表数据

操作指导：

① 单击【格式/数据】按钮，切换到数据状态。

② 执行"数据"|"关键字"|"录入"命令，打开"录入关键字"对话框。

③ 输入年"2019"，月"1"，单击【确认】按钮，系统弹出"是否重算第 1 页？"信息提示框，单击【是】按钮，系统自动根据单元公式计算 1 月份数据。

生成现金流量表主表数据

④ 单击【保存】按钮，保存现金流量表。

4.4.2 拓展任务

由于各种报表之间存在着密切的数据间的逻辑关系，所以，报表中各种数据的采集、运算和钩稽关系的检测就用到了不同的公式。报表公式主要有计算公式、审核公式和舍位平衡公式。

1. 计算公式

计算公式的作用是从其他子系统的账簿文件中、本表其他表页中或者其他报表中采集数据，直接填入表中相应的单元或经过简单计算填入相应的单元。通常报表系统会内置一整套从各种数据文件中调取数据的函数。不同的报表软件函数的具体表示方法不同，但这些函数所提供的功能和使用方法一般是相同的。通过计算公式来组织报表数据，既经济又省事，可以简单大量重复、复杂的劳动。合理地设计计算公式能大大节约劳动时间，提高工作效率。计算公式可以直接定义在报表单元中。这样的公式称为"单元公式"。

（1）常用账务函数

常用账务函数如表 4-2 所示。

表 4-2　常用账务函数

分类	函数名	含义及用法示例
金额函数	QC 期初余额	取指定会计科目的期初余额
	QM 期余余额	取指定会计科目的期末余额
	FS 发生额	取指定会计科目的发生额
	LFS 累计发生额	取某科目从年初至今累计发生额
	DFS 对方发生额	DFS（1405,6401,月,d）提取凭证中贷方为 1405 科目且借方为 6401 科目的当月贷方发生额
	JE 净发生额	JE（1001,月）计算库存现金科目本月净发生额
	TFS 条件发生额	TFS（22210101,月,j,"固定资产","="）提取进项税额科目 22210101 摘要中包含固定资产的当月借方发生额
数量函数	在金额函数的前面加"S"表示数量。如 SQC 表示取科目的数量期初余额。	
外币函数	在金额函数的前面加"W"表示外币。如 WQC 表示取科目的外币期初余额。	
现金流量函数	XJLL 现金流量	提取现金流量项目特定会计期间或指定日期范围的发生额

（2）统计函数

常用统计函数如表 4-3 所示。

表 4-3　常用统计函数

函数名	含义及用法示例
PTOTAL	指定区域内所有满足区域筛选条件的固定区单元的合计
TOTAL	符合页面筛选条件的所有页面的区域内各单元值的合计
PAVG	指定区域内所有满足区域筛选条件的固定区单元的平均值
PMAX	指定区域内所有满足区域筛选条件的固定区单元中最大的单元的数值
PMIN	指定区域内所有满足区域筛选条件的固定区单元中最小的单元的数值

（3）本表他页取数函数

本表他页取数是指要取数的表（目的表）和存放数据来源的表（源表）之间是一个文件的不同表页。本表他页取数主要有两种情况：取确定页号表页的数据或按一定关键字取数。

① 取确定页号表页的数据。

当所取数据所在的表页页号已知时，用以下格式可以方便取得本表他页的数据：

<目标区域> = <数据源区域> @ <页号>

如：B2=C5@1 的含义为各页 B2 单元取当前表第 1 页 C5 单元的值。

② 按一定关键字取数。

可用 SELECT 函数按一定关键字从本表他页取得数据。

如 D=C+SELECT（D,年@=年 and 月@=月+1）表示当前表的 D 列等于当前表的 C 列加上同年上个月 D 列的值。

SELECT 函数中，@前的年和月代表目的表的年关键字值和月关键字值；@后面的年和月代表源表的年关键字值和月关键字值。

（4）他表取数函数

他表取数是指目的表和源表不在一个表文件中。同样，他表取数也主要有两种情况：取他表确定页号表页的数据或按一定关键字取数。

① 取他表确定页号表页的数据。

当所取数据所在的表页页号已知时，用以下格式可以方便取得他表的数据：

<目标区域> ="<他表表名>"-><数据源区域>[@ <页号>]

如：B2="LRB"->C5@1 的含义为各页 B2 单元取 LRB 第 1 页 C5 单元的值。

② 按一定关键字取数。

当我们从他表取数时，已知条件并不是页号，而是希望按照年、月、日等关键字的对应关系来取他表数据，这时就必须用到关联条件。

RELATION <单元 | 关键字 | 变量 | 常量> WITH "<他表表名>"-> <单元 | 关键字 | 变量 | 常量>

如 A1="FYB"->A1 FOR ALL RELATION 月 WITH"FYB"->月意为取 FYB 表的，与当前表页月相同的月的 A1 单元的值。

UFO 允许在报表中的每个数值型、字符型的单元内，写入代表一定运算关系的公式，用来建立表内各单元之间、报表与报表之间或报表系统与其他子系统之间的运算关系。描述这些运算关系的表达式，我们称之为单元公式。为了规范和简化单元公式的定义过程，一般报表系统会提供公式向导，逐步引导公式的建立。

2．审核公式

财务报表中的数据往往存在一定的钩稽关系。如资产负债表中的资产合计应等于负债及所有者权益合计。在实际工作中，为了确保报表数据的准确性，可以利用这种报表之间或报表内的钩稽关系对报表进行编制的正确性检查，用于该种用途的公式称为审核公式。

【拓展】定义审核公式：资产负债表资产合计单元期末数 C38 应该等于负债和所有者权益合计单元期末数 G38。

操作指导：

① 打开资产负债表，在格式状态下，执行"数据"|"编辑公式"|"审核公式"命令，打开"审核公式"对话框。

② 定义审核公式如图 4-14 所示。

③ 在数据状态下，执行"数据"|"审核"命令，系统按照审核公式进行审核，完成后在状态栏显示"完全正确！"。

提示　　审核公式仅起审核并提示作用，不能自动更改审核发现的错误。

3．舍位平衡公式

如果对报表进行汇总，得到的汇总数据可能位数很多，这样，需要把以"元"为单位的报表转换为以"千元""万元"为单位的报表。在转换过程中，原报表的平衡关系可能被破坏，因此，需要进行调整，使之符合指定的平衡公式。报表经舍位之后，用于重新调整平衡关系的公式称为舍位平衡公式。

在格式状态下进行舍位平衡关系的定义，舍位平衡公式编辑界面如图 4-15 所示。

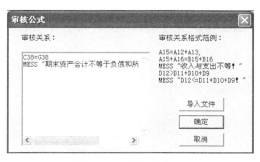

图 4-14　审核公式

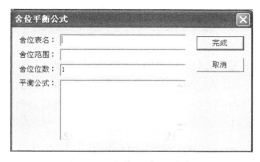

图 4-15　舍位平衡公式定义

（1）舍位表名：和当前文件名不能相同，默认在当前目录下。

（2）舍位范围：舍位数据的范围，要把所有要舍位的数据包括在内。

（3）舍位位数：1～8 位。舍位位数为 1，区域中的数据除 10；舍位位数为 2，区域中的数据除 100；以此类推。

（4）平衡公式：

① 逆序编写，即首先写最终运算结果，然后一步一步向前推。

② 每个公式一行，各公式之间用逗号","隔开，最后一条公式不用写逗号。

③ 公式中只能使用"+""-"符号，不能使用其他运算符及函数。

④ 等号左边只能为一个单元（不带页号和表名）。

⑤ 一个单元只允许在等号右边出现一次。

4.5　自助维护

Q1. 资产负债表不平衡，一般都有什么原因，如何检查?

资产负债表中的数据取自一级科目余额。造成资产负债表不平衡可能有多方面原因，可以从以下两个方面着手检查：

（1）查看总账中的余额表，检查是否所有损益类科目已经全部结转为空；

（2）检查一级科目是否包含在资产负债表的相关项目中。

以本教程为例，生成的资产负债表资产合计不等于负债和所有者权益合计，经检查发现，因为本月业务处理不完整，月末没有将制造费用结转到生成产品，而资产负债表上存货科目只包含生产成本，没有包含制造费用。可以修订存货公式，将制造费用包含在存货中即可。

Q2. 利润表取数不正确，一般都有什么原因，如何检查?

利润表中本期金额取自各科目的本期发生额，如主营业务收入公式为"fs（6001,月,"贷",,年）+fs（6051,月,"贷",,年）"。在日常发生退货业务时，注意要在主营业务收入科目贷方记负数，否则，利润表取数就会不正确。因此，利润表取数不正确可以检查所有费用类科目有无贷方发生，所有收入类科目有无借方发生的情况。

Q3. 现金流量表为何取不到数？

按照现金流量表编制的流程逆序检查以下几个关键点：

① 是否正确地设置了现金流量表单元公式。注意：现金流出项目单元公式中有"流出"字样；

② 现金流量表中是否设置了关键字；

③ 在总账中查询现金流量凭证是否确认了对应的现金流量项目；

④ 在会计科目中是否指定了现金流量科目。

4.6 单元测试

一、判断题

1. 在财务报表系统中，系统不仅提供了多个行业的报表模板，还可以自定义报表模板。
2. 在财务报表系统中生成一张新表时，所有的单元都被默认为是数值型单元。
3. 字符型单元不能在数据状态下输入数据。
4. 财务报表只能从总账系统中提取数据。
5. 在数据状态下可以执行增加表页、设置单元公式及关键字、表页计算等操作。
6. 执行财务报表的审核功能是为了更正检查出的数据错误。
7. 财务报表系统生成的报表可以输出为 Excel 文件格式，以便于对数据的进一步加工。
8. 各表页同样位置上的表样单元的内容和显示方式都相同。

二、选择题

1. 财务报表系统能从总账中取数的前提是（　　）。
   A. 总账正确填制凭证后即可　　　　　B. 总账必须结账后
   C. 总账必须记账后　　　　　　　　　D. 总账正确填制凭证且审核后
2. 在财务报表系统的数据处理中能够完成以下哪些任务？（　　）
   A. 格式排版　　　B. 舍位平衡　　　C. 修改单元公式　　　D. 设置关键字
3. 在财务报表系统中欲查看多张表页的 C4 单元的数据，需要使用（　　）功能。
   A. 筛选　　　　B. 透视　　　　C. 联查明细账　　　D. 查找
4. 财务报表本表他页取数函数 select（?A10,年@=年 and 月@=月+1）中的 A10 是指（　　）。
   A. 同年下一会计期表页上的单元　　　B. 同年上一会计期表页上的单元
   C. 本期表页上的单元　　　　　　　　D. 他表相同会计期表页上的单元
5. 财务报表系统提供的关键字中不包括以下哪一项？（　　）
   A. 单位名称　　　B. 年　　　　C. 月　　　　D. 制表人
6. 财务报表的单元类型包括以下哪些？（　　）
   A. 字符型　　　B. 表样型　　　C. 数值型　　　D. 逻辑型

7. 财务报表系统中一般提供以下哪些报表模板？（　　　　）
    A. 资产负债表　　　　　　　　　B. 利润表
    C. 管理费用明细表　　　　　　　D. 产品销售毛利分析表
8. 关于关键字设置，以下哪些说法是正确的？（　　　　）
    A. 在数据状态下设置并录入关键字　　B. 一个关键字在一张报表中只能定义一次
    C. 每张报表只能定义一个关键字　　　D. 可以随时取消关键字的设置

三、问答题

1. 报表子系统的主要功能包括哪些？
2. 制作一张报表的流程是怎样的？
3. 报表格式设计包括哪些内容？
4. 单元类型分为哪几种，如何运用？
5. 报表公式分为哪几类，各自的作用是什么？
6. 什么是关键字？关键字是如何进行设置的？
7. "编制单位"需要设置为关键字吗？请说明理由。
8. 报表数据处理包括哪些内容？
9. 如何利用报表模板生成资产负债？如果生成的资产负债表不平应如何查找原因？
10. 总结利用总账中的项目辅助核算功能生成现金流量表的主要步骤是什么？

第 5 章　薪资管理

5.1　工作情景

问题一，职工工资核算是工作量比较大的一项任务，利用软件管理应该能减轻核算工作量。目前企业职工包括正式职工、退休职工和临时工三类，临时工采用计件工资，退休职工工资不再代扣个人所得税，薪资管理模块能处理这些情况吗？

U8 薪资管理系统提供了处理多个工资类别的功能。如单位可按周或一月多次发放工资，或者是单位中有多种不同类别（部门）的人员，工资发放项目不同，计算公式也不同，但需进行统一工资核算管理，这些情况只要选择建立多个工资类别分别处理即可。

问题二，依法纳税是每个公民的应尽义务。工资薪金所得是个人所得税的征税内容。是否可以在计算职工工资的同时按照适用税率正确计算并扣缴个人所得税呢？

U8 薪资管理系统中设置了是否在工资核算同时代扣个人所得税选项，选择该项，在工资项目中自动增加"代扣税"；同时允许用户设置个人所得税扣税基数、累进税率、收入额合计项等，为正确计算个人所得税做了铺垫。

问题三，前面已经学习了总账，并且在总账中处理过一笔工资费用分配的业务。如果企业使用薪资管理系统管理职工工资相关业务，那它与总账之间又怎样进行业务分隔呢？

如果企业同时使用总账和薪资系统，那么与职工薪资有关的业务全部在薪资管理系统处理，并生成业务凭证传递给总账系统，总账中不再手工填制该类凭证。

5.2　薪资管理认知

5.2.1　薪资管理基本功能

薪资管理系统的任务是以职工个人的薪资原始数据为基础，计算应发工资、扣款小计和实发工资等，编制工资结算单；按部门和人员类别进行汇总，进行个人所得税计算；提供多种方式的查询、打印薪资发放表、各种汇总表及个人工资条；进行工资费用分配与计提，并实现自动转账处理。薪资管理系统具体包括以下内容。

1．工资类别管理

薪资管理系统提供处理多个工资类别的功能。如按周或按月多次发放薪资，或者是单位中有多种不同类别（部门）的人员，薪资发放项目不同，计算公式也不同，但需进行统一薪资核算管理，那么，企业可以选择多个工资类别。

2．人员档案管理

薪资管理系统中可以设置人员的基础信息并对人员变动进行调整，系统同时还提供了设置人员附加信息的功能。

3．薪资数据管理

薪资管理系统中可以根据不同企业的需要设计工资项目和计算公式；管理所有人员的工资数据，并对平时发生的工资变动进行调整；自动计算个人所得税，结合工资发放形式进行扣零处理或向代发的银行传输工资数据；自动计算、汇总工资数据；自动完成工资分摊、计提、转账业务。

4．薪资报表管理

薪资管理系统中提供多层次、多角度的工资数据查询。

5.2.2　薪资管理初始化

薪资管理初始化的工作流程如图 5-1 所示。

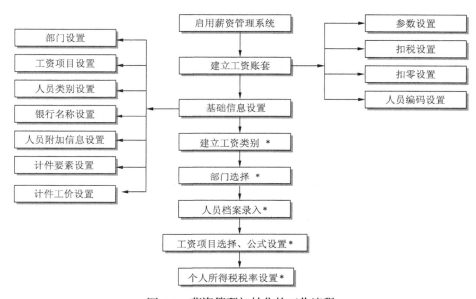

图 5-1　薪资管理初始化的工作流程

1．建立工资账套

工资账套与系统管理中的账套是不同的概念，系统管理中的账套是针对整个核算系统的，而工资账套是针对工资子系统。要建立工资账套，前提是在系统管理中首先建立本单位的核算账套。建立工资账套时可以根据建账向导分四步进行，即参数设置、扣税设置、扣零设置、人员编码设置。

2．基础信息设置

建立工资账套以后，要对整个系统运行所需的一些基础信息进行设置。

（1）部门设置

员工薪资一般是按部门进行管理的。

（2）人员类别设置

由于人员类别与工资费用的分配、分摊有关，因此进行人员类别设置可便于按人员类别进行工资汇总计算。

（3）人员附加信息设置

此项设置可增加人员信息，丰富人员档案中的内容，便于对人员进行更加有效的管理。例如，增加设置人员的性别、民族、婚否等。

（4）工资项目设置

工资项目设置即定义工资项目的名称、类型、宽度、小数、增减项。系统中有一些固定项目，是工资账中必不可少的，包括："应发合计""扣款合计""实发合计"，这些项目不能删除和重命名。其他项目可根据实际情况定义或参照增加。如基本工资、奖励工资、请假天数等。在此设置的工资项目是针对所有工资类别的全部工资项目。

（5）银行名称设置

发放工资的银行可按需要设置多个，这里银行名称设置是对所有工资类别。例如：同一工资类别中的人员由于在不同的工作地点，需在不同的银行代发工资；或者不同的工资类别由不同的银行代发工资，均需设置相应的银行名称。

（6）计件工资设置

除计时工资外，U8 系统还支持计件工资核算。计件工资设置包括计件要素设置和计件工价设置。

3．工资类别管理

工资系统是按工资类别来进行管理的。每个工资类别下有职工档案、工资变动、工资数据、报税处理、银行代发等。对工资类别的维护包括建立工资类别、打开工资类别、删除工资类别、关闭工资类别和汇总工资类别。

（1）人员档案

人员档案的设置用于登记工资发放人员的姓名、职工编号、所在部门、人员类别等信息，此外，员工的增减变动也必须在本功能中处理。人员档案的操作是针对某个工资类别的，即应先打开相应的工资类别。

人员档案管理包括增加/修改/删除人员档案、人员调离与停发处理、查找人员等。

（2）设置工资项目和计算公式

在系统初始化中设置的工资项目包括本单位各种工资类别所需要的全部工资项目。由于不同的工资类别，工资发放项目不同，计算公式也不同，因此，应对某个指定工资类别所需的工资项目进行设置，并定义此工资类别的工资数据计算公式。

① 选择建立本工资类别的工资项目。

这里只能选择系统初始化中设置的工资项目，不可自行输入。工资项目的类型、长度、小数位数、增减项等不可更改。

② 设置计算公式。

定义某些工资项目的计算公式及工资项目之间的运算关系。例如：缺勤扣款=基本工资/月工作日×缺勤天数。运用公式可直观表达工资项目的实际运算过程，灵活地进行工资计算处理。定义公式可通过选择工资项目、运算符、关系符、函数等组合完成。

系统固定的工资项目"应发合计""扣款合计""实发合计"等的计算公式，根据工资项目设置的"增减项"自动给出。用户在此只能增加、修改、删除其他工资项目的计算公式。

定义工资项目计算公式要符合逻辑，系统将对公式进行合法性检查，不符合逻辑的系统将给出错误提示。定义公式时要注意先后顺序，先得到的数据应先设置公式。应发合计、扣款合计和实发合计公式应是公式定义框的最后 3 个公式，并且实发合计的公式要在应发合计和扣款合计公式之后。可通过单击公式框的"上移""下移"箭头调整计算公式顺序。如出现计算公式超长，可将所用到的工资项目名称缩短（减少字符数），或设置过渡项。定义公式时可使用函数公式向导参照输入。

（3）设置个人所得税税率

随着经济的发展和社会的进步，个人所得税起征点、税率等都不是一成不变的，U8 系统中预置了与软件版本同时代的个人所得税税率表，如若与现实情况不符，可进行修订和调整，以正确计算个人所得税。

5.2.3　薪资管理日常业务处理

薪资管理日常业务处理的工作流程如图 5-2 所示。

1．工资数据处理

第一次使用工资系统必须将所有人员的基本工资数据录入计算机，每月发生工资数据的变动也应在此进行调整。为了快速、准确地录入工资数据，系统提供以下功能。

（1）筛选和定位

如果对部分人员的工资数据进行修改，最好采用数据过滤的方法，先将所要修改的人员过滤出来，然后进行工资数据修改。修改完毕后进行"重新计算"和"汇总"。

（2）页编辑

工资变动界面提供了"编辑"按钮，操作人员可以对选定的个人进行快速录入。单击"上一人""下一人"可变更人员，录入或修改其他人员的工资数据。

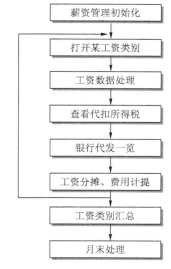

图 5-2　薪资管理日常业务处理的工作流程

（3）替换

将符合条件的人员的某个工资项目的数据，统一替换成某个数据。如管理人员的奖金上调100 元。

（4）过滤器

如果只对工资项目中的某一个或几个项目修改，可将要修改的项目过滤出来。例如：只对事假天数、病假天数两个工资项目的数据进行修改。对于常用的过滤项目可以在项目过滤选择后，输入一个名称进行保存，以后可通过过滤项目名称调用，不用时也可以删除。

2．个人所得税的计算与申报

鉴于许多企事业单位计算职工工资薪金所得税的工作量较大，本系统特提供个人所得税自动计算功能，用户只需自定义所得税率，系统自动计算个人所得税。

3．银行代发

目前社会上许多单位发放工资时都采用职工凭工资卡去银行取款，这就涉及银行代发业务。银行代发业务处理，是指每月月末单位应向银行提供银行指定格式的文件。这样做既减轻了财务部门发放工资工作的繁重工作，又有效地避免了财务去银行提取大笔款项所承担的风险，同时还提高了对员工个人工资的保密程度。

4．工资分摊

工资是人工费最主要的部分，因此，企业需要对工资费用进行工资总额的计提计算、分配及各种经费的计提，并编制转账会计凭证，供登账处理之用。

5．工资数据查询统计

工资数据处理结果最终以工资报表的形式反映，工资系统提供了主要的工资报表，如果对报表提供的固定格式不满意，企业可以通过"修改表"和"新建表"功能自行设计。

（1）工资表

工资表包括：工资发放签名表、工资发放条、工资卡、部门工资汇总表、人员类别工资汇总表、条件汇总表、条件统计表、条件明细表、工资变动明细表、工资变动汇总表等由系统提供的原始表，主要用于本月工资发放和统计。工资表可以进行修改和重建。

（2）工资分析表

工资分析表是以工资数据为基础，对部门、人员类别的工资数据进行分析和比较，产生各种分析表，供决策人员使用。

6．工资类别汇总

各工资类别日常业务处理完成后，需要进行工资类别汇总，从而实现统一工资核算。

7．月末结转

月末处理是将当月数据经过处理后结转至下月。每月工资数据处理完毕后均可进行月末结转。在工资项目中，有的项目是变动的，即每月的数据均不相同，在每月工资处理时，均需将其数据清为 0，而后输入当月的数据，此类项目即为清零项目。

因月末处理功能只有主管人员才能执行，所以应以主管的身份登录系统。

月末结转只有在会计年度的 1 月至 11 月进行，且只有在当月工资数据处理完毕后才可进行。若为处理多个工资类别，则应打开工资类别，分别进行月末结转。若本月工资数据未汇总，系统将不允许进行月末结转。进行期末处理后，当月数据将不允许变动。

5.3 薪资管理初始化设置实务

5.3.1 基本任务

薪资管理初始化资料

1．建立工资账套

工资类别个数：多个；核算计件工资；核算币种：人民币 RMB；要求代扣个人所得税；不进行扣零处理；启用日期：2019 年 1 月 1 日。

2．基础信息设置

（1）工资项目设置（见表 5-1）

表 5-1　工资项目设置

项目名称	类型	长度	小数位数	增减项	备注
基本工资	数字	8	2	增项	
浮动工资	数字	8	2	增项	
交补	数字	8	2	增项	
应发合计	数字	10	2	增项	系统项目
养老保险	数字	8	2	减项	
请假扣款	数字	8	2	减项	
代扣税	数字	10	2	减项	系统项目
扣款合计	数字	10	2	减项	系统项目
实发合计	数字	10	2	增项	系统项目
计税工资	数字	8	2	其他	
请假天数	数字	8	2	其他	

（2）银行名称

银行编码：01001；银行名称：工商银行丰台分理处。

个人账号规则：定长11位，自动带出账号长度7位。

3．正式职工人员类别相关资料

部门选择：所有部门

（1）人员档案（见表5-2）

表5-2　人员档案

人员编号	人员姓名	部门名称	人员类别	账号	中方人员	是否计税	核算计件工资
001	马国华	总经办	企业管理人员	20190101001	是	是	否
002	王莉	财务部	企业管理人员	20190101002	是	是	否
003	方萌	财务部	企业管理人员	20190101003	是	是	否
004	白亚楠	财务部	企业管理人员	20190101004	是	是	否
005	范文芳	采购部	经营人员	20190101005	是	是	否
006	高文庆	销售一部	经营人员	20190101006	是	是	否
007	沈宝平	销售二部	经营人员	20190101007	是	是	否
008	杜海涛	生产部	车间管理人员	20190101008	是	是	否
009	段博	生产部	生产工人	20190101009	是	是	否

注：以上所有人员的代发银行均为工商银行丰台分理处。

（2）正式人员类别工资项目

基本工资、浮动工资、交补、应发合计、养老保险、请假扣款、代扣税、扣款合计、实发合计、请假天数、计税工资。排列顺序同上。

（3）计算公式（见表5-3）

表5-3　计算公式

工资项目	定义公式
请假扣款	请假天数×50
养老保险	基本工资×0.08
交　补	iff（人员类别="企业管理人员" OR 人员类别="车间管理人员"，300，100）
计税工资	基本工资+浮动工资+交补-养老保险-请假扣款

（4）个人所得税设置

个税免征额即扣税基数为3 500元。外籍人士个税减除费用为4 800元。具体税率如表5-4所示。

表5-4　2019年开始实行的7级超额累进个人所得税税率

级数	全年应纳税所得额	按月换算	税率（%）	速算扣除数
1	不超过36 000元	不超过3 000元	3	0
2	超过36 000元至144 000元的部分	3 000<X≤12 000	10	210
3	超过144 000元至300 000元的部分	12 000<X≤25 000	20	1 410
4	超过300 000元至420 000元的部分	25 000<X≤35 000	25	2 660
5	超过420 000元至660 000元的部分	35 000<X≤55 000	30	4 410
6	超过660 000元至960 000元的部分	55 000<X≤80 000	35	7 160
7	超过960 000元的部分	超过80 000元	45	15 160

4．临时人员工资类别相关资料

部门选择：生产部

（1）人员档案（见表 5-5）

表 5-5 临时人员档案

人员编号	人员姓名	部门名称	人员类别	账号	中方人员	是否计税	核算计件工资
011	吕元	生产部	生产工人	20190101011	是	是	是
012	李枫	生产部	生产工人	20190101012	是	是	是

（2）工资项目

计件工资、应发合计、代扣税、扣款合计、实发合计。

（3）计件要素

工序。

工序档案包括两项：01 组装；02 检验。

（4）计件工价设置

组装：30，检验：18。

（5）个人所得税税率同正式职工工资类别

收入额合计为"应发工资"。

 薪资管理初始化设置指导

由系统管理员在系统管理中引入"总账初始化"账套作为基础数据。以账套主管身份登录企业应用平台，登录日期 2019-01-01，进行薪资管理初始化设置。

1．在企业应用平台中启用薪资管理和计件工资管理

操作指导：

① 执行"开始"|"所有程序"|"用友 U8V10.1"|"企业应用平台"命令，以账套主管的身份登录。

② 执行"基础设置"|"基本信息"|"系统启用"命令，打开"系统启用"对话框，选中"WA 薪资管理"复选框，打开"日历"对话框。选择工资系统启用日期为"2019 年 1 月 1 日"，单击【确定】按钮，系统弹出提示"确实要启用当前系统吗？"，单击【是】按钮返回。

启用薪资管理和计件工资管理

③ 用同样方法，启用计件工资管理系统。

2．建立工资账套

操作指导：

① 在企业应用平台的"业务工作"选项卡中，选择"人力资源"中的"薪资管理"，打开"建立工资套"对话框。

② 在建账第一步"参数设置"中，选择本账套所需处理的工资类别个数为"多个"，默认币别名称为"人民币 RMB"，选中"是否核算计件工资"复选框，如图 5-3 所示。单击【下一步】按钮。

建立工资账套

提示

本例对正式人员和临时人员分别进行核算，所以工资类别应选择"多个"。

计件工资是按计件单价支付劳动报酬的一种形式。由于计时工资和计件工资的核算方法不同，因此，在薪资管理系统中对于企业是否存在计件工资特别设置了确认选项。选中该项，系统在工资项目中自动增加"计件工资"项目。

③ 在建账第二步"扣税设置"中，选中"是否从工资中代扣个人所得税"复选框，如图 5-4 所示。单击【下一步】按钮。

　　　　　选择代扣个人所得税后，系统将自动生成工资项目"代扣税"，并在工资计算的同时自动进行代扣个人所得税的计算。

图 5-3　建立工资套-参数设置　　　　　　图 5-4　建立工资套-扣税设置

④ 在建账第三步"扣零设置"中，不做选择，直接单击【下一步】按钮。

　　　　　扣零处理是指每次发放工资时零头扣下，积累取整，于下次工资发放时补上。系统在计算工资时将依据扣零类型（扣零至元、扣零至角、扣零至分）进行扣零计算。

⑤ 在建账第四步"人员编码"中，系统要求和公共平台中的人员编码保持一致。单击【完成】按钮，完成工资账套的创建。

　　　　　建账完毕后，部分建账参数可以通过执行"设置"|"选项"命令进行修改。

3．工资账套基础信息设置

（1）工资项目设置

操作指导：

① 在薪资管理系统中，执行"设置"|"工资项目设置"命令，打开"工资项目设置"对话框。工资项目列表中显示 14 个系统自动生成的工资项目，这些项目不能删除。

工资项目设置

② 单击【增加】按钮，工资项目列表中增加一空行。

③ 从"名称参照"下拉列表中选择"基本工资"选项，默认其他项目。如果需要修改某栏目，只需要双击栏目，按需要进行修改即可。

④ 单击【增加】按钮，增加其他工资项目。可以利用【上移】【下移】按钮调整工资项目的位置。完成后，如图 5-5 所示。

⑤ 单击【确定】按钮，系统弹出提示"工资项目已经改变，请确认各工资类别的公式是否正确"，单击【确定】按钮。

系统提供若干常用工资项目供参考，可选择输入。对于参照中未提供的工资项目，可以通过双击"工资项目名称"一栏直接输入，或先从"名称参照"中选择一个项目，然后单击【重命名】按钮将其修改为需要的项目。

在未进入任何一个工资类别时设置的工资项目应包括本工资账套中所有工资类别要使用的工资项目。

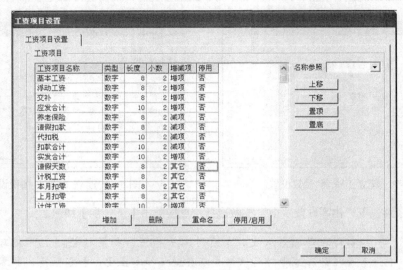

图 5-5　工资项目设置

（2）银行档案设置

操作指导：

① 在企业应用平台基础设置中，执行"基础档案"|"收付结算"|"银行档案"命令，打开"银行档案"对话框。

② 单击【增加】按钮，增加"01001 工商银行丰台分理处"，默认个人账号定长且账号长度为"11"、自动带出的个人账号长度为"7"，如图 5-6 所示。

银行档案设置

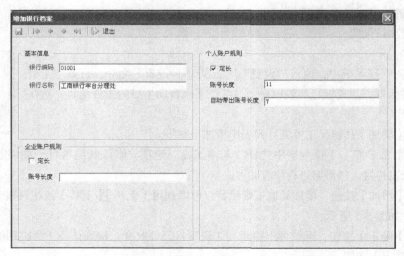

图 5-6　银行档案设置

③ 单击【按钮】按钮，退出。

提示　可设置多个代发工资的银行以满足不同人员在不同地点代发工资的情况。

4．正式人员工资类别初始化设置

（1）建立"正式职工"工资类别

操作指导：

① 在薪资管理系统中，执行"工资类别"|"新建工资类别"命令，打开"新建工资类别"对话框。

② 在文本框中输入第一个工资类别"正式职工"，单击【下一步】按钮。

③ 单击【选定全部部门】按钮，如图 5-7 所示。

④ 单击【完成】按钮，系统弹出提示"是否以 2019-01-01 为当前工资类别的启用日期？"，单击【是】按钮，返回薪资管理系统。

建立"正式职工"工资类别

（2）打开工资类别

操作指导：

① 执行"工资类别"|"打开工资类别"命令，打开"打开工资类别"对话框。

② 选择"001 正式职工"工资类别，单击【确定】按钮。

打开工资类别

（3）设置人员档案

操作指导：

① 执行"设置"|"人员档案"命令，进入"人员档案"窗口。

② 单击【批增】按钮，打开"人员批量增加"对话框。

③ 单击【查询】按钮，系统显示在企业应用平台中已经增加的人员档案，且默认是选中状态，如图 5-8 所示。单击【确定】按钮返回"人员档案"窗口。

图 5-7　建立正式人员工资类别
　　　　——选定部门

图 5-8　人员批量增加

④ 单击【修改】按钮，打开"人员档案明细"对话框，确定是否需要对该人员核算计件工

资、补充输入银行账号信息，如图5-9所示。

⑤ 单击【确定】按钮，系统弹出"写入该人员档案信息吗"信息提示框，单击【确定】按钮继续修改其他人员信息。

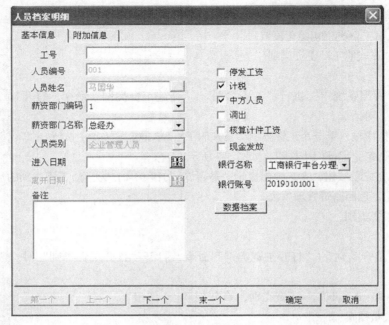

图5-9　人员档案

（4）选择工资项目

操作指导：

① 执行"设置"|"工资项目设置"命令，打开"工资项目设置"对话框。

② 单击"工资项目设置"选项卡，单击【增加】按钮，在工资项目列表中增加一空行。

选择工资项目

③ 从"名称参照"下拉列表中选择"基本工资"选项，工资项目名称、类型、长度、小数、增减项都自动带出，不能修改。

④ 单击【增加】按钮，增加其他工资项目。

⑤ 所有项目增加完成后，利用"工资项目设置"界面上的【上移】和【下移】按钮按照实验资料所给顺序调整工资项目的排列位置。

提示

工资项目不能重复选择。没有设置的工资项目不允许在计算公式中出现。不能删除已输入数据的工资项目和已设置计算公式的工资项目。

如果计税工资既不是应发合计也不是实发合计，那么需要在工资项目中增加"计税工资"工资项目，并设置该工资项目的计算公式，在"扣税设置"中设置扣税项目为"计税工资"。

（5）设置计算公式

● 设置公式"请假扣款=请假天数*50"

操作指导：

① 在"工资项目设置"对话框中单击"公式设置"选项卡。

设置计算公式

② 单击【增加】按钮，在工资项目列表中增加一空行，从下拉列表中选择"请假扣款"。

③ 单击"公式定义"文本框，选择工资项目列表中的"请假天数"。

④ 单击运算符"*"，在"*"后单击，输入数字"50"，如图 5-10 所示，单击【公式确认】按钮。

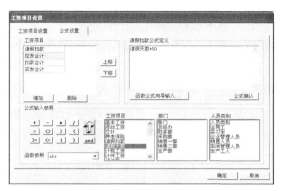

图 5-10　请假扣款公式设置

● 设置公式"交补= iff（人员类别="企业管理人员" OR 人员类别="车间管理人员"，300，100 ）"

操作指导：

① 单击【增加】按钮，在工资项目列表中增加一空行，从下拉列表中选择"交补"。

② 单击"公式定义"文本框，单击【函数公式向导输入】按钮，打开"函数向导——步骤之 1"对话框。

③ 从"函数名"列表中选择"iff"，单击【下一步】按钮，打开"函数向导——步骤之 2"对话框。

④ 单击"逻辑表达式"后的【参照】按钮，打开"参照"对话框，从"参照"下拉列表中选择"人员类别"，从下面的列表中选择"企业管理人员"，单击【确定】按钮。

⑤ 在逻辑表达式文本框中的公式后单击鼠标，输入"or"后，再次单击"逻辑表达式"后的【参照】按钮，出现"参照"对话框，从"参照"下拉列表中选择"人员类别"选项，从下面的列表中选择"车间管理人员"，单击【确定】按钮，返回"函数向导——步骤之 2"。

　　　　　在"or"前后应有空格。

⑥ 在"算术表达式 1"后的文本框中输入"300"，在"算术表达式 2"后的文本框中输入"100"，如图 5-11 所示。单击【完成】按钮，返回"公式设置"窗口，单击【公式确认】按钮。

⑦ 设置养老保险、计税工资的计算公式。设置完成，单击【确定】按钮，退出公式设置。

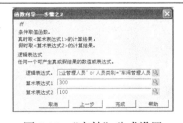

图 5-11　"交补"公式设置

　　　　　计算公式是有先后顺序的。本例中，计税工资中包含请假扣款、交补、养老保险，因此，计税工资的计算应该置于最后完成。

（6）设置个人所得税纳税基数

操作指导：

① 执行"设置"|"选项"命令，打开"选项"对话框。

② 单击【编辑】按钮，单击"扣税设置"选项卡，单击"实发合计"下拉列表框，从中选择"计税工资"，如图 5-12 所示。

③ 单击【税率设置】按钮，打开"个人所得税申报表——税率表"对话框。

④ 修改基数为"5000"，附加费用为"0"。修改各级次应纳税所得额上限和速算扣除数，下一级次应纳税所得额下限自动调整，修改完成后，如图 5-13 所示，单击【确定】按钮返回。

设置个人所得税纳税基数

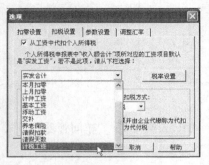

图 5-12 选项—扣税设置

图 5-13 个人所得税税率表

⑤ 单击【确定】按钮退出。

（7）关闭工资类别

执行"工资类别"|"关闭工资类别"命令，关闭"正式人员"工资类别。

关闭工资类别

 难点　　　　　　　设置计税工资项目的意义

个人所得税申报表中"收入额合计"项对应的工资项目默认为"实发合计"，但在工资计算中，"实发合计"项目中已经扣除了代扣个人所得税和应计税的其他一些代扣款项；如果选择"应发合计"项目又没有扣除职工应该负担的五险一金。因此，需要另外设置一个工资项目，设置正确的计算公式，对应于个人所得税申报表的"收入额合计"，这就是设置"计税工资"项目的原因所在。

5．临时人员工资类别初始化设置

（1）建立"临时人员"工资类别

操作指导：

① 执行"工资类别"|"新建工资类别"命令，打开"新建工资类别"对话框。

② 在文本框中输入第二个工资类别"临时人员"，单击【下一步】按钮。

③ 选择"生产部"。

④ 单击【完成】按钮，系统弹出提示"是否以 2019-01-01 为当前工资类别的启用日期？"，单击【是】按钮，返回薪资管理系统。

建立"临时人员"工资类别

（2）建立临时人员档案

操作指导：

① 在"企业应用平台中，执行"基础档案"|"机构人员"|"人员档案"命令，按实验资料增加 2 名临时人员档案。

② 在薪资管理系统中，执行"工资类别"|"打开工资类别"命令，打开"临时人员"工资类别。

建立临时人员档案

③ 在临时人员工资类别中执行"设置"|"人员档案"命令，单击【批增】按钮，打开"人员批量增加"对话框。

④ 选中左边窗口中的"生产部"，单击【查询】按钮，右侧窗口中显示生产部中的所有人员，且默认为选中状态。去掉非临时人员的选中标记，单击【确定】按钮返回。补充发放工资人员的其他必要信息。

提示

临时人员核算计件工资。

（3）工资项目设置

操作指导：

① 在薪资管理系统中，执行"设置"|"工资项目设置"命令，打开"工资项目设置"对话框。

② 利用【上移】【下移】按钮按"计件工资、应发合计、代扣税、扣款合计、实发合计"重新排列工资项目。

工资项目设置

③ 单击【确定】按钮返回。

（4）计件要素设置

操作指导：

① 在计件工资中，执行"设置"|"计件要素设置"命令，打开"计件要素设置"对话框。

② 查看是否包括"工序"计件要素，且为"启用"状态，如图 5-14 所示。

计件要素设置

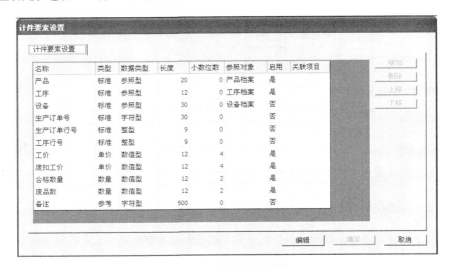

图 5-14　计件要素设置

（5）工序设置

操作指导：

① 在企业应用平台基础档案设置中，执行"生产制造"｜"标准工序资料维护"命令，进入"标准工序资料维护"窗口。

② 单击【增加】按钮，增加"01 组装"和"02 检验"两种工序，如图 5-15 所示。

工序设置

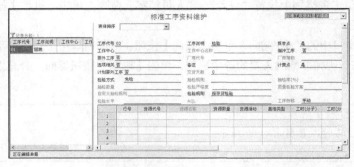

图 5-15 标准工序资料维护

（6）计件工价设置

操作指导：

① 在计件工资中，执行"设置"｜"计件工价设置"命令，进入"计件工价设置"窗口。

② 单击【增加】按钮，按实验资料输入计件工价，如图 5-16 所示。

计件工价设置

图 5-16 计件工价设置

（7）计税基数设置

执行"设置"｜"选项"命令，打开"选项"对话框。单击【编辑】按钮，在"扣税设置"选项卡中选择个人所得税申报表中收入额合计对应的工资项目为"应发合计"，并按表 5-4 修改税率表。

6．账套备份

以上内容全部完成后，将账套输出至"薪资初始化"文件夹中。

计税基数设置

5.3.2 拓展任务

薪资管理系统管理企业全部的人员，其主要功能是职工薪酬核算、工资及相关费用分配，但也可以担负简单的人事信息管理职能。如果作为人事信息管理系统，目前记录的人员信息可能不全面，如基本的人事信息还包括技术职称、婚姻状态等。

【拓展】为企业人员增加技术职称、婚姻状态信息。

操作指导：

① 在薪资管理系统中，执行"设置"|"人员附加信息设置"命令，打开"人员附加信息设置"对话框。

② 单击【增加】按钮，从栏目参照下拉列表中选择"技术职称"。

③ 单击【增加】按钮，在"信息名称"文本框中输入"婚姻状态"。完成后，如图 5-17 所示。

④ 设置了人员附加信息后，可以在人员档案界面附加信息选项卡中录入人员附加信息的内容，如图 5-18 所示。

图 5-17　人员附加信息设置

图 5-18　录入人员附加信息

已使用过的人员附加信息可以修改，但不能删除。

不能对人员附加信息进行数据加工，如公式设置。

5.4　薪资管理日常业务处理实务

5.4.1　基本任务

薪资管理日常业务处理资料

1．中诚通讯 1 月正式人员工资类别

（1）1 月正式人员工资基本情况（见表 5-6）

表 5-6　1 月正式人员工资基本情况

姓名	基本工资	浮动工资
马国华	10 000	3 000
王莉	7 000	1 000
方萌	3 500	1 000

续表

姓名	基本工资	浮动工资
白亚楠	5 500	1 000
范文芳	5 000	1 000
高文庆	5 500	2 000
沈宝平	4 500	1 500
杜海涛	4 000	1 000
段博	3 000	1 000

（2）本月考勤统计

范文芳请假 2 天，段博请假 1 天。

（3）特殊激励

因去年销售部推广产品业绩较好，每人增加浮动工资 2 000 元。

（4）工资分摊及费用计提

应付工资总额等于工资项目"应发合计"，"应付福利费"也以此为计提基数。

工资费用分配转账分录如表 5-7 所示。

表 5-7　工资费用分配转账分录

部门	工资分摊科目	应付工资		应付福利费（14%）	
		借方	贷方	借方	贷方
总经办、财务部、采购部	企业管理人员	660201	221101	660202	221102
销售一部，销售二部	销售人员	660101	221101	660102	221102
生产部	车间管理人员	510101	221101	510101	221102
	生产工人	500102	221101	500102	221102

2．中诚通讯 1 月临时人员工资类别

（1）1 月临时人员计件工资情况（见表 5-8）

表 5-8　1 月临时人员计件工资情况　　　　　　　　　　　　　单位：小时

姓名	日期	组装工时	检验工时
吕元	2019-01-31	180	
李枫	2019-01-31		200

（2）其他

略。

3．工资类别汇总

对正式人员和临时人员两个工资类别进行工资类别汇总。

薪资管理日常业务处理指导

由系统管理员在系统管理中引入"薪资初始化"账套。

1．正式职工工资处理

以账套主管王莉身份登录企业应用平台，进入薪资管理系统，打开正式职工工资类别。

（1）录入正式人员基本工资数据

操作指导：

① 执行"业务处理"|"工资变动"命令，进入"工资变动"窗口。

② 在"过滤器"下拉列表中选择"过滤设置"，打开"项目过滤"对话框。

③ 选择"工资项目"列表中的"基本工资"，单击"[>]"按钮；同样再选择"浮动工资"，如图 5-19 所示。

录入正式人员
基本工资数据

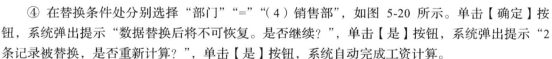

图 5-19　工资变动——过滤设置

④ 单击【确定】按钮，返回"工资变动"窗口，此时每个人的工资项目只显示基本工资和浮动工资两项。

⑤ 输入"正式人员"工资类别的工资数据。这里只需输入没有进行公式设定的项目，如基本工资、浮动工资和请假天数，其余各项由系统根据计算公式自动计算生成。

⑥ 在"过滤器"下拉列表中选择"所有项目"，屏幕上显示所有工资项目。

（2）输入正式人员工资变动数据

操作指导：

① 输入考勤情况：范文芳请假 2 天，段博请假 1 天。

② 单击【全选】按钮，人员前面的"选择"栏出现选中标记"Y"。

③ 在工具栏中单击【替换】按钮，在"将工资项目"下拉列表中选择"浮动工资"，在"替换成"文本框中输入"浮动工资+2000"。

输入正式人员
工资变动数据

④ 在替换条件处分别选择"部门""=""（4）销售部"，如图 5-20 所示。单击【确定】按钮，系统弹出提示"数据替换后将不可恢复。是否继续？"，单击【是】按钮，系统弹出提示"2 条记录被替换，是否重新计算？"，单击【是】按钮，系统自动完成工资计算。

图 5-20　数据替换

（3）数据计算与汇总

操作指导：

① 在"工资变动"窗口中，在工具栏中单击【计算】按钮，计算工资数据。

② 在工具栏中单击【汇总】按钮，汇总工资数据。退出"工资变动"窗口。

数据计算与汇总

（4）查看个人所得税扣缴申报表

操作指导：

① 执行"业务处理"|"扣缴所得税"命令，打开"个人所得税申报模板"对话框。

② 选择"北京"地区"扣缴个人所得税报表"，单击【打开】按钮。打开"所得税申报"对话框，单击【确定】按钮，进入"北京扣缴个人所得税报表"窗口，如图 5-21 所示。

查看个人所得税扣缴申报表

图 5-21 扣缴个人所得税报表

③ 查看完毕后退出。

（5）"正式职工"类别工资分摊

工资分摊类型设置

操作指导：

① 执行"业务处理"|"工资分摊"命令，打开"工资分摊"对话框。

② 单击【工资分摊设置】按钮，打开"分摊类型设置"对话框。

③ 单击【增加】按钮，打开"分摊计提比例设置"对话框。

④ 输入计提类型名称"应付工资"，如图 5-22 所示。

⑤ 单击【下一步】按钮，打开"分摊构成设置"对话框。按实验资料内容进行设置，设置完成后如图 5-23 所示。单击【完成】按钮返回"分摊类型设置"对话框，继续设置应付福利费。

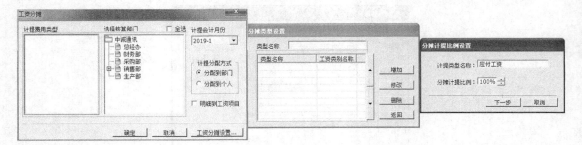

图 5-22 工资分摊设置

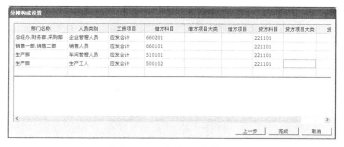

图 5-23　分摊构成设置

工资分摊设置

操作指导：

① 执行"业务处理"|"工资分摊"命令，打开"工资分摊"对话框。

② 选择需要分摊的计提费用类型，确定分摊计提的月份"2019.01"。

③ 选择核算部门：总经办、财务部、采购部、销售部、生产部。

④ 选中"明细到工资项目"复选框，如图 5-24 所示。

⑤ 单击【确定】按钮，打开"应付工资一览表"对话框。

⑥ 选中"合并科目相同、辅助项相同的分录"复选框，如图 5-25 所示。单击【制单】按钮。

"正式职工"类别工资
分摊——工资分摊

图 5-24　进行工资分摊

图 5-25　应付工资一览表

⑦ 单击凭证左上角的"字"处，选择"转账凭证"，输入附单据数，单击【保存】按钮，凭证左上角出现"已生成"标志，代表该凭证已传递到总账，如图 5-26 所示。

图 5-26　工资分摊生成凭证

薪资系统生成的凭证在薪资系统中可以进行查询、删除、冲销等操作。传递到总账后需要在总账中进行审核、记账。

⑧ 从应付工资一览表"类型"下拉列表中选择"应付福利费"，生成应付福利费凭证。

2．临时人员工资处理

在完成正式职工工资数据处理后，打开"临时人员"工资类别，参照"正式职工"工资类别初始设置及数据处理方式，完成"临时人员"工资处理。

（1）计件工资统计

操作指导：

① 在计件工资中，执行"个人计件"|"计件工资录入"命令，进入"计件工资录入"窗口。

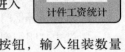

② 选择工资类别"临时人员"，部门"生产部"，单击【批增】按钮，进入"计件数据录入"窗口。

③ 选择人员"吕元"，选择计件日期"2019-01-31"。单击【增行】按钮，输入组装数量"180"，如图5-27所示。

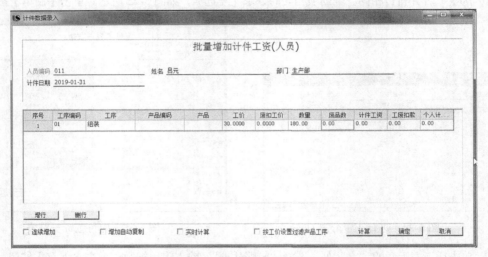

图5-27 计件数据录入

④ 单击【计算】按钮，计算计件工资。单击【确定】按钮返回。继续输入李枫的计件工资数据。

⑤ 全部输入完成后，单击【全选】按钮，再单击【审核】按钮，对录入的计件工资数据进行审核。

（2）计件工资汇总处理

在计件工资中，执行"计件工资汇总"命令，选择工资类别"临时人员"，部门"生产部"，单击【汇总】按钮进行计件工资汇总处理。

（3）工资变动处理

在薪资管理系统中，执行"业务处理"|"工资变动"命令，进行工资计算、汇总。

（4）工资分摊处理

在"业务处理"|"工资分摊"中进行工资分摊设置及工资分摊处理。只设置应付工资分摊即可。

工资分摊处理

3．汇总工资类别

操作指导：

① 执行"工资类别"|"关闭工资类别"命令。

② 执行"维护"|"工资类别汇总"命令，打开"选择工资类别"对话框。

③ 选择要汇总的工资类别，单击【确定】按钮，完成工资类别汇总。

④ 执行"工资类别"|"打开工资类别"命令，打开"选择工资类别"对话框。

汇总工资类别

⑤ 选择"998 汇总工资类别"，单击【确定】按钮，查看工资类别汇总后的各项数据。

提示

该功能必须在关闭所有工资类别时才可用。

所选工资类别中必须有汇总月份的工资数据。

如为第一次进行工资类别汇总，需在汇总工资类别中设置工资项目计算公式。如果每次汇总的工资类别一致，则公式无须重新设置。如果与上一次汇总所选择的工资类别不一致，则需重新设置计算公式。

汇总工资类别不能进行月末结算和年末结算。

4．账表查询

查看工资分钱清单、个人所得税扣缴申报表、各种工资表。

5．月末处理

操作指导：

① 打开正式职工人员类别，执行"业务处理"|"月末处理"命令，打开"月末处理"对话框。单击【确定】按钮，系统弹出提示"月末处理之后，本月工资将不许变动，继续月末处理吗？"，单击【是】按钮。系统弹出提示"是否选择清零项？"，单击【是】按钮，打开"选择清零项目"对话框。

月末处理

② 在"请选择清零项目"列表中，选择"请假天数""请假扣款"，单击【>】按钮，将所选项目移动到右侧的列表框中，如图 5-28 所示。

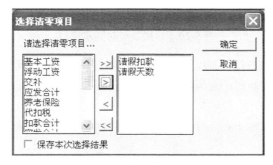

图 5-28　选择清零项目

③ 单击【确定】按钮，系统弹出提示"月末处理完毕！"，单击【确定】按钮返回。

④ 用同样方法完成"临时人员"工资类别月末处理。

月末结转只能在会计年度的 1～11 月进行。

若企业设置多个工资类别，则应打开工资类别，分别进行月末结算。

若本月工资数据未汇总，系统将不允许进行月末结转。

进行期末处理后，当月数据将不再允许变动。

月末处理功能只有主管人员才能执行。

全部完成后，将账套输出至"薪资日常业务"文件夹中。

5.4.2 拓展任务

薪资管理系统可以生成与职工薪资相关的业务凭证，如应付工资分摊、计提福利费、与工资相关的五险一金等凭证传递给总账。对总账来说，这些凭证属于外部凭证。在工资管理系统中，可以对这些凭证进行查看、修改、冲销、删除等操作。

【拓展】删除正式工资类别中计提职工福利费凭证。

操作指导：

① 在薪资管理系统中，执行"统计分析"|"凭证查询"命令，打开"凭证查询"对话框。

② 选中要删除的凭证，单击【删除】按钮，弹出"是否要删除当前凭证"对话框。

③ 单击【是】按钮，凭证删除。在总账系统中查看，该凭证已被打上"作废"标记。

如果希望在总账中彻底删除凭证，可进行凭证整理。

5.5 自助维护

Q1. 启用薪资管理系统时，系统提示如图 5-29 所示，是何原因，应如何解决？

图 5-29 启用系统时提示信息

启用系统属于账套级独占任务，执行该任务时不能有其他功能运行。解决思路如下。

（1）如果确定知道正在运行的是哪项功能，如打开了总账的凭证查询。只要右击总账选择退出即可。

（2）如果不清楚哪项功能正在运行，可以通过查看系统管理界面确认正在运行的任务，然后选择关闭。

（3）可以先退出企业应用平台，待重新登录后直接进行系统启用设置。

Q2. 进入工资类别之后，无法打开公式设置界面。

在工资类别中，首先要设置人员档案，才能进行公式设置。

Q3. 进行标准工序资料维护保存时，系统提示如图 5-30 所示。

图 5-30　保存工序资料时提示信息

MSDTC 是微软的分布式交易协调器，协调跨多个数据库、消息队列、文件系统等资源管理器的事务。该提示说明 MSDTC 服务未启动。

只需在管理工具-服务中找到 Distributed Transaction Coordinator，启动即可。

5.6　单元测试

一、判断题

1. 工资管理系统仅提供以人民币作为发放工资的唯一货币。
2. 某单位实行多工资类别核算，工资项目公式设置只能在打开某工资类别的情况下进行增加。
3. 在工资管理系统中，定义公式时可不考虑计算的先后顺序，系统可以自动识别。
4. 个人所得税税率表已经按国家规定预置，不得修改。
5. 工资业务处理完毕后，需要经过记账处理才能生成各种工资报表。
6. 工资管理系统中，既支持计件工资核算又支持计时工资核算。
7. 系统预置的工资项目不允许删除。
8. 如果某员工停薪留职，需要在工资管理系统中将该员工删除。

二、选择题

1. 关于建立工资账套，以下说法不正确的是（　　　）。
   A. 可以选择本工资账套处理单个工资类别还是处理多个工资类别。
   B. 可以选择是否代扣个人所得税
   C. 可以选择发放工资的货币币种
   D. 可以选择是否要对职工进行编码

2. 以下哪个工资项目可以根据用户在建立工资账套时选择的选项自动生成？（　　　）
   A. 基本工资　　　　B. 代扣税　　　　　C. 应发合计　　　　　D. 扣款合计

3. 如果奖金的计算公式为"奖金 = iff（人员类别 = "企业管理人员" and　部门 = "总经理办公室",800,iff（人员类别 = "车间管理人员",500,450））"，如果某职工属于一般职工，则他的奖金为（　　　）元。
   A. 800　　　　　　B. 500　　　　　　　C. 450　　　　　　　D. 0

4. 如果设置某工资项目为数字型，长度为 8，小数位为 2，则该工资项目中最多可以输入（　　　）整数。
   A. 5 位　　　　　　B. 6 位　　　　　　　C. 7 位　　　　　　　D. 任意位

5. 增加工资项目时，如果在"增减项"一栏选择"其他"，则该工资项目的数据（　　　）。

    A. 自动计入应发合计

    B. 自动计入扣款合计

    C. 既不计入应发合计也不计入扣款合计

    D. 既计入应发合计也计入扣款合计

6. 如果只想输入"奖金"和"缺勤天数"两个工资项目的数据，最佳方法是利用系统提供的（　　　）功能。

    A. 页编辑　　　　　　B. 筛选　　　　　　C. 替换　　　　　　D. 过滤器

7. 在工资管理系统中进行数据替换时，如果未输入替换条件，则系统默认为（　　　）。

    A. 本工资类别的全部人员　　　　　　B. 本工资账套的全部人员

    C. 不做任何替换　　　　　　D. 提示输入替换条件

8. 标志为（　　　）的人员，将不再参与工资发放和汇总。

    A. 停发　　　　　　B. 计税　　　　　　C. 中方人员　　　　　　D. 调出

9. 工资管理中，下列哪些工资项目的公式为系统默认？（　　　）

    A. 应发合计　　　　　　B. 扣款合计　　　　　　C. 实发合计　　　　　　D. 基本工资

10. 工资管理系统传递到总账中的凭证，在总账管理系统中可以进行（　　　）。

    A. 修改　　　　　　B. 删除　　　　　　C. 记账　　　　　　D. 审核

三、问答题

1. 薪资管理系统的基本功能有哪些？

2. 哪些情况需要使用多工资类别进行管理？

3. 如何进行代扣个人所得税的处理？

4. 如何进行与工资相关的五险一金的处理？

5. 如何进行计件工资处理？

6. 在图 5-9 所示的人员档案对话框中，有一个"计税"复选框，什么情况下需要去掉"计税"选中标记呢？

第6章 固定资产管理

6.1 工作情景

问题一，企业中固定资产的管理涉及资产管理部门、财务部门和资产的使用部门。其中，财务部门对固定资产增减变动、计提折旧等进行核算；并会同资产管理部门定期对固定资产进行盘点。U8 中的固定资产系统是否支持完整的固定资产管理活动？还是仅提供对固定资产进行核算？

U8 固定资产系统支持完整的固定资产管理活动。固定资产系统的具体功能将在 6.2 节基本认知中介绍。

问题二，企业购置了一项大型资产，供多个部门使用，在计算折旧时是否能分摊到各个使用部门呢？

U8 固定资产系统为多部门使用同一项资产提供了记录和核算手段，可以将设备折旧精确分摊到各使用部门。

问题三，前期已经学习了总账，此前固定资产增加、变动、折旧计算等全部需要在总账中填制凭证，如果企业同时使用总账和固定资产两个系统，两者之间的业务区隔和业务关联是什么？

企业同时使用总账系统和固定资产系统的情况下，有关固定资产的全部管理活动均在固定资产系统处理，并生成业务凭证传递给总账系统，总账中不再手工填制该类凭证。在总账中可以查询固定资产和累计折旧的总账、明细账。固定资产系统中各原始卡片上固定资产原值的合计即为总账中固定资产科目期初余额，固定资产系统中各原始卡片上累计折旧的合计即为总账中累计折旧科目期初余额。

6.2 固定资产认知

6.2.1 固定资产基本功能

固定资产系统主要提供资产管理、折旧计算、统计分析等功能。其中，资产管理主要包括原始设备的管理、新增资产的管理、资产减少的处理、资产变动的管理等，并提供资产评估及计提固定资产减值准备功能，支持折旧方法的变更。该系统可以按月自动计算折旧，生成折旧分配凭证，同时输出有关的报表和账簿。固定资产核算系统可以用于固定资产总值、累计折旧数据的动态管理，协助设备管理部门做好固定资产实体的各项指标的管理、分析工作。具体包括以下内容。

1．初始设置

初始设置是根据用户的具体情况，建立一个合适的固定资产子账套的过程。初始设置包括系统初始化、部门设置、类别设置、使用状况定义、增减方式定义、折旧方法定义、卡片项目定义、卡片样式定义等。

2．卡片管理

固定资产管理在企业中分为两部分，一是固定资产卡片台账管理，二是固定资产的会计处理。

系统提供了卡片管理的功能，主要从卡片、变动单及资产评估三方面来实现卡片管理；主要包括卡片录入、卡片修改、卡片删除、资产增加及资产减少等功能，不仅实现了固定资产文字资料的管理，而且还实现了固定资产的图片管理。

3．折旧管理

自动计提折旧形成折旧清单和折旧分配表，按分配表自动制作记账凭证，并传递到总账系统。在对折旧进行分配时，可以在单位和部门之间进行分配。

4．月末对账结账

月末按照系统初始设置的账务系统接口，自动与账务系统进行对账，并根据对账结果和初始设置决定是否结账。

5．账表查询

通过"我的账表"对系统所能提供的全部账表进行管理，资产管理部门可随时查询分析表、统计表、账簿和折旧表，提高资产管理效率。另外，还提供固定资产的多种自定义功能。

6.2.2　固定资产初始化

固定资产初始化的工作流程如图 6-1 所示。

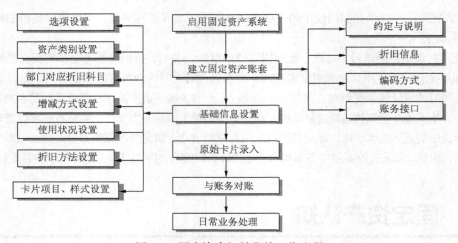

图 6-1　固定资产初始化的工作流程

固定资产初始化的主要内容包括建立固定资产账套、基础信息设置和原始卡片录入。

1．建立固定资产账套

建立固定资产账套是根据企业的具体情况，在已经建立的企业会计核算账套的基础上，设置企业进行固定资产核算的必须参数，包括关于固定资产折旧计算的一些约定及说明、启用月份、折旧信息、编码方式、账务接口等。

建账完成后，当需要对账套中的某些参数进行修改时，可以在"设置"的"选项"中修改；但也有些参数无法通过"选项"修改但又必须改正，那么只能通过"重新初始化"功能实现，"重新初始化"功能将清空对该固定资产账套所做的一切操作。

2．基础信息设置

固定资产系统的基础信息设置包括以下各项。

（1）资产类别设置

固定资产种类繁多，规格不一，为强化固定资产管理，及时准确地进行固定资产核算，需建立科学的资产分类核算体系，为固定资产的核算和管理提供依据。目前，我国固定资产管理使用的是国家技术监督局 2011 年 1 月 10 日批准发布的《固定资产分类与代码》国家标准（GB/T14885-2010），其中规定的类别编码最多可以设置 4 级，编码总长度是 6 位即（2112）。参照此标准，企业可以根据自身的特点和要求，设定较为合理的资产分类方法。

（2）部门对应折旧科目设置

固定资产计提折旧后，需将折旧费用分配到相应的成本或费用中去，根据不同企业的情况可以按照部门或类别进行汇总。固定资产折旧费用的分配去向和其所属部门密切相关，如果给每个部门设定对应折旧科目，则属于该部门的固定资产在计提折旧时，折旧费用将对应分配到其所属的部门。

（3）增减方式设置

固定资产增减方式设置即资产增加的来源和减少的去向。增减方式包括增加方式和减少方式两大类。增加方式主要包括直接购买、投资者投入、捐赠、盘盈、在建工程转入、融资租入。减少方式主要包括出售、盘亏、投资转出、捐赠转出、报废、毁损、融资租出。增减方式可根据用户的需要自行增加。在增减方式的设置中还可以定义不同增减方式的对应入账科目，当发生相应的固定资产增减变动时可以快速生成转账凭证，减少手工输入数据的业务量。

（4）使用状况设置

固定资产的使用状况一般分为使用中、未使用和不需用三大类，不同的使用状况决定了固定资产计提折旧与否。因此，正确定义固定资产的使用状况是准确计算累计折旧、进行资产数据统计分析、提高固定资产管理水平的重要依据。

（5）折旧方法设置

固定资产折旧的计算是固定资产管理系统的重要功能，固定资产折旧的计提由系统根据用户选择的折旧方法自动计算得出，因此，折旧方法的定义是计算资产折旧的重要基础。根据财务制度的规定，企业固定资产的折旧方法分为平均年限法、工作量法、双倍余额递减法、年限总和法。企业可根据国家规定和自身条件选择采用其中的一种，如果系统中预置的折旧方法不能满足企业管理与核算的需要，用户也可以定义新的折旧方法与相应的计算公式。

由于计算机系统基本不必考虑处理能力的问题，因此，在向计算机系统过渡时只需根据企业细化会计核算的需要在会计制度允许的范围内选择折旧计算方法即可。一般来说选用单台折旧方法核算固定资产折旧更合适。

（6）卡片项目和卡片样式设置

固定资产卡片是固定资产管理系统中重要的管理工具，固定资产卡片文件是重要的数据文件。固定资产文件中包含的数据项目形成卡片项目，卡片项目也是固定资产卡片上用来记录固定资产资料的栏目，如原值、资产名称、所属部门、使用年限、折旧方法等是卡片上最基本的项目。固定资产系统提供的卡片上常用的项目称为系统项目，但这些项目不一定能满足所有单位的需求。为了增加固定资产系统的通用性，一般系统都会为用户留下足够的增减卡片项目的余地，在初始设置中，由用户定义的项目称为自定义项目。系统项目和自定义项目一起构成固定资产卡片的全部内容。

固定资产卡片样式指卡片的外观，即卡片的格式和卡片上包含的项目及项目的位置。不同资产核算管理的内容与重点各不相同，因此，卡片样式也可能不同。系统提供默认的卡片样式一般能够满足企业日常管理的要求，用户可以在此基础上略做调整，形成新卡片模板，也可以自由定义新卡片式样。

3．原始卡片录入

固定资产系统的初始数据是指系统投入使用前企业现存固定资产的全部有关数据，主要是固定资产原始卡片的有关数据。固定资产原始卡片是固定资产管理系统处理的起点，因此，准确录入原始卡片内容是保证企业历史资料的连续、保证企业正确进行固定资产核算的基本要求。为了保证所输入原始卡片数据的准确，企业应该在开始输入前对固定资产进行全面的清查盘点，做到账实相符。

传统方式下，固定资产是按卡片进行管理的。固定资产卡片的原值合计应与总账系统固定资产科目余额数据相符；卡片已提折旧的合计应与总账系统累计折旧账户的余额相符。

6.2.3 固定资产日常业务处理

固定资产日常业务处理的工作流程如图 6-2 所示。

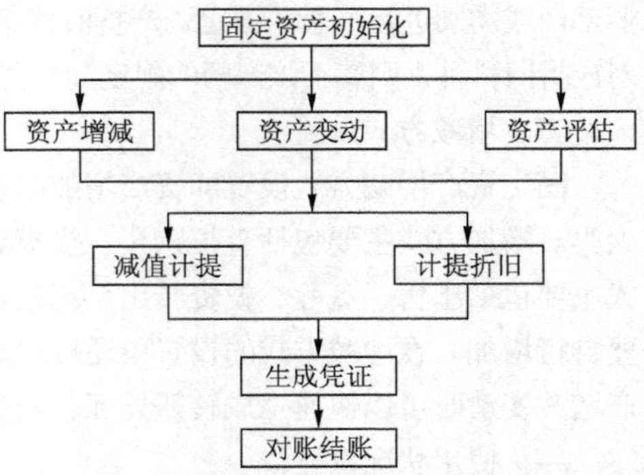

1．固定资产增减业务

当企业由于各种原因增加或减少其固定资产的时候，就需要进行相应的处理，根据固定资产增减变动记录更新固定资产卡片文件，以保证折旧计算的正确性。

（1）固定资产的增加

企业通过购买或其他方式取得固定资产时，要进行固定资产增加的处理。在固定资产管理系统中填制新的固定资产卡片，生成固定资产增加的凭证。

图 6-2　固定资产日常业务处理的工作流程

（2）固定资产的减少

固定资产的减少是指资产在使用过程中，由于毁损、出售、盘亏等各种原因而被淘汰。此时，需要进行固定资产减少的处理，输入固定资产减少记录，说明减少的固定资产、减少方式、减少原因等。资产减少信息经过确认后，系统搜索出相应的固定资产卡片，更新卡片文件数据，以反映固定资产减少的相关情况。

只有当账套开始计提折旧后，才可以使用资产减少功能，否则，资产减少只能通过删除卡片来完成。

2．固定资产变动处理

固定资产日常使用中出现原值变动、部门转移、使用状况变动、使用年限调整、折旧方法调整、净残值（率）调整、工作总量调整、累计折旧调整、资产类别调整等情况时，需通过变动单进行处理。变动单是指资产在使用过程中由于固定资产卡片上某些项目调整而编制的原始凭证。

（1）原值变动

资产在使用过程中，其原值增减有 5 种情况：根据国家规定对固定资产重新估价；增加补充设备或改良设备；将固定资产的一部分拆除；根据实际价值调整原来的暂估价值；发现原记录固定资产价值有误。原值变动包括原值增加和原值减少两部分。

（2）部门转移

资产在使用过程中，因内部调配而发生的部门变动应及时处理，否则将影响部门的折旧计算。

（3）使用状况调整

资产使用状况分为在用、未使用、不需要等。资产在使用过程中，可能会因为某种原因，使资产的使用状况发生变化，这种变化会影响设备折旧的计算，因此，企业应及时调整。

（4）使用年限调整

资产在使用过程中，资产的使用年限可能会由于资产的重估、大修等原因而调整。进行使用年限调整的资产在调整的当月就按调整后的使用年限计提折旧。

（5）资产折旧方法的调整

一般来说，资产折旧方法一年之内很少改变，如有特殊情况确需调整改变的也必须遵循一定的原则。如所属类别是"总提折旧"的资产调整后的折旧方法不能是"不提折旧";相应地,所属类别是"总不提折旧"的资产折旧方法不能调整。一般来说,进行折旧方法调整的资产调整的当月就按调整后的折旧方法计提折旧。

本月录入的卡片和本月增加的资产,不允许进行变动处理。

3．资产评估

随着市场经济的发展,企业在经营活动中,根据业务需要或国家要求需要对部分资产或全部资产进行评估和重估,而其中固定资产评估是资产评估很重要的部分。固定资产管理子系统中固定资产评估处理的主要功能有将评估机构的评估数据手工录入或定义公式录入到系统、根据国家要求手工录入评估结果或根据定义的评估公式生成评估结果,以及评估单的管理。

进行资产评估处理的主要步骤如下。

① 对需要评估的项目进行选择。可以进行评估的内容包括固定资产的原值、累计折旧、使用年限等,每一次进行评估时,可以根据评估的要求进行选择。

② 对需要进行评估的资产进行选择。资产评估的目的各有不同,因此,每次评估涉及的资产也不尽相同,可根据需要进行选择。

③ 制作评估单。选择评估项目和评估资产后,录入评估结果,系统生成评估单,给出被评估资产评估前与评估后的数据。

④ 制作转账凭证。评估后当资产原值和累计折旧与评估前数据不等时,企业需通过转账凭证将变动数据传递到总账系统。

4．计提折旧

折旧的处理是固定资产管理子系统的基本处理功能之一,主要包括折旧的计提与分配。

(1)折旧计提

根据固定资产卡片中的基本资料,系统自动计算折旧,自动生成折旧分配表,根据折旧分配表编制转账凭证,将本期折旧费用登记入账。

(2)折旧分配

计提折旧工作完成后,进行折旧分配形成折旧费用,生成折旧清单。固定资产的使用部门不同,其折旧费用分配的去向也不同,折旧费用与资产使用部门间的对应关系主要是通过部门对应折旧科目来实现的。系统根据折旧清单及部门对应折旧科目生成折旧分配表,而折旧分配表是将累计折旧分配到成本与费用中,是编制转账凭证将折旧数据传递到总账系统的重要依据。

(3)进行折旧处理需注意的问题

固定资产管理子系统中进行折旧处理时一般应注意以下几点。

第一,如果在一个期间内多次计提折旧,每次计提折旧后,只是将计提的折旧累加到月初的累计折旧上,不会重复累计。如计提折旧后又对账套进行了影响折旧计算和分配的操作,必须重新计提折旧,以保证折旧计算的正确性。

第二,如果上一次计提的折旧已经制单但尚未记账,必须删除该凭证;如果已经记账,必须冲销该凭证重新计提折旧。如果自定义的折旧方法月折旧率或月折旧额出现负数,系统会自动终止计提。

第三,折旧分配表有部门折旧分配表和类别折旧分配表两种类型。部门折旧分配表中的部门可以不等同于使用部门,使用部门必须是明细部门,而部门折旧分配表中的部门指汇总时使用的部门,因此,要在计提折旧后分配折旧费用时做出选择。

第四,当企业中有按工作量法计提折旧的固定资产时,在计提折旧之前,需输入该固定资产当期的工作量,为系统提供计算累计折旧所需要的信息。

5．凭证处理

固定资产管理系统的凭证处理功能主要是根据固定资产各项业务数据自动生成转账凭证传递到总账系统进行后续处理。一般来说，当固定资产发生资产增加、资产减少、原值变动、累计折旧调整、资产评估（涉及原值和累计折旧时）、计提折旧等业务时就要编制转账凭证。

编制凭证可以采用"立即制单"和"批量制单"两种方法。在编制转账凭证的过程中，系统会根据固定资产和累计折旧入账科目设置、增减方式设置、部门对应折旧科目设置以及业务数据来自动生成转账凭证，凭证中不完整的部分可由用户进行补充。

6．卡片管理

利用卡片管理功能可以对固定资产系统中所有卡片进行综合管理，包括查看卡片信息、修改卡片、删除卡片等。

（1）修改卡片

修改卡片需要注意以下问题。

① 原始卡片的原值、使用部门、工作总量、使用状况、累计折旧、净残值（率）、折旧方法、使用年限、资产类别在没有做变动单或评估单情况下，录入当月可修改。如果做过变动单，只有删除变动单才能修改。

② 通过"资产增加"录入系统的卡片在没有制作凭证和变动单、评估单情况下，录入当月可修改。如果做过变动单，只有删除变动单才能修改。如果已制作凭证，要修改原值或累计折旧必须删除凭证后，才能修改。

③ 原值、使用部门、使用状况、累计折旧、净残值（率）、折旧方法、使用年限、资产类别各项目在做过一次月末结账后，只能通过变动单或评估单调整，不能通过卡片修改功能改变。

（2）删除卡片

删除卡片是指把卡片资料彻底从系统内清除，不是资产清理或减少。该功能只有在下列两种情况下有效。

① 卡片录入当月，若发现卡片录入有错误，想删除该卡片，可通过"卡片删除"功能实现，删除后，如果该卡片不是最后一张，卡片编号保留空号。不是本月录入的卡片，不能删除。已制作过凭证的卡片删除时，必须先删除相应凭证，然后才能删除卡片。卡片做过一次月末结账后不能删除。做过变动单或评估单的卡片删除时，提示您先删除相关的变动单或评估单。

② 通过"资产减少"功能减少的资产的资料，会计档案管理要求必须保留一定的时间，所以本系统在账套"选项"中让您设定删除的年限，减少的资产的卡片只有在超过了该年限后，才能通过"卡片删除"将原始资料从系统彻底清除，在设定的年限内，不允许删除。

7．固定资产账表

固定资产系统提供的报表可以分为账簿、折旧表、统计表和分析表四大类。

（1）固定资产账簿

固定资产账簿一般用于提供资产管理所需要的基本信息，主要包括固定资产总账、固定资产明细账、固定资产登记簿等基础报表。

（2）固定资产折旧表

固定资产折旧表用于提供与固定资产折旧相关的明细信息与汇总信息，主要包括部门折旧计算汇总表、固定资产折旧清单表、折旧计算明细表、固定资产及累计折旧表等报表。

（3）固定资产统计表

固定资产统计表用于提供各种统计信息，主要包括评估汇总表、固定资产统计表、盘盈盘亏报告表、固定资产原值统计表等报表。

（4）固定资产统计分析表

固定资产统计分析表用于从资产的构成情况、分布情况、使用状况等角度提供统计分析数据，为管理人员进行决策提供信息。固定资产统计分析表主要包括固定资产部门构成分析表、固定资产使用状况分析表、固定资产价值结构分析表、固定资产类别构成分析表等报表。

8．对账

对账是将固定资产系统中记录的固定资产和累计折旧数额与总账系统中固定资产和累计折旧科目的数值核对，验证是否一致，寻找可能产生差异的原因。对账任何时候都可以进行，系统在执行月末结账时自动进行，给出对账结果，并根据初始化中是否设置"在对账不平情况下允许固定资产月末结账"选项判断是否允许结账。

9．月末结转

固定资产管理系统完成当月全部业务后，便可以进行月末结账，以便将当月数据结转至下月。月末结账后，当月数据不允许再进行改动。月末结账后如果发现有本月未处理的业务或需要修改的事项，可以通过系统提供的"恢复月末结账前状态"功能进行反结账。

6.3　固定资产初始化实务

6.3.1　基本任务

 固定资产初始化资料

1．建立固定资产账套

固定资产账套信息如表 6-1 所示。

表 6-1　固定资产账套信息

建账向导	参数设置
约定与说明	我同意
启用月份	2019.01
折旧信息	本账套计提折旧； 折旧方法：年数总和法； 折旧汇总分配周期：1 个月； 当（月初已计提月份=可使用月份-1）时，将剩余折旧全部提足
编码方式	资产类别编码方式：2 1 1 2； 固定资产编码方式： 　　按"类别编码+部门编码+序号"自动编码； 　　卡片序号长度为 3
财务接口	与账务系统进行对账； 对账科目： 　　固定资产对账科目：1601 固定资产； 　　累计折旧对账科目：1602 累计折旧； 在对账不平的情况下允许固定资产月末结账

2．初始设置

（1）选项

业务发生后立即制单；

月末结账前一定要完成制单登账业务；

固定资产默认入账科目：1601；累计折旧默认入账科目：1602；固定资产减值准备默认入账科目：1603；增值税进项税额默认入账科目：22210101；固定资产清理默认入账科目：1606。

（2）资产类别（见表 6-2）

表 6-2　资产类别

编码	类别名称	净残值率	单位	计提属性	卡片样式
01	通用设备			正常计提	含税卡片样式
011	计算机设备	3%	台	正常计提	含税卡片样式
012	办公设备	3%		正常计提	含税卡片样式
013	运输设备	5%	辆	正常计提	含税卡片样式
02	专用设备			正常计提	含税卡片样式
021	仪器仪表	3%		正常计提	含税卡片样式

（3）部门及对应折旧科目（见表 6-3）

表 6-3　部门及对应折旧科目表

部门	对应折旧科目
总经办、财务部、采购部	管理费用/折旧费
销售部	销售费用/折旧费
生产部	制造费用/折旧费

（4）增减方式及对应入账科目（见表 6-4）

表 6-4　增减方式及对应入账科目

增减方式目录	对应入账科目
增加方式	
直接购入	10020101，工行存款/人民币户
投资者投入	4001，实收资本
在建工程转入	1604，在建工程
减少方式	
出售	1606，固定资产清理
毁损	1606，固定资产清理

3．原始卡片（见表 6-5）

表 6-5　原始卡片　　　　金额单位：元

固定资产名称	类别编号	所在部门	增加方式	使用年限月	开始使用日期	原值	累计折旧	对应折旧科目名称
恒温恒湿箱	021	生产部	直接购入	72	2018-8-1	21 500	2 720.22	制造费用/折旧费
冷热冲击试验箱	021	生产部	直接购入	72	2017-8-1	68 900	27 098.57	制造费用/折旧费
静电放电发生器	021	生产部	直接购入	72	2018-8-1	26 000	3 289.57	制造费用/折旧费

续表

固定资产名称	类别编号	所在部门	增加方式	使用年限月	开始使用日期	原值	累计折旧	对应折旧科目名称
长城货车	013	生产部	直接购入	72	2018-8-1	31 500	3 985.45	制造费用/折旧费
帕萨特轿车	013	销售一部	直接购入	72	2017-8-1	180 000	70 794.52	管理费用/折旧费
多功能一体机	012	总经办	直接购入	60	2018-8-1	12 000	1 806.56	管理费用/折旧费
笔记本电脑	011	总经办	直接购入	60	2018-8-1	8 000	1 204.37	管理费用/折旧费
合计						347 900	110 899.26	

注：使用状况均为"在用"，折旧方法均采用年数总和法。

 固定资产初始化设置指导

由系统管理员在系统管理中引入"总账初始化"账套作为基础数据，以账套主管身份登录企业应用平台，登录日期 2019-01-01，进行固定资产初始化设置。

1. 启用固定资产管理系统

以账套主管王莉的身份登录企业应用平台，启用固定资产系统，启用日期为 2019-01-01。

启用固定资产管理系统

2. 固定资产系统初始化

操作指导：

① 在企业应用平台"业务工作"选项卡中，执行"财务会计"|"固定资产"命令，系统弹出提示"这是第一次打开此账套，还未进行过初始化，是否进行初始化？"，单击【是】按钮，打开"初始化账套向导"填写界面。

② 在"初始化账套向导——约定及说明"填写界面中，仔细阅读相关条款，选中"我同意"单选按钮。

固定资产系统初始化

③ 单击【下一步】按钮，打开"初始化账套向导——启用月份"填写界面，确认账套启用月份"2019.01"。

④ 单击【下一步】按钮，打开"初始化账套向导——折旧信息"填写界面。选中"本账套计提折旧"复选框；选择折旧方法"年数总和法"，折旧分配周期"1 个月"；选中"当（月初已计提月份=可使用月份-1）时，将剩余折旧全部提足（工作量法除外）"复选框，如图 6-3 所示。

图 6-3　固定资产初始化——折旧信息

如果是行政事业单位，不选中"本账套计提折旧"复选框，则账套内所有与折旧有关的功能都会被屏蔽，该选项在初始化设置完成后不能修改。

虽然这里选择了某种折旧方法，但在设置资产类别或定义具体固定资产时可以更改该设置。

⑤ 单击【下一步】按钮，打开"初始化账套向导——编码方式"填写界面。确定资产类别编码长度"2112"；选中"自动编号"单选按钮，选择固定资产编码方式"类别编号+部门编号+序号"，选择序号长度"3"，如图 6-4 所示。

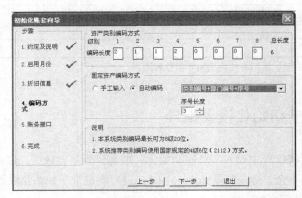

图 6-4　固定资产初始化——编码方式

⑥ 单击【下一步】按钮，打开"初始化账套向导——账务接口"填写界面。选中"与账务系统进行对账"复选框；选择固定资产对账科目"1601 固定资产"，累计折旧对账科目"1602 累计折旧"；选中"在对账不平情况下允许固定资产月末结账"复选框，如图 6-5 所示。

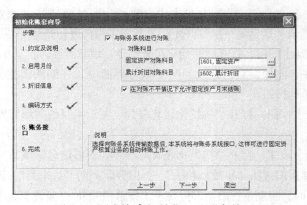

图 6-5　固定资产初始化——账务接口

⑦ 单击【下一步】按钮，打开"初始化账套向导——完成"界面。单击【完成】按钮，完成本账套的初始化，系统弹出提示"是否确定所设置的信息完全正确并保存对新账套的所有设置"，单击【是】按钮。

⑧ 系统弹出提示"已成功初始化本固定资产账套！"，单击【确定】按钮。

初始化设置完成后，有些参数不能修改，所以要慎重。

如果发现参数有错，必须改正，只能通过在固定资产系统执行"维护"|"重新初始化账套"命令实现，该操作将清空您对该子账套所做的一切工作。

3．基础信息设置

（1）选项设置

完成固定资产系统初始化后还要进行补充参数设置。

操作指导：

① 执行"设置"|"选项"命令，进入"选项"窗口。

选项设置

② 单击【编辑】按钮，单击"与账务系统接口"选项卡。选中"业务发生后立即制单""月末结账前一定要完成制单登账业务"复选框；设置各个默认入账科目，如图 6-6 所示，单击【确定】按钮。

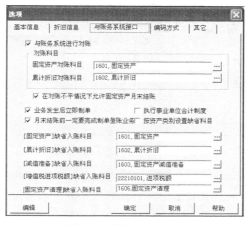

图 6-6　设置——选项

（2）设置资产类别

操作指导：

① 执行"设置"|"资产类别"命令，进入"分类编码表"窗口。

② 单击【增加】按钮，输入类别名称"通用设备"，选择卡片样式为"含税卡片样式"，如图 6-7 所示，单击【保存】按钮。

③ 用同样方法，完成其他资产类别的设置。

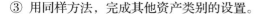

提示

资产类别编码不能重复，同一级的类别名称不能相同。

类别编码、名称、计提属性、卡片样式不能为空。

已使用过的类别不能设置新下级。

图 6-7　增加资产类别

（3）设置部门对应折旧科目

操作指导：

① 执行"设置"|"部门对应折旧科目"命令，进入"固定资产部门编码目录"窗口。

② 选择部门"总经办"，单击【修改】按钮。

③ 选择折旧科目"660206 管理费用/折旧费"，单击【保存】按钮。

④ 用同样的方法，完成其他部门折旧科目的设置。设置完成后如图 6-8 所示。

图 6-8 设置部门对应折旧科目

　　如果销售一部和销售二部对应的折旧科目相同，可以将折旧科目设置在销售部，保存后，单击【刷新】按钮，其下属部门自动继承。

（4）设置增减方式的对应科目

操作指导：

① 执行"设置"|"增减方式"命令，进入"增减方式"窗口。

② 在左边列表框中，选择增加方式"直接购入"，单击【修改】按钮。

③ 输入对应入账科目"10020101 人民币户"，单击【保存】按钮。

④ 用同样的方法，输入减少方式"损毁"的对应入账科目"1606 固定资产清理"。

　　当固定资产发生增减变动时，系统生成凭证时会默认采用这些科目。

4．原始卡片录入

操作指导：

① 执行"卡片"|"录入原始卡片"命令，进入"固定资产类别档案"窗口。

② 选择固定资产类别"021 仪器仪表"，单击【确定】按钮，进入"固定资产卡片录入"窗口。

③ 输入固定资产名称"恒温恒湿箱"；选择使用部门"生产部"，增加方式"直接购入"，使用状况"在用"；输入开始使用日期"2018-08-01"，原值 21500，累计折旧"2720.22"，可使用年限"72"；其他信息自动算出，如图 6-9 所示。

④ 单击【保存】按钮，系统弹出提示"数据成功保存！"，单击【确定】按钮。

⑤ 用同样方法，完成其他固定资产卡片的输入。

原始卡片录入

图 6-9　原始卡片录入

卡片编号：系统根据初始化时定义的编码方案自动设定，不能修改，如果删除一张卡片，且此卡片又不是最后一张时，系统将保留空号。

已计提月份：系统将根据固定资产开始使用日期自动算出，但可以修改，需将使用期间停用等不计提折旧的月份扣除。

月折旧率、月折旧额：与计算折旧有关的项目录入后，系统会按照输入的内容自动算出并显示在相应项目内，可与手工计算的值比较，核对是否有错误。

5．期初对账

全部原始卡片录入完成后，可以执行"处理"|"对账"命令，将目前固定资产系统明细与总账系统进行对账，以确保固定资产明细账与总账相符。

6．账套备份

全部完成后，将账套输出至"固定资产初始化"文件夹中。

期初对账

6.3.2　拓展任务

1．固定资产进项税抵扣

自 2009 年 1 月 1 日起，我国全面实施增值税转型改革，扩大了增值税一般纳税人购进生产性固定资产抵扣进项税的范围。固定资产是否可以抵税影响到固定资产增加的自动会计分录中是否包含进项税额。

U8 中新增资产时需要录入固定资产卡片，每一项固定资产都属于特定的固定资产分类，在建立固定资产分类时已指定该类资产的卡片样式，执行"卡片"|"卡片样式"命令，打开"卡片样式"窗口，可以看到卡片样式包含通用样式、标签样式和含税卡片样式等，如图 6-10 所示。

图 6-10　固定资产卡片样式

如果固定资产符合进项税抵扣范围，那么建立固定资产类别时选择"含税卡片样式"，这样在录入具体的固定资产时就可以分别录入原值、增值税，保存后可以生成带有进项税的自动会计分录。

2．资产组

资产组是企业可以认定的最小资产组合，区分的依据是可以产生独立的现金流入。例如，我们可以把同一个生产线中的资产划分为一个资产组。资产组与固定资产类别不同，同一资产组中的资产可以分属不同的固定资产类别。在计提减值准备时，企业有时需要以资产组为单位进行计提。企业可根据自身管理要求确定合理的资产组分类方法。

6.4　固定资产日常业务处理实务

6.4.1　基本任务

固定资产日常业务处理资料

1．中诚通讯 2019 年 1 月业务

① 业务 1，1 月 10 日，销售二部购买投影仪一台，取得增值税专用发票 8 000 元，增值税税额 1 040 元，款项已付。预计使用年限 5 年，净残值率 3%。

② 业务 2，1 月 12 日，将生产部使用的恒温恒湿箱的使用年限由 6 年调整为 5 年。

③ 业务 3，1 月 31 日，计提本月折旧费用。

④ 业务 4，1 月 31 日，生产部静电放电发生器毁损。

⑤ 查询折旧计提汇总表。

⑥ 与总账对账。

⑦ 结账。

2．中诚通讯 2019 年 2 月业务

① 业务 5，2 月 16 日，长城货车添置新配件 6 000 元，用工行转账支票支付，票号 17555。

② 业务 6，2 月 16 日，总经办的笔记本电脑转移到采购部。

③ 业务 7，2 月 28 日，对长城货车计提 1 000 元的减值准备。

固定资产日常业务处理指导

由系统管理员在系统管理中引入"固定资产初始化"账套。

1．中诚通讯 2019 年 1 月业务

（1）资产增加（业务 1）

操作指导：

① 执行"卡片"|"资产增加"命令，进入"固定资产档案类别"窗口。

② 选择资产类别"012 办公设备"，单击【确定】按钮，进入"固定资产卡片"窗口。

③ 输入固定资产名称"投影仪"；选择使用部门"销售二部"，增加方式"直接购入"，使用状况"在用"；输入原值"8000"，增值税"1040"，使用年限"60"月，开始使用日期"2019-01-10"，如图 6-11 所示。

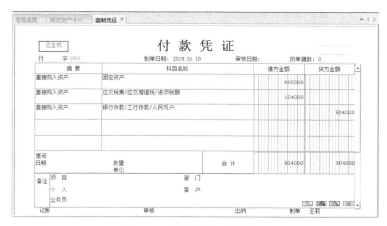

图 6-11 新增资产

④ 单击【保存】按钮，进入"填制凭证"窗口。

⑤ 选择凭证类型"付款凭证"，修改制单日期、附件数，单击【保存】按钮，生成凭证如图6-12所示。

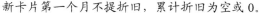

图 6-12 资产增加生成凭证

新增资产和原始卡片的区别是资产的开始使用日期。

固定资产原值一定要输入卡片录入月月初的价值，否则会出现计算错误。

新卡片第一个月不提折旧，累计折旧为空或 0。

卡片输入完后，也可以不立即制单，待月末再批量制单。

固定资产卡片上的附属设备、大修理记录、资产转移记录、停启用记录、原值变动、拆分/减少信息选项卡的内容无须录入，固定资产发生增减变动，相应的变动单保存后会自动写入。

（2）使用年限调整（业务 2）

操作指导：

① 执行"卡片"|"变动单"|"使用年限调整"命令，进入"固定资产变动单"窗口。

使用年限调整

② 选择卡片编号为"00001"的卡片，系统显示该资产的相关信息。

③ 输入变动后使用年限为"60"，变动原因为"使用年限调整"，如图 6-13 所示。

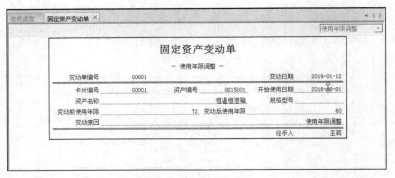

图 6-13　固定资产变动单

④ 单击【保存】按钮，系统弹出提示"数据保存成功。"，单击【确定】按钮退出。

（3）折旧处理（业务 3）

操作指导：

① 执行"处理"｜"计提本月折旧"命令，系统弹出提示"是否要查看折旧清单？"，单击【否】按钮。系统弹出提示"本操作将计提本月折旧，并花费一定时间，是否要继续？"，单击【是】按钮。

② 系统计提折旧完成后显示折旧分配表，如图 6-14 所示。

图 6-14　折旧分配表

③ 单击【凭证】按钮，进入"填制凭证"窗口，选择"转账凭证"，修改其他项目，单击【保存】按钮，计提折旧凭证如图 6-15 所示。

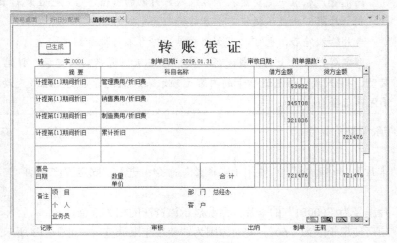

图 6-15　计提折旧凭证

如果上次计提折旧已通过记账凭证把数据传递到总账系统，则必须删除该凭证才能重新计提折旧。

如果计提折旧后又对账套进行了影响折旧计算或分配的操作，必须重新计提折旧，否则系统不允许结账。

（4）资产减少（业务 4）

资产减少

操作指导：

① 执行"卡片"|"资产减少"命令，进入"资产减少"窗口。

② 选择卡片编号"00003"，单击【增加】按钮。选择减少方式"毁损"，如图 6-16 所示。

图 6-16　资产减少

③ 单击【确定】按钮，系统弹出"所选卡片已经减少成功！"信息提示框，单击【确定】按钮，进入"填制凭证"窗口。

④ 选择"转账凭证"，修改其他项目，单击【保存】按钮，如图 6-17 所示。

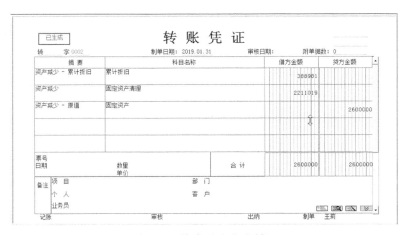

图 6-17　资产减少生成凭证

本账套需要进行计提折旧后，才能减少资产。

如果要减少的资产较少或没有共同点，则通过输入资产编号或卡片号，单击【增加】按钮，将资产添加到资产减少表中。

如果要减少的资产较多并且有共同点，则通过单击【条件】按钮，输入一些查询条件，将符合该条件的资产挑选出来进行批量减少操作。

（5）账表管理。

操作指导：

账表管理

① 执行"账表"|"我的账表"命令，进入"报表"窗口。

② 单击"折旧表"，选择"（部门）折旧计提汇总表"。

③ 选择【打开】按钮，打开"条件"对话框。

④ 选择期间"2019.01-2019.01"，部门级次"1-2"，单击【确定】按钮，如图 6-18 所示。

（部门）折旧计提汇总表 期间:2019.01--2019.01		
使用单位:北京中诚通讯有限责任公司 部门级次:1--2		
部门名称	计提原值	折旧额
总经办(1)	20,000.00	539.32
销售部(4)	180,000.00	3,457.08
销售一部(401)	180,000.00	3,457.08
生产部(5)	147,900.00	3,218.36
合计	347,900.00	7,214.76

图 6-18 （部门）折旧计提汇总表

（6）对账

固定资产系统生成的凭证自动传递到总账系统，在总账系统中，由方萌对出纳凭证进行签字，白亚楠对传递过来的凭证进行审核和记账。

由账套主管重新登录固定资产系统。

对账

① 执行"处理"|"对账"命令，系统弹出提示"与账务对账结果"，如图 6-19 所示。

② 单击【确定】按钮。

提示

总账记账完毕，固定资产系统与总账对账才可能对账平衡。

若在财务接口中选中"在对账不平的情况下允许固定资产月末结账"，则可以直接进行月末结账。

难点　　固定资产系统与总账对账不平的原因及解决方案

从图 6-19 中可知，固定资产系统与总账对账主要是核对固定资产科目和累计折旧科目的期末数。如果对账不平可能存在以下两种原因。

第一，企业固定资产相关业务发生时，在固定资产系统生成了凭证，并传递到总账系统，但总账系统未做审核、记账，因此，总账中的固定资产科目和累计折旧科目的余额仍保留期初状态，未做更新。如果是这种情况，只需将固定资产系统传递过来的凭证在总账中审核、记账即可。

第二，在总账中填制凭证时使用了固定资产科目或累计折旧科

图 6-19 与账务对账结果

目。企业启用固定资产系统后，所有与固定资产相关的业务，如固定资产增减、变动、计提折旧、计提减值等均应在固定资产系统进行记录，再通过自动凭证机制传递到总账系统，才能保持固定资产系统的明细和总账数据的一致性。如果是这种情况，需要在总账中删除这些凭证，重新在固定资产系统中处理。

（7）结账与反结账

结账

操作指导：

① 执行"处理"|"月末结账"命令，打开"月末结账"对话框。

② 单击【开始结账】按钮，系统自动检查与账务系统的对账结果，单击【确定】按钮后，系统弹出提示"月末结账成功完成！"提示框。

③ 单击【确定】按钮。

结账

提示

本会计期间月末结账后，所有数据资料将不能再进行修改。

本会计期间不进行结账，系统将不允许处理下一个会计期间的数据。

月末结账前一定要进行数据备份，否则数据一旦丢失，将造成无法挽回的损失。

取消结账

假如在结账后发现结账前操作有误，必须修改结账前的数据，则可以执行"处理"|"恢复结账前状态"功能（又称"反结账"），即将数据恢复到月末结账前状态，结账时所做的所有工作都将被无痕迹删除。

提示

总账系统在未进行月末结账时才可以使用"恢复结账前状态"功能。

一旦成本系统提取了某期的数据，该期不能反结账。如果当前的账套已经做了年末处理，那么就不允许再执行"恢复结账前状态"功能。

2．2019年2月业务

（1）资产增加配件（业务5）

操作指导：

① 执行"卡片"|"变动单"|"原值增加"命令，进入"固定资产变动单"窗口。

资产增加配件

② 输入卡片编号"00004"，增加金额"6000"，变动原因"增加配件"，如图6-20所示。

③ 单击【保存】按钮，进入"填制凭证"窗口。

④ 选择凭证类型"付款凭证"，填写修改其他项目，单击【保存】按钮，生成凭证。

借：固定资产　　　　　　　　　　　　　　　　　　　　　　　　　6 000

　　贷：银行存款/工行存款/人民币户　　　　　　　　　　　　　　　　　6 000

图6-20　固定资产变动单-原值增加

提示

资产变动主要包括原值变动、部门转移、使用状况变动、使用年限调整、折旧方法调整、净残值（率）调整、工作总量调整、累计折旧调整、资产类别调整等。系统对已做出变动的资产，要求输入相应的变动单来记录资产调整结果。

变动单不能修改，只有当月可删除重做，所以，请仔细检查后再保存。

必须保证变动后的净值大于变动后的净残值。

（2）资产部门转移（业务 6）

操作指导：

① 执行"卡片"|"变动单"|"部门转移"命令，进入"固定资产变动单"窗口。

② 输入卡片编号"00007"；选择变动后部门"采购部"；输入变动原因"调拨"。

③ 单击【保存】按钮。

资产部门转移

（3）计提减值准备（业务 7）

操作指导：

① 执行"卡片"|"变动单"|"计提减值准备"命令，进入"固定资产变动单"窗口。

② 输入卡片编号"00004"，减值准备金额"1 000"，变动原因"发生减值"。

③ 单击【保存】按钮，进入"填制凭证"窗口。

④ 选择凭证类型"转账凭证"，填写修改其他项目，单击【保存】按钮，如图 6-21 所示。

计提减值准备

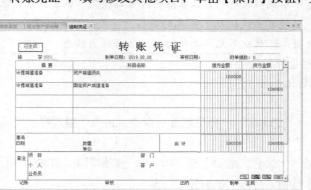

图 6-21　计提减值准备凭证

3．账套备份

全部实验完成后，将账套输出至"固定资产日常业务"文件夹中。

6.4.2　拓展任务

1．多部门分摊

企业中一项固定资产被多个部门使用，为正确核算，折旧费用也应该分摊到不同的成本中心。

【拓展 1】企业购进一台 3D 打印机，价款 30 000 元，增值税税额 5 100 元，价税合计 35 100 元，用转账支票支付。该打印机由采购部 20%、生产部 80%共同使用。

操作指导：

① 在固定资产系统中，执行"卡片"|"资产增加"命令，进入"资产类别参照"窗口。

② 选择资产类别"012 办公设备",单击【确定】按钮,进入"固定资产卡片新增"窗口。

③ 输入固定资产名称"3D 打印机";单击【使用部门】按钮,选择"多部门使用",单击【确定】按钮,打开"使用部门"对话框。单击【增加】按钮,增加使用部门信息,如图 6-22 所示。

④ 其他操作略。

2．批量制单

固定资产系统提供两种制单方式:业务发生后立即制单和批量制单。

【拓展 2】采用批量制单生成 2 月业务凭证。

操作指导:

① 执行"处理"|"批量制单"命令,打开"查询条件选择"对话框,单击【确定】按钮,进入"批量制单"窗口。

② 在"制单选择"选项卡中,单击【全选】按钮,选中要制单的业务。

③ 在"制单设置"选项卡中,补充录入缺失的科目信息。

④ 单击【凭证】按钮,生成业务凭证。

图 6-22　多部门共同使用一项资产

6.5　自助维护

Q1. 原始卡片录入完成后,与总账对账不平,应如何检查?

录入的所有原始卡片中的原值之和应与总账中固定资产科目期初余额一致,所有原始卡片中的累计折旧之和应与总账中累计折旧科目期初余额一致。如果对账不平,那么原始卡片中的原值和累计折旧数据录入存在错误,需要修改原始卡片。

执行"卡片"|"录入原始卡片"命令,进入到原始卡片录入界面,利用箭头翻页找到要修改的固定资产卡片,单击【修改】按钮修改即可。

Q2. 本月业务处理完成后与总账"对账不平"怎么办？

两种解决方案：第一种：选项中已设置"与总账对账不平也可以结账"，无须理会也可以开始下个月业务处理；第二种：在总账系统中，将固定资产系统传递过来的凭证进行审核、记账。

Q3. 如果企业同时买了 20 台服务器，填一张卡片还是填 20 张卡片，如果需要填 20 张，能否一次添加多个同样的资产卡片？

每项资产填制一张，共需要填制 20 张卡片。固定资产系统提供卡片复制功能，可以批量复制出多张卡片后，再逐一进行微调或修改。

Q4. 计提折旧后，能否修改本月折旧和累计折旧？

解决方案：计提折旧后在折旧清单中按"Ctrl+Alt+G"组合键可恢复隐藏的修改按钮，折旧清单中不能修改累计折旧，只能修改本月折旧金额，修改累计折旧要通过变动单实现。

Q5. 2 月登录固定资产的时候提示不属于最新可修改日期。

原因是 1 月份未结账。解决方案：以 1 月份的日期登录固定资产系统进行结账之后，再以 2 月份的日期登录即可。

6.6 单元测试

一、判断题

1. 固定资产系统提供整个账套不计提折旧的功能。
2. 计提折旧在固定资产系统中每月只能做一次，否则会重复计提。
3. 新增固定资产时需要录入固定资产卡片。
4. 固定资产月末与总账对账不平不能结账。
5. 固定资产管理系统建账时选择的折旧方法可以在设置资产类别或定义具体固定资产时进行更改。
6. 企业将一台在用机床转为不需用，在填写变动单的同时，应修改相应的固定资产卡片。
7. 在固定资产管理系统中，本月增加的资产不能进行变动处理。如需变动可直接修改卡片。
8. 一项固定资产可以由多个部门共同使用。

二、选择题

1. 固定资产系统对固定资产管理采用严格的序时管理，序时到（　　　）。
   A. 日　　　　　　　B. 月　　　　　　　C. 季　　　　　　　D. 年
2. 总账中固定资产和累计折旧科目的期初余额对应的是固定资产系统中哪项操作产生的数据？（　　　）
   A. 资产增加　　　　　　　　　　　　B. 原始卡片录入
   C. 资产变动　　　　　　　　　　　　D. 资产评估

3. 由于误操作，本月 1 日固定资产系统计提了一次折旧，并已制单且传递到总账系统。要重新计提本月折旧，则下列哪种描述是正确的？（　　　）

    A. 先在固定资产系统中删除本月计提折旧生成的凭证，再重新计提本月折旧

    B. 先在总账系统中删除本月计提折旧生成的凭证，再重新计提本月折旧

    C. 直接在固定资产系统中重新计提折旧

    D. 下月再补提折旧

4. 某项固定资产在使用中，下列项目发生了变动，（　　　）不需要通过变动单就可以修改项。

    A. 原值调整   B. 累计折旧调整

    C. 部门转移   D. 固定资产名称变动

5. 在固定资产卡片录入中，下列（　　　）项目是自动给出的，不能更改。

    A. 录入人   B. 固定资产名称

    C. 存放地点   D. 对应折旧科目

6. 固定资产系统与总账系统对账不平，可能的原因有（　　　）。

    A. 总账系统还没有记账

    B. 在总账系统中手工录入了固定资产业务

    C. 固定资产产生的凭证还没有传到总账

    D. 与基础设置有关

7. 以下哪些业务需要用固定资产变动单记录？（　　　）

    A. 固定资产原值变化   B. 计提折旧

    C. 资产类别调整   D. 资产减少

8. 在哪些环节可以选择固定资产折旧方法？（　　　）

    A. 固定资产建账   B. 设置资产类别

    C. 设置资产使用状况   D. 录入固定资产卡片

三、问答题

1. 固定资产管理系统的主要功能包括哪些？

2. 固定资产系统是否适用行政事业单位固定资产管理？如何设置？

3. 固定资产管理的基本原则是什么？

4. 固定资产日常业务处理主要包括哪些内容？

5. 固定资产变动包括哪些类型？

6. 固定资产折旧计提有哪些注意事项？

7. 固定资产期末处理有哪些工作？

8. 固定资产系统与总账对账不平的可能原因有哪些？

9. 固定资产系统中哪些业务可以生成凭证传给总账？

第 7 章　应收款管理

7.1　工作情景

问题一，在第 3 章总账系统中，我们已经通过设置客户往来辅助核算，对应收款按照客户进行管理，那应收款管理系统在应收款管理内容上与总账职能有何不同呢？

如果企业的销售业务以及应收账款业务并不十分复杂，或者现销业务很多，可以选择在总账系统通过辅助核算完成对客户往来核算的管理。在销售业务中，如果应收款核算与管理内容比较复杂，需要追踪每一笔业务的应收款、收款等情况，或者需要将应收款核算具体到产品一级，那么需要利用应收款管理系统管理客户往来业务。在这种管理模式下，所有的客户往来凭证全部由应收款系统生成，其他系统不再生成这类凭证。本章讨论的即是后者。

问题二，既然在应收款系统管理客户往来，总账中就不应该再人工填制与应收业务有关的凭证，是否有某种控制能限制人工填制情况的发生呢？

U8 中有一个概念叫作"受控科目"，即该科目的使用受到控制。如果设置"应收账款""预收账款""应收票据"等与客户关联的科目受控于应收款系统，则总账中不能使用应收款系统的受控科目进行制单。

7.2　应收款管理认知

7.2.1　应收款管理基本功能

应收款管理系统主要实现企业与客户之间业务往来账款的核算与管理。在应收款管理系统中，以销售发票、其他应收单等原始单据为依据，记录销售业务及其他业务所形成的往来款项，处理应收款项的收回、坏账及转账等情况，提供票据处理的功能，实现对应收款的管理。

1．初始化设置

系统初始化设置包括系统参数设置、基础信息设置和期初数据录入。

2．日常处理

日常处理是对应收款项业务的处理工作，主要包括应收单据处理、收款单据处理、票据管理、转账处理和坏账处理等内容。

（1）应收单据处理

应收单据包括销售发票和其他应收单，是确认应收账款的主要依据。应收单据处理主要包括应收单据录入和应收单据审核。

（2）收款单据处理

收款单据主要指收款单。收款单据处理包括收款单据的录入、审核和核销。单据核销的主要作用是当客户款项收回后，对该客户应收款的核销处理，建立收款与应收款的核销记录，监督应收款及时核销，加强往来款项的管理。

（3）票据管理

票据管理主要是对银行承兑汇票和商业承兑汇票进行管理。票据管理可以提供票据登记簿，记录票据的利息、贴现、背书、结算和转出等信息。

（4）转账处理

转账处理是指在日常业务处理中经常发生的应收冲应付、应收冲应收、预收冲应收以及红票对冲的业务处理。

（5）坏账处理

坏账处理包括计提坏账准备、坏账发生、坏账收回等处理，其主要作用是自动计提应收款的坏账准备。当坏账发生时即可进行坏账核销；当被核销坏账又收回时，即可进行相应处理。

3．信息查询

信息查询包括单据查询、凭证查询以及账款查询等。用户在各种查询结果的基础上可以进行各项分析，一般包括欠款分析、账龄分析、综合分析以及收款预测分析等。信息查询有助于用户及时发现问题，加强对往来款项动态的监督管理。

4．期末处理

期末处理指用户在月末进行的结算汇兑损益以及月末结账工作。如果企业有外币往来，在月末需要计算外币单据的汇兑损益并对其进行相应的处理。如果当月业务已全部处理完毕，就需要执行月末结账处理；只有月末结账后，才可以开始下月工作。月末处理主要包括进行汇兑损益结算和月末结账。

7.2.2　应收款管理初始化

应收款管理系统初始化的工作流程如图 7-1 所示。

1．选项设置

通过选项设置，配置企业使用应收款管理系统的方式，将通用的应收款管理系统改造为适用于企业的个性化应用系统。

2．初始化设置

初始化设置包括科目、单据类型、账龄区间、坏账准备和报警级别设置等。

（1）科目设置

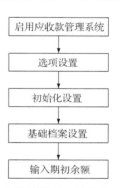

图 7-1　应收款管理初始化的工作流程

科目设置中包括基本科目设置、控制科目设置、产品科目设置和结算方式科目设置。其目的是按照不同的业务类型，设置系统自动生成凭证所必需的科目。

（2）单据类型设置

企业可将不同的往来业务与单据类型建立对应关系，达到快速处理业务以及进行分类汇总、查询、分析的效果。

（3）账龄区间设置

设定合理的账龄区间，进行账龄分析，可随时掌握应收款的动态变化。

（4）坏账准备设置

如果在选项中设置了坏账处理方式为应收账款余额百分比法，那么需要定义计提坏账比率和设置坏账准备的期初余额。

（5）报警级别设置

通过报警级别的设置，可以将客户按照客户欠款余额与其授信额度的比例分为不同的类型，以便于掌握各个客户的信用情况。

3．基础档案设置

要详细记录每一笔应收业务，需要具体到客户购买的货物，因此，需要建立计量单位、存货等相关基础档案信息。为客户开具销售发票也要用到本单位开户银行信息。

4．期初余额录入

应收款系统的期初余额要按照每一笔业务进行录入，以方便之后进行收款、核销等工作。

7.2.3　应收款管理日常业务处理

应收款管理日常业务处理的工作流程，如图 7-2 所示。

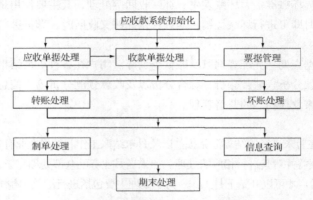

图 7-2　应收款管理日常业务处理流程

1．应收单据处理

应收单据处理是应收款子系统处理的起点，在应收单据处理中可以输入销售业务中的各类发票以及销售业务之外的应收单据。应收单据处理的基本操作流程是：单据输入——单据审核——单据制证——单据查询。

（1）单据输入

单据输入是对未收款项的单据进行输入。输入时先用代码输入客户名称，与客户相关内容由系统自动显示；然后进行货物名称、数量和金额等内容的输入。

在进行单据输入之前，首先应确定单据名称、单据类型以及方向，然后根据业务内容输入有关信息。

（2）单据审核

单据审核是在单据保存后对单据的正确性进一步审核确认。单据输入后必须经过审核才能参与结算。审核人和制单人可以是同一个人。单据被审核后，将从单据处理功能中消失，但可以通过单据查询功能查看此单据的详细资料。

（3）单据制证

单据制证是可以在单据审核后由系统自动编制凭证，也可以集中处理。在应收款子系统中生成的凭证将由系统自动传送到账务子系统中，并由有关人员进行审核和记账等账务处理工作。

（4）单据查询

单据查询是对未审核单据的查询。通过"单据查询"功能可以查看全部单据。

2．收款单据处理

收款单处理是对已收到款项的单据进行输入，并进一步核销的过程。在单据结算功能中，输入收款单、付款单，并对发票及应收单进行核销，形成预收款并核销预收款，处理代付款。

应收款子系统的收款单用来记录企业所收到的客户款项，款项性质包括应收款、预收款、其他费用等。其中，应收款、预收款性质的收款单将与发票、应收单、付款单进行核销处理。

应收款子系统的付款单用来记录发生销售退货时，企业开具的退付给客户的款项。该付款单可与应收、预收性质的收款单、红字应收单、红字发票进行核销处理。

（1）输入结算单据

输入结算单据是对已交来应收款项的单据进行输入，由系统自动进行结算。在根据已收到应收款项的单据进行输入时，首先必须先输入客户的名称。在进行相应操作时，系统会自动显示相关客户的信息。其次必须输入结算科目、金额和相关部门、业务员名称等内容。

单据输入完毕后，由系统自动生成相关内容。如果输入的是新的结算方式，则应先在"结算方式"中增加新的结算方式。如果要输入另一客户的收款单，则需重新选择客户的名称。

（2）单据核销

单据核销是对往来已达账做删除处理的过程，表示本笔业务已经结清。即确定收款单与原始发票之间的对应关系后，进行机内自动冲销的过程。单据核销的作用是进行收回客商款项，核销该客商应收款的处理，建立收款与应收款的核销记录，监督应收款及时核销，加强往来款项的管理。明确核销关系后，可以进行精确的账龄分析，更好地管理应收账款。

如果结算金额与上期余额相等，则销账后余额为零；如果结算金额比上期余额小，则其余额为销账后的余额。单据核销可以由计算机自动进行，也可以手工进行。

由于计算机处理采用建立往来辅助账进行往来业务的管理，为了避免辅助账过于庞大而影响计算机运行速度，对于已核销的业务应进行删除。删除工作通常在年底结账时进行。

当会计人员准备核销往来账时，应在确认往来已达账后，才能进行核销处理，删除已达账。为了防止操作不当误删记录，会计信息系统软件中一般都会设计有放弃核销或核销前做两清标记功能，如有的财务软件中设置有往来账两清功能。即在已达账项上打上已结清标记，待核实后才执行核销功能，经删除后的数据不能恢复；有的财务软件则设置了放弃核销功能，一旦发现操作失误，可通过此功能把被删除掉的数据恢复。

3．票据管理

可以在票据管理中对银行承兑汇票和商业承兑汇票进行管理，包括：记录票据详细信息，记录票据处理情况。如果要进行票据登记簿管理，必须将应收票据科目设置成为带有客户往来辅助核算的科目。

当用户收到银行承兑汇票或商业承兑汇票时，应将该汇票在应收款子系统的票据管理中录入。系统会自动根据票据生成一张收款单，用户可以对收款单进行查询，并可以与应收单据进行核销勾对，冲减客户应收账款。在票据管理中，用户还可以对该票据进行计息、贴现、转出、结算、背书等处理。

4．转账处理

转账处理，是在日常业务处理中经常发生的应收冲应付、应收冲应收、预收冲应收以及红票对冲的业务处理。

（1）应收冲应付

应收冲应付是指用某客户的应收账款冲抵某供应商的应付款项。系统通过应收冲应付功能将应收款业务在客户和供应商之间进行转账，实现应收业务的调整，解决应收债权与应付债务的冲抵。

（2）应收冲应收

应收冲应收是指将一家客户的应收款转到另一家客户中。应收冲应收功能可将应收款业务在客商之间进行转入、转出，实现应收业务的调整，解决应收款业务在不同客商之间入错户或合并户问题。

（3）预收冲应收

预收冲应收是指处理客户的预收款和该客户应收欠款的转账核销业务。即某一个客户有预收款时，可用该客户的一笔预收款冲其一笔应收款。

（4）红票对冲

红票对冲可实现某客户的红字应收单与其蓝字应收单、收款单与付款单中间进行冲抵。例如：当发生退票时，用红字发票对冲蓝字发票。红票对冲通常可以分为系统自动冲销和手工冲销两种处理方式。自动冲销可同时对多个客户依据红票对冲规则进行红票对冲，提高红票对冲的效率。手工冲销对一个客户进行红票对冲，可自行选择红票对冲的单据，提高红票对冲的灵活性。

5．坏账处理

所谓"坏账"是指购货方因某种原因不能付款，造成货款不能收回的信用风险。坏账处理就是对"坏账"采取的措施，主要包括计提坏账准备、坏账发生、坏账收回生成输出催款单等。

（1）计提坏账准备

计提坏账准备的方法主要有销售收入百分比法、应收账款余额百分比法和账龄分析法。

① 销售收入百分比法。由系统自动算出当年销售收入总额，并根据计提比率计算出本次计提金额。

初次计提时，如果没有预先的设置，则应先进行初始设置。设置的内容包括提取比率、坏账准备期初余额。销售总额的默认值为本会计年度发票总额，企业可以根据实际情况进行修改，但计提比率不能在此修改，只能到初始设置中改变。

② 应收账款余额百分比法。由系统自动算出当年应收账款余额，并根据计提比率计算出本次计提金额。

初次计提时，如果没有预先的设置，应先进行初始设置。设置的内容包括提取比率及坏账准备期初余额。应收账款的余额默认值为本会计年度最后一天的所有未结算完的发票和应收单据余额之和减去预收款数额的差值。有外币账户时，用其本位币余额。企业可以根据实际情况对默认值进行修改。计提比率在此不能修改，只能在初始设置中更改。

③ 账龄分析法。账龄分析法是根据应收账款入账时间的长短来估计坏账损失的方法。它是企业加强应收账款回收与管理的重要方法之一。一般来说，账款拖欠的时间越长，发生坏账的可能性就越大。

系统自动算出各区间应收账款余额，并根据计提比率计算出本次计提金额。

初次计提时，如果没有预先的设置，应先进行初始设置。各区间余额由系统自动生成（由本会计年度最后一天的所有未结算完的发票和应收单据余额之和减去预收款数额的差值），企业也可以根据实际情况对其进行修改。但计提比率在此不能修改，只能在初始设置中更改。

（2）坏账发生

发生坏账损失业务时，一般需输入以下内容：客户名称、日期（指发生坏账日期，该日期应大于已经记账的日期，小于当前业务日期）、业务员（指业务员编号或业务员名称）以及部门（指部门编号或部门名称，如果不输入部门，表示选择所有的部门）等。

（3）坏账收回

处理坏账收回业务时，一般需输入以下内容：客户名称、收回坏账日期（如果不输入日期，系统默认为当前业务日期。输入的日期应大于已经记账日期，小于当前业务日期）、收回的金额、业务员编号或名称、部门编号或名称、选择所需要的币种、结算单号（系统将调出该客户所有未经过处理的并且金额等于收回金额的收款单，可选择该次收回业务所形成的收款单）。

（4）生成输出催款单

催款单是对客户或对本单位职工的欠款催还的管理方式。催款单用于设置有辅助核算的应收账款和其他应收款的科目中。

根据不同的行业，催款单预置的格式不同，其内容主要包括两个部分：系统预置的文字性的叙述和由系统自动取数生成的应收账款或其他应收款对账单。催款单的内容通常可以进行修改编辑，在修改退出时，系统会自动保存本月所做的最后一次修改。

催款单打印输出时，可以打印所有客户的应收账款或所有职员的其他应收款（备用金）情况，也可以有选择地打印某一个客户或某一位职员的催款单。催款单中还可以按条件显示所有的账款和未核销的账款金额。

6．制单处理

使用制单功能进行批处理制单，可以快速地、成批地生成凭证。制单类型包括应收单据制单、结算单制单、坏账制单、转账制单、汇兑损益制单等。企业可根据实际情况选取需要制单的类型。

7．信息查询

应收款系统的一般查询主要包括单据查询、凭证查询以及账款查询等。用户在进行各种查询的基础上可以进行各项统计分析。统计分析包括欠款分析、账龄分析、综合分析以及收款预测分析等。通过统计分析，可以按用户定义的账龄区间，进行一定期间内应收账款账龄分析、收款账龄分析、往来账龄分析、了解各个客户应收款的周转天数，周转率，了解各个账龄区间内应收款、收款及往来情况，及时发现问题，加强对往来款项的动态管理。

（1）单据查询

单据的查询包括发票、应收单、结算单和凭证的查询。可以查询已经审核的各类型应收单据的收款、结余情况；也可以查询结算单的使用情况；还可以查询本系统所生成的凭证，并且对其修改、删除、冲销等。

（2）业务账表查询

业务账表查询可以进行业务总账、业务明细账、业务余额表和对账单的查询，并可以实现总账、明细账、单据之间的联查。

通过业务账表查询可以查看客户、客户分类、地区分类、部门、业务员、客户总公司、主管业务员、主管部门在一定期间所发生的应收、收款以及余额情况。

（3）业务账表分析

业务账表分析是应收款管理的一项重要功能，对于资金往来比较频繁、业务量大、金额也比较大的企业，业务账表分析功能更能满足企业的需要。业务账表分析功能主要包括应收账款的账龄分析、收款账龄分析、欠款分析、收款预测等。

8．期末处理

企业在期末主要应完成计算汇兑损益和月末结账两项业务处理工作。

（1）汇兑损益

如果客户往来有外币核算，且在应收款子系统中核算客户往来款项，则在月末需要计算外币单据的汇兑损益并进行相应的处理。在计算汇兑损益之前，应首先在系统初始设置中选择汇兑损益的处理方法。通常系统会提供两种汇兑损益的处理方法：月末计算汇兑损益和单据结清时计算汇兑损益。

（2）月末结账

如果确认本月的各项业务处理已经结束，可以选择执行月末结账功能。结账后，本月不能再进行单据、票据、转账等任何业务的增加、删除、修改等处理。另外，如果上个月没有结账，则本月不能结账，同时，一次只能选择一个月进行结账。

如果用户觉得某月的月末结账有错误，可以取消月末结账。但取消结账操作只有在该月账务子系统未结账时才能进行。如果启用了销售子系统，销售子系统结账后，应收款子系统才能结账。

结账时还应注意本月的单据（发票和应收单）在结账前应该全部审核；若本月的结算单还有未核销的，不能结账；如果结账期间是本年度最后一个期间，则本年度进行的所有核销、坏账、转账等处理必须制单，否则不能向下一个年度结转，而且对于本年度外币余额为零的单据必须将本币余额结转为零，即必须执行汇兑损益。

7.3 应收款管理初始化实务

7.3.1 基本任务

 应收款管理初始化资料

1. 选项设置（见表 7-1）

表 7-1　选项设置

选项卡	账套参数	参数设置
常规	单据审核日期依据	单据日期
	坏账处理方式	应收余额百分比法
	自动计算现金折扣	√
凭证		核销不生成凭证
权限与预警	单据报警	按信用方式提前 7 天进行报警

2. 初始设置

（1）设置科目

科目设置参照表（见表 7-2）。

表 7-2　科目设置参照表

科目类别	设置方式
基本科目设置	应收科目（本币）：1122 应收账款 预收科目（本币）：2203 预收账款 商业承兑科目和银行承兑科目：1121 应收票据 票据利息科目：660301 利息 票据费用科目：660302 手续费 销售收入科目和销售退回科目：6001 主营业务收入 税金科目：22210105 销项税额 坏账入账科目：1231 坏账准备
结算方式科目设置	现金结算；币种：人民币；科目：1001 现金支票；币种：人民币；科目：10020101 转账支票；币种：人民币；科目：10020101 电汇；币种：人民币；科目：10020101

（2）坏账准备设置（见表 7-3）

表 7-3 坏账准备设置参照表

控制参数	参数设置	控制参数	参数设置
提取比例	0.5%	坏账准备科目	1231
坏账准备期初余额	9780	对方科目	6701

（3）账期内账龄区间及逾期账龄区间（见表 7-4）

表 7-4 账龄区间

序号	起止天数	总天数
01	1～30	30
02	31～60	60
03	61～90	90
04	91 以上	

（4）报警级别设置

A 级时的总比率为 10%，B 级时的总比率为 20%，C 级时的总比率为 30%，D 级时的总比率为 40%，E 级时的总比率为 50%，F 级时的总比率在 50% 以上。

3．本单位开户银行信息

编码：001

开户银行：工商银行中关村分理处

银行账号：110001134608

4．单据设置

（1）单据格式设置

删除"销售普通发票"和"销售专用发票"表头项目"销售类型"。

（2）单据编号设置

设置销售发票单据编号为"完全手工编号"。

5．期初数据（见表 7-5）

表 7-5 期初数据

会计科目：1122 应收账款　　　　　　　　　　　　　　　　　　　　　　　　余额：借 105 180 元

单据名称	方向	开票日期	票号	客户名称	销售部门	科目编码	货物名称	数量	单价	价税合计
销售普通发票	正	2018.10.22	00212254	慧童	销售一部	1122	云易手机	30	含税 1 400	42 000.00
销售专用发票	正	2018.11.11	10432823	苏华	销售二部	1122	云米手机	32	无税 1 800	65 088.00
其他应收单	正	2018.11.11		苏华	销售二部	1122	摘要：代垫运费			112.00

应收款管理初始化设置指导

系统管理员在系统管理中引入"总账初始化"账套作为基础数据。

1．启用应收款管理系统

以账套主管王莉的身份登录企业应用平台，启用应收款管理系统，启用日期为 2019-01-01。

2．选项设置

操作指导：

① 在应收款系统中，执行"设置"|"选项"命令，打开"账套参数设置"对话框。

② 单击【编辑】按钮，系统提示"选项修改需要重新登录才能生效"，单击【确定】按钮。在常规、权限与预警选项卡中按照实验资料完成设置，如图 7-3 所示。

启用应收款管理系统

选项设置

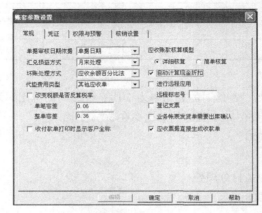

图 7-3　设置—选项

③ 单击【确定】按钮。

难点　　　　　　　　　　　　　　**理解单据审核日期依据**

应收款管理系统包括应收单据和收款单据，这两种单据都需要经过审核才能生成业务凭证。系统提供了两种确认单据审核日期的依据，即单据日期和业务日期。如果选择依据为单据日期，那么，单据的审核日期（即入账日期）记为该单据的单据日期。如果选择依据为业务日期，那么，单据的审核日期（即入账日期）记为登录日期。

因为单据审核后才能生成业务凭证，故单据审核日期依据单据日期还是业务日期，决定业务总账、业务明细账、余额表等的查询期间取值。如果您使用单据日期为审核日期，则月末结账时单据必须全部审核。因为下月无法以单据日期为审核日期。业务日期无此要求。

在账套使用过程中，可以随时将选项从按单据日期改成按业务日期。若需要将选项从按业务日期改成按单据日期，则需要判断当前未审核单据中有无单据日期在已结账月份的单据。若有，则不允许修改。

提示

账套在使用过程中可以随时修改账套参数。

如果当年已经计提过坏账准备，则坏账处理方式不能修改，只能下一年度修改。

关于应收账款核算模型，在系统启用时或者还没有进行任何业务处理的情况下才允许从简单核算改为详细核算；从详细核算改为简单核算随时可以进行。

3．初始设置

操作指导：

（1）设置科目

① 执行"设置"|"初始设置"命令，进入"初始设置"窗口。

② 选择"基本科目设置"，单击【增加】按钮，按实验资料设置基本科目，如图 7-4 所示。

设置科目

图 7-4　基本科目设置

提示

在基本科目设置中设置的应收科目"1122 应收账款"预收科目"2203 预收账款"及"1121 应收票据"，应在总账系统中设置其辅助核算内容为"客户往来"，并且其受控系统为"应收系统"，否则，在此不能被选中。

只有在此设置了基本科目，在生成凭证时才能直接生成凭证中的会计科目，否则，凭证中将没有会计科目，相应的会计科目只能手工再录入。

如果应收科目、预收科目按不同的客户或客户分类分别进行设置，则可在"控制科目设置"中进行设置，在此可以不设置。

如果针对不同的存货分别设置销售收入核算科目，则在此不用设置，可以在"产品科目设置"中进行设置。

③ 选择"结算方式科目设置"，按实验资料设置结算方式科目。

提示

结算方式科目设置是针对已经设置的结算方式来设置相应的结算科目。即在收款或付款时只要告诉系统结算时使用的结算方式，就可以由系统自动生成该种结算方式所使用的会计科目。

（2）坏账准备设置

操作指导：

① 执行"设置"|"初始设置"命令，进入"初始设置"窗口。

② 选择"坏账准备设置"，设置坏账准备相关资料，如图 7-5 所示。

坏账准备设置

图 7-5　坏账准备设置

③ 单击【确定】按钮，弹出"存储完毕"信息提示对话框，再单击【确定】按钮。

如果在选项中并未选中坏账处理的方式为"应收余额百分比法"，则在此处就不能录入"应收余额百分比法"所需要的初始设置，即此处的初始设置是与选项中所选择的坏账处理方式相对应的。

坏账准备的期初余额应与总账系统中所录入的坏账准备的期初余额相一致，但是，系统没有坏账准备期初余额的自动对账功能，只能人工核对。坏账准备的期初余额如果在借方，则用"−"号表示。如果没有期初余额，应将期初余额录入为"0"，否则，系统将不予确认。

坏账准备期初余额被确认后，只要进行了坏账准备的日常业务处理就不允许再修改。下一年度使用本系统时，可以修改提取比率、区间和科目。

如果在系统选项中默认坏账处理方式为直接转销，则不用进行坏账准备设置。

（3）设置账期内账龄区间及逾期账龄区间
操作指导略。

序号由系统自动生成，不能修改和删除。总天数直接输入截止该区间的账龄总天数。

最后一个区间不能修改和删除。

设置账期内账龄区间及逾期账龄区间

（4）报警级别设置
操作指导略。

序号由系统自动生成，不能修改和删除。
系统会根据输入的比率自动生成相应的区间。

报警级别设置

单击【增加】按钮，可以在当前级别之前插入一个级别。插入一个级别后，该级别后的各级别比率会自动调整。

删除一个级别后，该级别后的各级比率会自动调整。

最后一个级别为某一比率之上，所以在"总比率"栏不能录入比率，否则将不能退出。

最后一个比率不能删除，如果录入错误，则应先删除上一级比率，再修改最后一级比率。

4．本单位开户银行设置
操作指导：
① 在企业应用平台基础设置中，执行"基础档案"|"收付结算"|"本单位开户银行信息"命令，进入"本单位开户银行"窗口。
② 单击【增加】按钮，设置本单位开户银行，如图 7-6 所示。

本单位开户银行设置

银行账号必须为 12 位。
如果不设置开户银行，在填制销售发票时不能保存。

图 7-6　本单位开户银行

难点　　　　　　本单位开户银行与银行档案的关系

在基础档案收付结算下，有"银行档案"和"本单位开户银行"两个涉及银行的档案，它们之间是否存在关联，各自有什么用途呢？

本单位开户银行是本单位与客户、供应商之间进行业务结算的必须信息，不设置本单位开户银行，无法向客户开具销售发票。而银行档案用于设置企业所用到的各银行的名称和编码，用于薪资系统，如为职工代发工资的银行信息。

5．单据设置

（1）单据格式设置

操作指导：

① 在企业应用平台基础设置选项卡中，执行"单据设置"｜"单据格式设置"命令，打开"单据格式号设置"对话框。

② 在 U8 单据目录分类下，选择 "销售管理"｜"销售专用发票"｜"显示"｜"销售专用发票显示模板"，选中销售专用发票表头项目"销售类型"，单击【删除】按钮，弹出系统提示，如图 7-7 所示。

单据格式设置

图 7-7　单据格式设计

③ 单击【是】按钮。单击【保存】按钮保存设置。

④ 同理，删除销售普通发票表头项目"销售类型"。

（2）单据编号设置

操作指导：

① 在企业应用平台基础设置选项卡中，执行"单据设置"|"单据编号设置"命令，打开"单据编号设置"对话框。

单据编号设置

② 在"销售管理"单据类型中选择"销售专用发票"，单击" "【修改】按钮，选中"完全手工编号（A）"复选框。单击【保存】按钮，如图 7-8 所示。

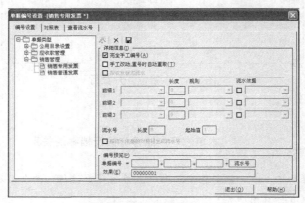

图 7-8　设置单据编号方式

③ 同理，设置销售普通发票编号方式为"完全手工编号"。

6．期初数据

（1）输入销售普通发票

操作指导：

① 在应收款管理系统中，执行"设置"|"期初余额"命令，打开"期初余额-查询"对话框。

输入销售普通发票

② 单击【确定】按钮，进入"期初余额"窗口。

③ 单击【增加】按钮，打开"单据类别"对话框。

④ 选择单据名称"销售发票"，单据类型"销售普通发票"。

⑤ 单击【确定】按钮，进入"期初销售发票"窗口。

⑥ 单击【增加】按钮，开票日期"2018-10-22"，客户名称"慧童"，其他信息自动带出，输入发票号"00212254"。

⑦ 选择货物名称"2002 云易手机"；输入数量"30"，含税单价"1 400"，金额自动算出，单击【保存】按钮，如图 7-9 所示。

图 7-9　录入应收期初数据——销售普通发票

（2）输入其他应收单

操作指导：

① 在"期初余额"窗口，单击【增加】按钮，打开"单据类别"对话框。

② 选择单据名称"应收单"，单据类型"其他应收单"，单击【确定】按钮，进入"应收单"窗口。

③ 单击【增加】按钮，输入应收信息，如图 7-10 所示。

（3）录入销售专用发票

操作指导略。

输入其他应收单

录入销售专用发票

图 7-10　录入期初应收单

（4）期初对账

操作指导：

① 在"期初余额"窗口，单击【刷新】按钮，可以查看到最新的单据列表。

② 单击【对账】按钮，进入"期初对账"窗口，如图 7-11 所示。

期初对账

图 7-11　期初对账

③ 查看应收系统与总账系统的期初余额是否平衡。

提示

应收系统与总账系统的期初余额的差额应为零，即两个系统的客户往来科目的期初余额应完全一致。

7．备份账套

全部实验完成后，将账套输出至"应收款初始化"文件夹中。

7.3.2　拓展任务

不同企业各项业务处理中使用的单据可能存在细微的差别，用友 U8 管理软件中预置了常用单据模板，而且允许用户对各单据类型的多个显示模板和多个打印模板进行设置，以满足企业个性化的单据格式需求。

【拓展】利用单据设计功能将"应收单"表头中的"币种"项目和"汇率"项目删除。

操作指导：

① 在"基础设置"选项卡中，执行"单据设置"｜"单据格式设置"命令，打开"单据格式设置"对话框。

② 在左侧窗口中执行"应收款管理"｜"应收单"｜"显示"｜"应收单显示模板"命令，打开"应收单"格式设置对话框，如图 7-12 所示。

③ 单击"应收单"中的表头项目"币种 5"，单击【删除】按钮，系统提示"是否删除当前选择项目？"信息，单击【是】按钮。同理删除"应收单"表头项目中的"汇率 6"。

④ 单击【保存】按钮，保存修订后的单据模板。

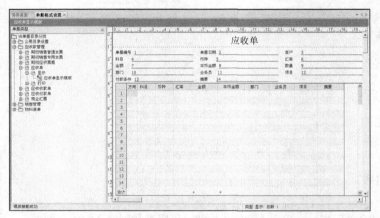

图 7-12　应收单显示模板

7.4　应收款管理日常业务处理实务

7.4.1　基本任务

 应收款管理日常业务处理资料

2019 年 1 月应收款相关业务如下。

1．单据处理

① 1 月 15 日，向慧童养老院销售云易手机 5 部，含税单价 1 350 元，开具销售普通发票，发票号 5678900。

② 1 月 15 日，向苏华电商销售云易手机 12 部，无税单价 1 200 元，增值税税率为 16%，开具销售专用发票，发票号 5678988。

③ 1 月 16 日，向蓝享科技销售云米手机 8 部，无税单价 1 800 元，增值税税率为 16%，开具专用发票，发票号 5679000，并以现金代垫运费 30 元。

④ 1 月 22 日，收到银行通知，蓝享科技以电汇方式支付 1 月 16 日货税款及运费共 16 302 元。进行收款核销。

⑤ 1 月 22 日，收到苏华电商转账支票一张，金额 20 000 元，用于支付本月 15 日货款 16 272 元，余款作为预付乐士对讲机的订金。

2．票据管理

① 1 月 2 日，收到苏华电商签发并承兑的商业承兑汇票一张（NO.345612），面值为 50 000 元。到期日为 2019 年 3 月 2 日。

② 1 月 3 日，收到慧童养老院签发并承兑的商业承兑汇票一张（NO.799899），面值为 6 750 元，到期日为 2019 年 1 月 23 日。用于付本月 15 日购买云易手机货款。

③ 1 月 23 日，将 1 月 3 日收到的慧童养老院商业承兑汇票（NO.799899）进行结算。

④ 1 月 25 日，将 1 月 2 日收到的苏华电商商业承兑汇票（NO.345612）到银行贴现，贴现率 6%。

3．转账处理

① 25 日，经双方协商，将慧童养老院 10 000 元应收款转给苏华电商。

② 27 日，同苏华商议，用苏华电商目前结余预收款 3 296 元冲抵其期初部分应收款。

4．坏账处理

① 27 日，确认从慧童养老院转入苏华电商的 10 000 元无法收回，作为坏账处理。

② 31 日，计提坏账准备。

5．信息查询

① 查询应收核销明细表。

② 进行欠款分析。

6．月末结账

 应收款管理日常业务处理指导

由系统管理员在系统管理中引入"应收初始化"账套作为基础数据。以账套主管王莉身份进行应收款业务处理。

1．单据处理

（1）业务 1

业务类型：销售普通发票

操作指导：

① 在应收款管理系统中，执行"应收单据处理"|"应收单据录入"命令，打开"单据类别"对话框。

[销售普通发票二维码图]

销售普通发票

② 确认"单据名称"栏为"销售发票"，"单据类型"栏为"销售普通发票"后，单击【确定】按钮，进入"销售普通发票"窗口。

③ 单击【增加】按钮，录入发票号"5678900"，修改开票日期为"2019-01-15"。

④ 输入发票其他相关信息，单击【保存】按钮，完成后如图 7-13 所示。

⑤ 单击【审核】按钮，系统弹出"是否立即制单"对话框。单击【是】按钮，生成凭证。由于主营业务收入科目设置了项目辅助核算，因此保存凭证前需要补充输入辅助核算项目"云易手机"。方法是：将鼠标定位在"主营业务收入"分录行，鼠标下移至凭证的备注栏，待鼠标变形为笔状时双击，调出"辅助项"录入对话框，选择"云易手机"，如图 7-14 所示。

⑥ 单击【确定】按钮返回。单击【保存】按钮保存当前凭证。

图 7-13　第 1 笔销售业务

图 7-14　普通发票审核生成应收凭证

销售发票与应收单是应收款管理系统日常核算的单据。如果应收款系统与销售系统集成使用，销售发票和代垫费用在销售管理系统中录入，在应收系统中可以对这些单据进行查询、核销、制单等操作。此时应收系统需要录入的只限于应收单。

如果企业没有使用销售系统，则所有发票和应收单均需在应收系统中录入。

在不启用供应链的情况下，在应收款系统中只能对销售业务的资金流进行会计核算，即可以进行应收款、已收款以及收入实现情况的核算；而其物流的核算，即存货出库成本的核算还需在总账系统中手工进行结转。

已审核的单据不能修改或删除，已生成凭证或进行过核销的单据在单据界面不再显示。

如果录入销售发票后不直接审核，可以在审核功能中审核，再到制单功能中制单。

已审核的单据在未进行其他处理之前需取消审核后再进行修改。

（2）业务 2

业务类型：销售专用发票

输入销售专用发票并审核生成凭证，应收凭证如图 7-15 所示。

销售专用发票

图 7-15　销售专用发票生成凭证

操作指导略。

（3）业务 3

业务类型：销售专用发票，代垫运费

销售专用发票+
应收单

操作指导：

① 销售业务需填制销售专用发票，审核销售专用发票生成应收凭证。

② 代垫运费需要填制应收单，如图 7-16 所示。审核应收单生成付款凭证。

借：应收账款　　　　　　　　　　　　　　　　　　　　　　30

　　贷：库存现金　　　　　　　　　　　　　　　　　　　　　　30

图 7-16　运费填制应收单

在填制应收单时，只需录入上半部分的内容，下半部分的内容除对方科目外均由系统自动生成。下半部分的对方科目如果不录入，可以在生成凭证后再手工录入。

应收单和销售发票一样可以在保存后直接审核，也可以在"应收单据审核"功能中进行审核。如果直接审核，系统会提问是否立即制单，如果在审核功能中审核，则只能到制单功能中制单。

（4）业务4

业务类型：填制收款单，全部核销应收款

操作指导：

① 在应收款管理系统中，执行"收款单据处理"|"收款单据录入"命令，打开"收款单"对话框。

② 单击【增加】按钮。输入相关信息后，单击【保存】按钮，如图 7-17所示。

填制收款单，全部
核销应收款

图 7-17　填制收款单

单击【保存】按钮后，系统会自动生成收款单表体的内容。

表体中的款项类型系统默认为"应收款"，可以修改。款项类型还包括"预收款"和"其他费用"。

若一张收款单中，表头客户与表体客户不同，则视表体客户的款项为代付款。

在填制收款单后，可以直接单击【核销】按钮进行单据核销的操作。

如果是退款给客户，则可以单击【切换】按钮，填制红字收款单。

③ 单击【审核】按钮，系统弹出"是否立即制单"信息提示框。单击【是】按钮，生成收款凭证：

借：银行存款/工行存款/人民币户   16 302

    贷：应收账款   16 302

④ 关闭凭证界面，在收付款单录入界面，单击【核销】按钮，打开"核销条件"对话框。单击【确定】按钮，进入"单据核销"窗口。窗口上方显示收款信息，下方显示应收信息。收款单本次结算金额为 16 302，在窗口下方的其他应收单本次结算栏输入"30"，在销售专用发票本次结算栏输入"16272"，如图 7-18 所示。

图 7-18 收款核销应收

⑤ 单击【保存】按钮，核销完成的单据不再显示。

结算单列表显示的是款项类型为应收款和预收款的记录，而款项类型为其他费用的记录不允许在此作为核销记录。

核销时，结算单列表中款项类型为应收款的记录，其默认本次结算金额为该记录上的原币金额；款项类型为预收款的记录，其默认的本次结算金额为空。核销时，可以修改本次结算金额，但是不能大于该记录的原币金额。

在结算单列表中，单击【分摊】按钮，系统将当前结算单列表中的本次结算金额合计自动分摊到被核销单据列表的本次结算栏中。核销顺序依据被核销单据的排序顺序。

手工核销时一次只能显示一个客户的单据记录，且结算单列表根据表体记录明细显示。当结算单有代付处理时，只显示当前所选客户的记录。若需要对代付款进行处理，则需要在过滤条件中输入该代付单位后进行核销。

一次只能对一种结算单类型进行核销，即手工核销的情况下需要将收款单和付款单分开核销。

手工核销保存时，若结算单列表的本次结算金额大于或小于被核销单据列表的本次结算金额合计，系统将提示结算金额不相等，不能保存。

若发票中同时存在红蓝记录，则核销时先进行单据的内部对冲。

如果核销后未进行其他处理，可以在期末处理的"取消操作"功能中取消核销操作。

（5）业务5

业务类型：填制收款单，部分核销应收款，部分形成预收款

操作指导：

① 执行"收款单据处理"|"收款单据录入"命令，填制收款单。将表体第 1 行应收款修改为"16272"，将表体第 2 行款项类型选择为"预收款"，如图 7-19 所示。单击【保存】按钮。

图 7-19　收款单部分为应收，部分形成预收

② 审核收款单，生成收款凭证，如图 7-20 所示。

图 7-20　形成预收凭证

③ 在收付款单录入界面，单击【核销】按钮，核销本月 15 日应收的 16 272 元货款。

2．票据管理

（1）业务1

操作指导：

① 在应收款管理系统中，执行"票据管理"命令，打开"查询条件选择"对话框。

② 单击【确定】按钮，进入"票据管理"窗口。

③ 单击【增加】按钮，输入各项信息，如图 7-21 所示。单击【保存】按钮。保存一张商业

票据之后，系统会自动生成一张收款单。且由票据生成的收款单不能修改。

④ 审核收款单。执行"收款单据处理"|"收款单据审核"命令，打开"收款单查询条件"对话框。单击【确定】按钮，进入"收付款单列表"窗口。对应收票据生成的收款单进行审核。收款单需经过审核之后才能生成记账凭证。

⑤ 执行"制单处理"命令，打开"制单查询"对话框。选中"收付款单制单"复选框，单击【确定】按钮，进入"应收制单"窗口。对收款单进行制单，生成凭证。

借：应收票据　　　　　　　　　　　　　　　　50 000
　　贷：应收账款　　　　　　　　　　　　　　　　50 000

图 7-21　收到商业承兑汇票

 提示　在票据管理功能中，可以对商业承兑汇票和银行承兑汇票进行日常业务处理，包括票据的收入、结算、贴现、背书、转出及计息等。

商业承兑汇票不能有承兑银行，银行承兑汇票必须有承兑银行。

（2）业务 2

票据管理-业务 2

操作指导：

① 执行"票据管理"命令，在票据管理中填制商业承兑汇票。

② 执行"收款单据处理"|"收款单据审核"命令，对商业承兑汇票生成的收款单进行审核。

③ 执行"核销处理"|"手工核销"命令，打开"核销条件"对话框。选择客户"慧童"，单击【确定】按钮，进入"单据核销"窗口。核销本月 15 日的应收货款 6 750 元，如图 7-22 所示。

④ 在制单处理中，对收付款单制单生成凭证。

图 7-22　手工核销

（3）业务 3

业务类型：票据结算

操作指导：

① 在"票据管理"窗口中，双击选中 2019 年 1 月 3 日填制的收到慧童养老

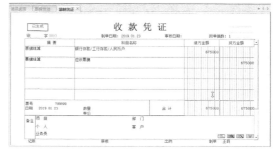

票据管理-业务 3

院签发并承兑的商业承兑汇票。

② 单击【结算】按钮，打开"票据结算"对话框。修改结算日期为"2019-01-23"，录入结算金额"6 750"；在"结算科目"栏录入"10020101"，如图 7-23 所示。

③ 单击【确定】按钮，出现"是否立即制单"提示。

④ 单击【是】按钮后生成结算的记账凭证，单击【保存】按钮，结果如图 7-24 所示。

图 7-23　设置票据结算信息　　　　　　图 7-24　票据结算生成凭证

当票据到期持票收款时，执行票据结算处理。

票据结算时，结算金额应是通过结算实际收到的金额。

结算金额减去利息加上费用的金额要小于或等于票据余额。

票据结算后，不能再进行其他与票据相关的处理。

（4）业务 4

业务类型：票据贴现

操作指导：

① 在"票据管理"窗口中，双击选中 2019 年 1 月 2 日填制的商业承兑汇

票据管理-业务 4

票，单击【贴现】按钮，打开"票据贴现"对话框。

② 输入贴现相关信息，如图 7-25 所示。

③ 单击【确定】按钮，系统弹出"是否立即制单"信息提示框。单击【是】按钮，生成贴现的记账凭证，单击【保存】按钮，如图 7-26 所示。

图 7-25　票据贴现　　　　　　图 7-26　票据贴现生成凭证

系统会根据您输入的贴现率、贴现日期自动算出贴现净额。

如果贴现净额大于余额，系统自动将其差额作为利息，不能修改；如果贴现净额小于票据余额，系统自动将其差额作为费用，也不能修改。

票据贴现后，将不能对其进行其他处理。

3．转账处理

（1）业务 1

业务类型：应收冲应收

操作指导：

① 执行"转账"|"应收冲应收"命令，进入"应收冲应收"窗口。

② 输入日期"2019-01-25"；选择转出客户"慧童养老院"，转入客户"苏华电商股份有限公司"。

③ 单击【查询】按钮。系统列出转出户"慧童养老院"未核销的应收款。

④ 在 2018-10-22 销售普通发票的并账金额处输入"10 000"，如图 7-27 所示。

转账处理–业务 1

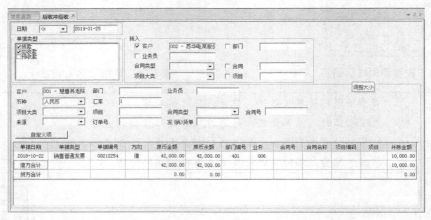

图 7-27 应收冲应收

⑤ 单击【保存】按钮。系统弹出提示"是否立即制单？"。单击【是】按钮，生成凭证。

借：应收账款   −10 000

借：应收账款   10 000

（2）业务 2

业务类型：预收冲应收

操作指导：

① 执行"转账"|"预收冲应收"命令，进入"预收冲应收"窗口。

② 单击"预收款"选项卡，选择客户"苏华"。单击【过滤】按钮。系统列出该客户的预收款，输入转账金额"3 728"，如图 7-28 所示。

转账处理–业务 2

③ 单击"应收款"选项卡，单击【过滤】按钮。系统列出该客户的应收款，在期初销售专用发票一行输入应收转账金额"3 728"。

④ 单击【确定】按钮，系统弹出提示"是否立即制单？"。单击【是】按钮，生成凭证。

贷：预收账款   −3 728

贷：应收账款   3 728

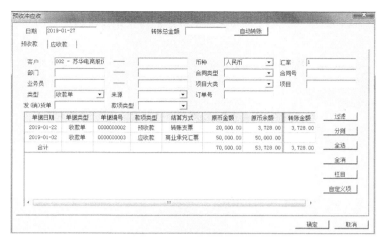

图 7-28　预收冲应收

 提示

每一笔应收款的转账金额不能大于其余额。

应收款的转账金额合计应该等于预收款的转账金额合计。

4．坏账处理

（1）业务 1

业务类型：坏账发生

操作指导：

坏账处理-业务 1

① 执行"坏账处理"|"坏账发生"命令，打开"坏账发生"对话框。选择客户"苏华"；单击【确定】按钮，进入"坏账发生单据明细"窗口，系统列出该客户所有未核销的应收单据。

② 在 2018-10-27 日"本次发生坏账金额"处输入 10 000，如图 7-29 所示。

图 7-29　坏账发生

③ 单击【OK 确认】按钮，系统弹出提示"是否立即制单？"，单击【是】按钮，生成凭证。

借：坏账准备　　　　　　　　　　　　　　　　　　　　　　　　　　10 000

　　贷：应收账款　　　　　　　　　　　　　　　　　　　　　　　　　　　10 000

（2）业务 2

业务类型：计提坏账准备

操作指导：

坏账处理-业务 2

① 执行"坏账处理"|"计提坏账准备"命令，进入"应收账款百分比法"窗口。

② 系统根据应收账款余额、坏账准备余额、坏账准备初始设置情况自动算出本次计提金额，如图 7-30 所示。

③ 单击【确认】按钮，系统弹出提示"是否立即制单？"，单击【是】按钮，生成凭证。

借：资产减值损失   437.36

贷：坏账准备   437.36

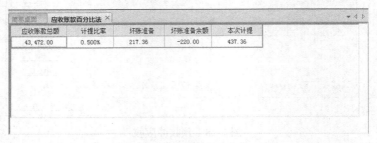

应收账款总额	计提比率	坏账准备	坏账准备余额	本次计提
43,472.00	0.500%	217.36	-220.00	437.36

图 7-30　计提坏账准备

5. 信息查询

（1）查看应收核销明细表

① 在应收款管理系统中，执行"单据查询"|"应收核销明细表"命令，打开"查询条件选择"对话框。

② 单击【确定】按钮，进入"应收核销明细表"查看，如图 7-31 所示。

查看应收核销明细表

应收核销明细表

单据日期	客户	单据类型	单据编号	币种	汇率	应收原币金额	应收本币金额	结算原币金额	结算本币金额
2019-01-15	慧童养老院	销售普通发	5678900	人民币	00000000	6,750.00	6,750.00		
								6,750.00	6,750.00
2019-01-15	苏华电商股份有限公司	销售专用发	5678988	人民币	00000000	16,272.00	16,272.00		
								16,272.00	16,272.00
2019-01-16	蓝犀科技有限责任公司	其他应收单	0000000002	人民币	00000000	30.00	30.00		
								30.00	30.00
2019-01-16	蓝犀科技有限责任公司	销售专用发	5679000	人民币	00000000	16,272.00	16,272.00		
								16,272.00	16,272.00
合计						39,324.00	39,324.00	39,324.00	39,324.00

图 7-31　应收核销明细表

（2）欠款分析

操作指导：

① 在应收款管理系统中，执行"账表管理"|"统计分析"|"欠款分析"命令，打开"欠款分析"对话框。

② 单击【确定】按钮，打开"欠款分析"对话框，如图 7-32 所示。

欠款分析

欠款分析

客户 全部　　　　　币种　　　　　截止日期：2019-01-31

编号	客户 名称	欠款总计	信用额度	信用余额	货款 金额	应收款 金额	预收款 金额
001	慧童养老院	32,000.00		-32,000.00	32,000.00		
002	苏华电商股份有限公司	11,472.00		-11,472.00	61,360.00	112.00	50,000.00
总计		43,472.00			93,360.00	112.00	50,000.00

图 7-32　欠款分析

欠款分析是分析截止到一定日期，客户、部门或业务员的欠款金额，以及欠款组成情况。

在统计分析功能中，可以按定义的账龄区间，进行一定期间内应收款账龄分析、收款账龄分析、往来账龄分析，了解各个客户应收款周转天数、周转率，了解各个账龄区间内应收款、收款及往来情况，及时发现问题，加强对往来款项动态的监督管理。

月末结账

6. 月末结账

操作指导：

① 执行"期末处理"|"月末结账"命令，打开"月末处理"对话框。

② 双击 1 月的结账标志栏。单击【下一步】按钮，屏幕显示各处理类型的处理情况。

③ 在处理情况都是"是"的情况下，单击【完成】按钮，结账后，系统弹出提示"1 月结账成功"。

④ 单击【确定】按钮。系统在 1 月的"结账标志"栏中标识"已结账"字样。

如果当月业务已经全部处理完毕，应进行月末结账。只有当月结账后，才能开始下月的工作。

进行月末处理时，一次只能选择一个月进行结账，若前一个月未结账，则本月不能结账。

在执行了月末结账后，该月将不能再进行任何处理。

7. 账套备份

全部完成后，将账套输出至"应收款日常业务"文件夹中。

7.4.2 拓展任务

1. 取消操作

如果对单据进行了审核、核销，对票据进行了贴现等操作后，发现操作失误，利用取消操作可将其恢复到操作前的状态，以便进行修改。

【拓展 1】取消预收冲应收操作。

操作指导：

① 执行"期末处理"|"取消月结"命令，取消 1 月结账。

② 执行"单据查询"|"凭证查询"命令，删除"预收冲应收"凭证。

③ 执行"其他处理"|"取消操作"命令，打开"取消操作条件"对话框。选择操作类型"预收冲应收"，如图 7-33 所示。

图 7-33 取消操作

④ 单击【确定】按钮，进入"取消操作"窗口。选中要取消的记录，单击【确认】按钮，完成取消操作。

提示

取消操作类型包括取消核销、取消坏账处理、取消转账、取消汇兑损益、取消票据处理及取消并账。

取消操作必须在未进行后序操作的情况下进行；如果已经进行了后序操作，则应在恢复后序操作后再取消操作。

2．核销处理

核销是确定收款单与应收单据之间的对应关系，对已达账做删除处理。核销方式分为手工核销和自动核销。可以在"收款单据处理"界面直接选择核销，也可以在"核销处理"中进行核销。

自动核销

【拓展 2】利用自动核销功能对"002 苏华电商"收款及应收进行核销。

操作指导：

① 执行"核销处理"|"自动核销"命令，打开"核销条件"对话框。

② 选择客户"002"，单击【确定】按钮，系统弹出"是否进行自动核销"信息提示框。单击【是】按钮，系统显示自动核销报告。

③ 单击【明细】按钮，可以查看到核销的明细情况。将苏华电商 53 296 元收款核销期初应收 62 640 元中的 53 296 元，如图 7-34 所示。

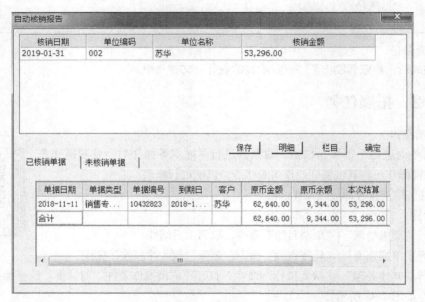

图 7-34　自动核销明细

7.5　自助维护

Q1． 在应收款系统初始设置基本科目设置中，选择预收科目为"预收账款"时系统提示"必须是应收款系统受控科目"。

出现该提示的原因是未设置预收账款科目受控于应收系统。在第 3 章总账中已经阐释了受控科目的概念，此处不再赘述。

在会计科目界面中，双击预收账款科目，进入"会计科目-修改"界面，选中"客户往来"辅助核算复选框，单击【确定】按钮。

Q2. 在应收款系统初始设置中，找不到"坏账准备设置"菜单项，无法进行设置。

默认情况下，应收款管理系统默认坏账处理方式为"直接转销法"。出现此问题的原因是没有更改系统默认选项。

执行"设置"|"选项"命令，进入"账套参数设置"窗口。在"常规"选项卡中选择坏账处理方式为"应收账款余额百分比法"。

Q3. 录入期初销售发票时无法选择存货。

首先检查所选存货是否已经建立在存货档案中；其次检查存货属性是否选中了"内销"属性。

7.6　单元测试

一、判断题

1. 应收票据应该是应收款系统的受控科目。
2. 一张收款单可以核销多笔应收，也可以转为预收。
3. 核销时，收款单上的结算金额必须等于应收单据上的结算金额。
4. 用户可以对账龄分析的账龄区间进行设置。
5. 应收款管理系统月末结账后还可以取消月结。
6. 票据管理的对象只能是商业汇票。
7. 应收单据的审核日期必须大于等于应收单据的填制日期。
8. 应收款系统期初余额与总账对账是根据受控科目进行一一对账。

二、选择题

1. 以下哪些科目必须是应收款管理系统的受控科目？（　　　）
   A. 应收账款　　　　B. 应付账款　　　　C. 预收账款　　　　D. 预付账款
2. 应收款管理系统的收款单据是指（　　　）。
   A. 销售发票　　　　B. 收款单　　　　C. 应收单　　　　D. 应收票据
3. 应收款管理系统提供了哪几种坏账处理方式供用户选择？（　　　）
   A. 应收余额百分比法　　　　　　　B. 销售收入百分比法
   C. 账龄分析法　　　　　　　　　　D. 直接转销法
4. 针对应收票据，系统提供以下哪些功能？（　　　）
   A. 背书　　　　B. 计息　　　　C. 转出　　　　D. 贴现
5. 如果应收款管理系统不与销售管理系统集成使用，则应收款管理系统中的应收单据包括（　　　）。
   A. 销售发票　　　　B. 收款单　　　　C. 应收单　　　　D. 应收票据

6. 应收款管理系统的转账业务包括（　　　）。

    A. 应收冲应收　　　B. 预收冲应收　　　C. 应收冲应付　　　D. 红票对冲

7. 应收款管理系统中可以取消的操作包括（　　　）。

    A. 核销　　　　　　B. 转账处理　　　　C. 坏账处理　　　　D. 制单处理

8. 应收款管理系统生成的凭证可以在应收款管理系统中（　　　）。

    A. 修改　　　　　　B. 删除　　　　　　C. 冲销　　　　　　D. 记账

三、问答题

1. 应收款系统的主要功能有哪些？

2. 应收单据包括哪几种类型？各用来记录什么？

3. 结算单指的是什么？

4. 核销是何含义？

5. 票据管理包括哪些内容？

6. 转账处理包括哪几种类型？

7. 如何进行坏账处理？

8. 所有的操作是否都可以取消？

附录 A　企业会计信息化工作规范

第一章　总　　则

第一条　为推动企业会计信息化，节约社会资源，提高会计软件和相关服务质量，规范信息化环境下的会计工作，根据《中华人民共和国会计法》《财政部关于全面推进我国会计信息化工作的指导意见》（财会〔2009〕6号），制定本规范。

第二条　本规范所称会计信息化，是指企业利用计算机、网络通信等现代信息技术手段开展会计核算，以及利用上述技术手段将会计核算与其他经营管理活动有机结合的过程。

本规范所称会计软件，是指企业使用的，专门用于会计核算、财务管理的计算机软件、软件系统或者其功能模块。会计软件具有以下功能：

（一）为会计核算、财务管理直接采集数据；

（二）生成会计凭证、账簿、报表等会计资料；

（三）对会计资料进行转换、输出、分析、利用。

本规范所称会计信息系统，是指由会计软件及其运行所依赖的软硬件环境组成的集合体。

第三条　企业（含代理记账机构，下同）开展会计信息化工作，软件供应商（含相关咨询服务机构，下同）提供会计软件和相关服务，适用本规范。

第四条　财政部主管全国企业会计信息化工作，主要职责包括：

（一）拟订企业会计信息化发展政策；

（二）起草、制定企业会计信息化技术标准；

（三）指导和监督企业开展会计信息化工作；

（四）规范会计软件功能。

第五条　县级以上地方人民政府财政部门管理本地区企业会计信息化工作，指导和监督本地区企业开展会计信息化工作。

第二章　会计软件和服务

第六条　会计软件应当保障企业按照国家统一会计准则制度开展会计核算，不得有违背国家统一会计准则制度的功能设计。

第七条　会计软件的界面应当使用中文并且提供对中文处理的支持，可以同时提供外国或者少数民族文字界面对照和处理支持。

第八条　会计软件应当提供符合国家统一会计准则制度的会计科目分类和编码功能。

第九条　会计软件应当提供符合国家统一会计准则制度的会计凭证、账簿和报表的显示和打印功能。

第十条　会计软件应当提供不可逆的记账功能，确保对同类已记账凭证的连续编号，不得提供对已记账凭证的删除和插入功能，不得提供对已记账凭证日期、金额、科目和操作人的修改功能。

第十一条　鼓励软件供应商在会计软件中集成可扩展商业报告语言（XBRL）功能，便于企业生成符合国家统一标准的 XBRL 财务报告。

第十二条　会计软件应当具有符合国家统一标准的数据接口，满足外部会计监督需要。

第十三条　会计软件应当具有会计资料归档功能，提供导出会计档案的接口，在会计档案存储格式、元数据采集、真实性与完整性保障方面，符合国家有关电子文件归档与电子档案管理的要求。

第十四条　会计软件应当记录生成用户操作日志，确保日志的安全、完整，提供按操作人员、操作时间和操作内容查询日志的功能，并能以简单易懂的形式输出。

第十五条　以远程访问、云计算等方式提供会计软件的供应商，应当在技术上保证客户会计资料的安全、完整。对于因供应商原因造成客户会计资料泄露、毁损的，客户可以要求供应商承担赔偿责任。

第十六条　客户以远程访问、云计算等方式使用会计软件生成的电子会计资料归客户所有。

软件供应商应当提供符合国家统一标准的数据接口供客户导出电子会计资料，不得以任何理由拒绝客户导出电子会计资料的请求。

第十七条　以远程访问、云计算等方式提供会计软件的供应商，应当做好本厂商不能维持服务情况下，保障企业电子会计资料安全以及企业会计工作持续进行的预案，并在相关服务合同中与客户就该预案做出约定。

第十八条　软件供应商应当努力提高会计软件相关服务质量，按照合同约定及时解决用户使用中的故障问题。

会计软件存在影响客户按照国家统一会计准则制度进行会计核算问题的，软件供应商应当为用户免费提供更正程序。

第十九条　鼓励软件供应商采用呼叫中心、在线客服等方式为用户提供实时技术支持。

第二十条　软件供应商应当就如何通过会计软件开展会计监督工作，提供专门教程和相关资料。

第三章　企业会计信息化

第二十一条　企业应当充分重视会计信息化工作，加强组织领导和人才培养，不断推进会计信息化在本企业的应用。

除本条第三款规定外，企业应当指定专门机构或者岗位负责会计信息化工作。

未设置会计机构和配备会计人员的企业，由其委托的代理记账机构开展会计信息化工作。

第二十二条　企业开展会计信息化工作，应当根据发展目标和实际需要，合理确定建设内容，避免投资浪费。

第二十三条　企业开展会计信息化工作，应当注重信息系统与经营环境的契合，通过信息化推动管理模式、组织架构、业务流程的优化与革新，建立健全适应信息化工作环境的制度体系。

第二十四条　大型企业、企业集团开展会计信息化工作，应当注重整体规划，统一技术标准、编码规则和系统参数，实现各系统的有机整合，消除信息孤岛。

第二十五条　企业配备的会计软件应当符合本规范第二章要求。

第二十六条　企业配备会计软件，应当根据自身技术力量以及业务需求，考虑软件功能、安全性、稳定性、响应速度、可扩展性等要求，合理选择购买、定制开发、购买与开发相结合等方式。

定制开发包括企业自行开发、委托外部单位开发、企业与外部单位联合开发。

第二十七条　企业通过委托外部单位开发、购买等方式配备会计软件，应当在有关合同中约定操作培训、软件升级、故障解决等服务事项，以及软件供应商对企业信息安全的责任。

第二十八条　企业应当促进会计信息系统与业务信息系统的一体化，通过业务的处理直接驱动会计记账，减少人工操作，提高业务数据与会计数据的一致性，实现企业内部信息资源共享。

第二十九条   企业应当根据实际情况，开展本企业信息系统与银行、供应商、客户等外部单位信息系统的互联，实现外部交易信息的集中自动处理。

第三十条   企业进行会计信息系统前端系统的建设和改造，应当安排负责会计信息化工作的专门机构或者岗位参与，充分考虑会计信息系统的数据需求。

第三十一条   企业应当遵循企业内部控制规范体系要求，加强对会计信息系统规划、设计、开发、运行、维护全过程的控制，将控制过程和控制规则融入会计信息系统，实现对违反控制规则情况的自动防范和监控，提高内部控制水平。

第三十二条   对于信息系统自动生成、且具有明晰审核规则的会计凭证，可以将审核规则嵌入会计软件，由计算机自动审核。未经自动审核的会计凭证，应当先经人工审核再进行后续处理。

第三十三条   处于会计核算信息化阶段的企业，应当结合自身情况，逐步实现资金管理、资产管理、预算控制、成本管理等财务管理信息化。

处于财务管理信息化阶段的企业，应当结合自身情况，逐步实现财务分析、全面预算管理、风险控制、绩效考核等决策支持信息化。

第三十四条   分公司、子公司数量多、分布广的大型企业、企业集团应当探索利用信息技术促进会计工作的集中，逐步建立财务共享服务中心。

实行会计工作集中的企业以及企业分支机构，应当为外部会计监督机构及时查询和调阅异地储存的会计资料提供必要条件。

第三十五条   外商投资企业使用的境外投资者指定的会计软件或者跨国企业集团统一部署的会计软件，应当符合本规范第二章要求。

第三十六条   企业会计信息系统数据服务器的部署应当符合国家有关规定。数据服务器部署在境外的，应当在境内保存会计资料备份，备份频率不得低于每月一次。境内备份的会计资料应当能够在境外服务器不能正常工作时，独立满足企业开展会计工作的需要以及外部会计监督的需要。

第三十七条   企业会计资料中对经济业务事项的描述应当使用中文，可以同时使用外国或者少数民族文字对照。

第三十八条   企业应当建立电子会计资料备份管理制度，确保会计资料的安全、完整和会计信息系统的持续、稳定运行。

第三十九条   企业不得在非涉密信息系统中存储、处理和传输涉及国家秘密，关系国家经济信息安全的电子会计资料；未经有关主管部门批准，不得将其携带、寄运或者传输至境外。

第四十条   企业内部生成的会计凭证、账簿和辅助性会计资料，同时满足下列条件的，可以不输出纸面资料：

（一）所记载的事项属于本企业重复发生的日常业务；

（二）由企业信息系统自动生成；

（三）可及时在企业信息系统中以人类可读形式查询和输出；

（四）企业信息系统具有防止相关数据被篡改的有效机制；

（五）企业对相关数据建立了电子备份制度，能有效防范自然灾害、意外事故和人为破坏的影响；

（六）企业对电子和纸面会计资料建立了完善的索引体系。

第四十一条   企业获得的需要外部单位或者个人证明的原始凭证和其他会计资料，同时满足下列条件的，可以不输出纸面资料：

（一）会计资料附有外部单位或者个人的、符合《中华人民共和国电子签名法》的可靠的电子签名；

（二）电子签名经符合《中华人民共和国电子签名法》的第三方认证；

（三）满足第四十条第（一）项、第（三）项、第（五）项和第（六）项规定的条件。

第四十二条 企业会计资料的归档管理，遵循国家有关会计档案管理的规定。

第四十三条 实施企业会计准则通用分类标准的企业，应当按照有关要求向财政部报送 XBRL 财务报告。

第四章 监 督

第四十四条 企业使用会计软件不符合本规范要求的，由财政部门责令限期改正。限期不改的，财政部门应当予以公示，并将有关情况通报同级相关部门或其派出机构。

第四十五条 财政部采取组织同行评议，向用户企业征求意见等方式对软件供应商提供的会计软件遵循本规范的情况进行检查。

省、自治区、直辖市人民政府财政部门发现会计软件不符合本规范规定的，应当将有关情况报财政部。

任何单位和个人发现会计软件不符合本规范要求的，有权向所在地省、自治区、直辖市人民政府财政部门反映，财政部门应当根据反映开展调查，并按本条第二款规定处理。

第四十六条 软件供应商提供的会计软件不符合本规范要求的，财政部可以约谈该供应商主要负责人，责令限期改正。限期内未改正的，由财政部予以公示，并将有关情况通报相关部门。

第五章 附 则

第四十七条 省、自治区、直辖市人民政府财政部门可以根据本规范制定本地区具体实施办法。

第四十八条 自本规范施行之日起，《会计核算软件基本功能规范》（财会字〔1994〕27 号）、《会计电算化工作规范》（财会字〔1996〕17 号）不适用于企业及其会计软件。

第四十九条 本规范自 2014 年 1 月 6 日起施行，1994 年 6 月 30 日财政部发布的《商品化会计核算软件评审规则》（财会字〔1994〕27 号）、《会计电算化管理办法》（财会字〔1994〕27 号）同时废止。

附录 B 会计档案管理方法

第一条 为了加强会计档案管理，有效保护和利用会计档案，根据《中华人民共和国会计法》《中华人民共和国档案法》等有关法律和行政法规，制定本办法。

第二条 国家机关、社会团体、企业、事业单位和其他组织（以下统称单位）管理会计档案适用本办法。

第三条 本办法所称会计档案是指单位在进行会计核算等过程中接收或形成的，记录和反映单位经济业务事项的，具有保存价值的文字、图表等各种形式的会计资料，包括通过计算机等电子设备形成、传输和存储的电子会计档案。

第四条 财政部和国家档案局主管全国会计档案工作，共同制定全国统一的会计档案工作制度，对全国会计档案工作实行监督和指导。

县级以上地方人民政府财政部门和档案行政管理部门管理本行政区域内的会计档案工作，并对本行政区域内会计档案工作实行监督和指导。

第五条 单位应当加强会计档案管理工作，建立和完善会计档案的收集、整理、保管、利用和鉴定销毁等管理制度，采取可靠的安全防护技术和措施，保证会计档案的真实、完整、可用、安全。

单位的档案机构或者档案工作人员所属机构（以下统称单位档案管理机构）负责管理本单位的会计档案。单位也可以委托具备档案管理条件的机构代为管理会计档案。

第六条 下列会计资料应当进行归档：

（一）会计凭证，包括原始凭证、记账凭证；

（二）会计账簿，包括总账、明细账、日记账、固定资产卡片及其他辅助性账簿；

（三）财务会计报告，包括月度、季度、半年度、年度财务会计报告；

（四）其他会计资料，包括银行存款余额调节表、银行对账单、纳税申报表、会计档案移交清册、会计档案保管清册、会计档案销毁清册、会计档案鉴定意见书及其他具有保存价值的会计资料。

第七条 单位可以利用计算机、网络通信等信息技术手段管理会计档案。

第八条 同时满足下列条件的，单位内部形成的属于归档范围的电子会计资料可仅以电子形式保存，形成电子会计档案：

（一）形成的电子会计资料来源真实有效，由计算机等电子设备形成和传输；

（二）使用的会计核算系统能够准确、完整、有效接收和读取电子会计资料，能够输出符合国家标准归档格式的会计凭证、会计账簿、财务会计报表等会计资料，设定了经办、审核、审批等必要的审签程序；

（三）使用的电子档案管理系统能够有效接收、管理、利用电子会计档案，符合电子档案的长期保管要求，并建立了电子会计档案与相关联的其他纸质会计档案的检索关系；

（四）采取有效措施，防止电子会计档案被篡改；

（五）建立电子会计档案备份制度，能够有效防范自然灾害、意外事故和人为破坏的影响；

（六）形成的电子会计资料不属于具有永久保存价值或者其他重要保存价值的会计档案。

第九条 满足本办法第八条规定条件，单位从外部接收的电子会计资料附有符合《中华人民共和国电子签名法》规定的电子签名的，可仅以电子形式归档保存，形成电子会计档案。

第十条 单位的会计机构或会计人员所属机构（以下统称单位会计管理机构）按照归档范围和归档要求，负责定期将应当归档的会计资料整理立卷，编制会计档案保管清册。

第十一条 当年形成的会计档案，在会计年度终了后，可由单位会计管理机构临时保管一年，再移交单位档案管理机构保管。因工作需要确需推迟移交的，应当经单位档案管理机构同意。

单位会计管理机构临时保管会计档案最长不超过三年。临时保管期间，会计档案的保管应当符合国家档案管理的有关规定，且出纳人员不得兼管会计档案。

第十二条 单位会计管理机构在办理会计档案移交时，应当编制会计档案移交清册，并按照国家档案管理的有关规定办理移交手续。

纸质会计档案移交时应当保持原卷的封装。电子会计档案移交时应当将电子会计档案及其元数据一并移交，且文件格式应当符合国家档案管理的有关规定。特殊格式的电子会计档案应当与其读取平台一并移交。

单位档案管理机构接收电子会计档案时，应当对电子会计档案的准确性、完整性、可用性、安全性进行检测，符合要求的才能接收。

第十三条 单位应当严格按照相关制度利用会计档案，在进行会计档案查阅、复制、借出时履行登记手续，严禁篡改和损坏。

单位保存的会计档案一般不得对外借出。确因工作需要且根据国家有关规定必须借出的，应当严格按照规定办理相关手续。

会计档案借用单位应当妥善保管和利用借入的会计档案，确保借入会计档案的安全完整，并在规定时间内归还。

第十四条 会计档案的保管期限分为永久、定期两类。定期保管期限一般分为 10 年和 30 年。

会计档案的保管期限，从会计年度终了后的第一天算起。

第十五条 各类会计档案的保管期限原则上应当按照本办法附表执行，本办法规定的会计档案保管期限为最低保管期限。

单位会计档案的具体名称如有同本办法附表所列档案名称不相符的，应当比照类似档案的保管期限办理。

第十六条 单位应当定期对已到保管期限的会计档案进行鉴定，并形成会计档案鉴定意见书。经鉴定，仍需继续保存的会计档案，应当重新划定保管期限；对保管期满，确无保存价值的会计档案，可以销毁。

第十七条 会计档案鉴定工作应当由单位档案管理机构牵头，组织单位会计、审计、纪检监察等机构或人员共同进行。

第十八条 经鉴定可以销毁的会计档案，应当按照以下程序销毁：

（一）单位档案管理机构编制会计档案销毁清册，列明拟销毁会计档案的名称、卷号、册数、起止年度、档案编号、应保管期限、已保管期限和销毁时间等内容。

（二）单位负责人、档案管理机构负责人、会计管理机构负责人、档案管理机构经办人、会计管理机构经办人在会计档案销毁清册上签署意见。

（三）单位档案管理机构负责组织会计档案销毁工作，并与会计管理机构共同派员监销。监销人在会计档案销毁前，应当按照会计档案销毁清册所列内容进行清点核对；在会计档案销毁后，应当在会计档案销毁清册上签名或盖章。

电子会计档案的销毁还应当符合国家有关电子档案的规定，并由单位档案管理机构、会计管理机构和信息系统管理机构共同派员监销。

第十九条 保管期满但未结清的债权债务会计凭证和涉及其他未了事项的会计凭证不得销毁，纸质会计档案应当单独抽出立卷，电子会计档案单独转存，保管到未了事项完结时为止。

单独抽出立卷或转存的会计档案，应当在会计档案鉴定意见书、会计档案销毁清册和会计档案保管清册中列明。

第二十条 单位因撤销、解散、破产或其他原因而终止的，在终止或办理注销登记手续之前形成的会计档案，按照国家档案管理的有关规定处置。

第二十一条 单位分立后原单位存续的，其会计档案应当由分立后的存续方统一保管，其他方可以查阅、复制与其业务相关的会计档案。

单位分立后原单位解散的，其会计档案应当经各方协商后由其中一方代管或按照国家档案管理的有关规定处置，各方可以查阅、复制与其业务相关的会计档案。

单位分立中未结清的会计事项所涉及的会计凭证，应当单独抽出由业务相关方保存，并按照规定办理交接手续。

单位因业务移交其他单位办理所涉及的会计档案，应当由原单位保管，承接业务单位可以查阅、复制与其业务相关的会计档案。对其中未结清的会计事项所涉及的会计凭证，应当单独抽出由承接业务单位保存，并按照规定办理交接手续。

第二十二条 单位合并后原各单位解散或者一方存续其他方解散的，原各单位的会计档案应当由合并后的单位统一保管。单位合并后原各单位仍存续的，其会计档案仍应当由原各单位保管。

第二十三条 建设单位在项目建设期间形成的会计档案，需要移交给建设项目接受单位的，应当在办理竣工财务决算后及时移交，并按照规定办理交接手续。

第二十四条 单位之间交接会计档案时，交接双方应当办理会计档案交接手续。

移交会计档案的单位，应当编制会计档案移交清册，列明应当移交的会计档案名称、卷号、册数、起止年度、档案编号、应保管期限和已保管期限等内容。

交接会计档案时，交接双方应当按照会计档案移交清册所列内容逐项交接，并由交接双方的单位有关负责人负责监督。交接完毕后，交接双方经办人和监督人应当在会计档案移交清册上签名或盖章。

电子会计档案应当与其元数据一并移交，特殊格式的电子会计档案应当与其读取平台一并移交。档案接受单位应当对保存电子会计档案的载体及其技术环境进行检验，确保所接收电子会计档案的准确、完整、可用和安全。

第二十五条 单位的会计档案及其复制件需要携带、寄运或者传输至境外的，应当按照国家有关规定执行。

第二十六条 单位委托中介机构代理记账的，应当在签订的书面委托合同中，明确会计档案的管理要求及相应责任。

第二十七条 违反本办法规定的单位和个人，由县级以上人民政府财政部门、档案行政管理部门依据《中华人民共和国会计法》《中华人民共和国档案法》等法律法规处理处罚。

第二十八条 预算、计划、制度等文件材料，应当执行文书档案管理规定，不适用本办法。

第二十九条 不具备设立档案机构或配备档案工作人员条件的单位和依法建账的个体工商户，其会计档案的收集、整理、保管、利用和鉴定销毁等参照本办法执行。

第三十条 各省、自治区、直辖市、计划单列市人民政府财政部门、档案行政管理部门，新疆生产建设兵团财务局、档案局，国务院各业务主管部门，中国人民解放军总后勤部，可以根据本办法制定具体实施办法。

第三十一条 本办法由财政部、国家档案局负责解释，自 2016 年 1 月 1 日起施行。1998 年 8

月 21 日财政部、国家档案局发布的《会计档案管理办法》（财会字〔1998〕32 号）同时废止。

附表 1　企业和其他组织会计档案保管期限表

序号	档案名称	保管期限	备注
一	会计凭证		
1	原始凭证	30 年	
2	记账凭证	30 年	
二	会计账簿		
3	总账	30 年	
4	明细账	30 年	
5	日记账	30 年	
6	固定资产卡片		固定资产报废清理后保管 5 年
7	其他辅助性账簿	30 年	
三	财务会计报告		
8	月度、季度、半年度财务会计报告	10 年	
9	年度财务会计报告	永久	
四	其他会计资料		
10	银行存款余额调节表	10 年	
11	银行对账单	10 年	
12	纳税申报表	10 年	
13	会计档案移交清册	30 年	
14	会计档案保管清册	永久	
15	会计档案销毁清册	永久	
16	会计档案鉴定意见书	永久	

附表 2　财政总预算、行政单位、事业单位和税收会计档案保管期限表

序号	档案名称	保管期限			备注
		财政总预算	行政单位事业单位	税收会计	
一	会计凭证				
1	国家金库编送的各种报表及缴库退库凭证	10 年		10 年	
2	各收入机关编送的报表	10 年			
3	行政单位和事业单位的各种会计凭证		30 年		包括：原始凭证、记账凭证和传票汇总表
4	财政总预算拨款凭证和其他会计凭证	30 年			包括：拨款凭证和其他会计凭证
二	会计账簿				
5	日记账		30 年	30 年	
6	总账	30 年	30 年	30 年	
7	税收日记账（总账）			30 年	
8	明细分类、分户账或登记簿	30 年	30 年	30 年	
9	行政单位和事业单位固定资产卡片				固定资产报废清理后保管 5 年

序号	档案名称	保管期限			备注
		财政总预算	行政单位事业单位	税收会计	
三	财务会计报告				
10	政府综合财务报告	永久			下级财政、本级部门和单位报送的保管 2 年
11	部门财务报告		永久		所属单位报送的保管 2 年
12	财政总决算	永久			下级财政、本级部门和单位报送的保管 2 年
13	部门决算		永久		所属单位报送的保管 2 年
14	税收年报（决算）			永久	
15	国家金库年报（决算）	10 年			
16	基本建设拨、贷款年报（决算）	10 年			
17	行政单位和事业单位会计月、季度报表		10 年		所属单位报送的保管 2 年
18	税收会计报表			10 年	所属税务机关报送的保管 2 年
四	其他会计资料				
19	银行存款余额调节表	10 年	10 年		
20	银行对账单	10 年	10 年	10 年	
21	会计档案移交清册	30 年	30 年	30 年	
22	会计档案保管清册	永久	永久	永久	
23	会计档案销毁清册	永久	永久	永久	
24	会计档案鉴定意见书	永久	永久	永久	

注：税务机关的税务经费会计档案保管期限，按行政单位会计档案保管期限规定办理。

附录 C　财务应用综合实训

实验一　系统管理

【实验目的】

（1）理解会计信息系统中企业账的存在形式

（2）掌握会计信息系统中企业账的建立过程

（3）理解操作员及权限的含义及设置方法

【实验内容】

（1）增加操作员

（2）建立企业账套、启用总账系统

（3）设置操作员权限

（4）账套主管将自己口令设置为"1"

（5）输出/引入账套数据

【实验要求】

以系统管理员（admin）的身份完成增加操作员、企业建账、系统启用、设置操作员权限、输出/引入账套的工作。

以账套主管的身份更改个人登录口令。

【实验资料】

1．企业相关信息

北京华普电气有限公司（简称华普电气）属于工业企业，从事配电箱、户表箱、机柜等相关产品生产及销售工作，位于北京亦庄工业区前进路 8 号，法人代表魏振东，企业纳税登记号110105913762125。该公司采用 2007 年新会计准则进行会计核算，记账本位币为人民币，于 2020年 1 月开始利用 U8 系统进行会计核算及企业日常业务处理。

企业只有几个主要供应商，但存货和客户很多，需要分类管理，有外币业务，业务流程均使用标准流程。

编码规则：科目编码级次 4222；客户分类、存货分类编码级次均为 222；部门、结算方式编码级次均为 12。收发类别编码级次 111。

2．企业内部岗位分工

企业目前岗位分工及在 U8 中应赋予的权限

编号	姓名	所属角色	工作职责	U8 权限
01	张文佳	账套主管	负责系统日常运行管理、财务分析	账套主管
02	王贺雯		负责总账、报表、工资、固定资产、往来管理、材料核算	总账、应收款管理、应付款管理、固定资产、UFO 报表
03	任小慧		对收付款凭证进行核对、签字，管理现金日记账、银行日记账、资金日报和银行对账	出纳签字、出纳

编号	姓名	所属角色	工作职责	U8 权限
04	孙怀庆		负责企业采购业务	采购管理
05	蒋群		负责企业销售业务	销售管理
06	郭涛		负责管理材料收发、产品出入库	库存管理

注：所有操作员口令均为空。

3．进行系统启用设置

由系统管理员在建账完成后启用总账系统，启用日期为 2020-01-01。

4．操作员自行更改密码

账套主管张文佳将个人登录口令设置为"1"。查看账套主管在系统管理中的权限。

5．输出及引入账套数据

将账套数据输出到"系统管理"文件夹。再通过引入账套验证输出是否成功。

实验二 基础档案设置

【实验目的】

（1）理解基础档案的作用

（2）掌握基础档案的录入方法

【实验内容】

设置机构人员、客商信息、财务、收付结算等基础档案。

【实验要求】

（1）引入"系统管理"账套数据

（2）以"01 张文佳"的身份进行基础档案设置

【实验资料】

1．机构设置

（1）部门档案

部门编码	部门名称	负责人
1	总经办	
2	财务部	张文佳
3	采购部	
4	销售部	
5	生产部	
501	金工车间	
502	喷漆车间	

（2）人员类别

人员类别编码	人员类别名称
1011	企业管理人员
1012	销售人员
1013	车间管理人员
1014	生产人员

（3）人员档案

人员编码	人员姓名	性别	人员类别	行政部门	是否业务员	是否操作员
101	魏振东	男	企业管理人员	总经办	是	是
201	张文佳	女	企业管理人员	财务部	是	否
202	王贺雯	女	企业管理人员	财务部	是	否
203	任小慧	女	企业管理人员	财务部	是	否
301	孙怀庆	男	企业管理人员	采购部	是	否
401	蒋群	男	销售人员	销售部	是	否
501	郭涛	男	车间管理人员	金工车间	是	否
502	严鹏	男	生产工人	金工车间	否	否
511	马东	男	车间管理人员	喷漆车间	是	否

2．客商信息

（1）客户分类

客户分类编码	客户分类名称
01	北方
02	南方

（2）客户档案

客户编号	客户名称	客户简称	所属分类码	税号	开户银行	账号
001	银川信和源商贸有限公司	信和源	01	0635543850924935	工行银川分行	11015892349
002	山东德胜绿化有限公司	德胜绿化	01	0534298391011412	工行山东分行	11100032341
003	福建元光电力有限公司	元光电力	02	0597243242342113	工行福建分行	11210499852

注：以上客户分管部门均为"销售部"，专管业务员均为"蒋群"。

（3）供应商档案

供应商编号	供应商名称	供应商简称	所属分类码	税号	开户银行	账号	税率
001	北京华阳物资公司	华阳	00	110108534875344	工行北京分行	10543982199	13%
002	河北九辉五金批发部	九辉	00	03113543722553	工行河北分行	43828943234	13%

注：以上供应商分管部门均为"采购部"，专管业务员均为"孙怀庆"。

3．财务

（1）外币设置

本企业采用固定汇率核算外币，外币只涉及美元一种，美元币符假定为 USD，2020 年 1 月月初汇率为 6.65。

（2）会计科目

根据本企业常用会计科目，在系统预置的一级科目基础上，需要增加的明细科目和需要增加辅助核算属性的科目如下。

科目编号及名称	辅助核算	方向	外币种类	备注
库存现金（1001）	日记账	借		修改
银行存款（1002）	日记账、银行账	借		修改
人民币户（100201）	日记账、银行账	借		新增
美元户（100202）	日记账、银行账	借	美元	新增
应收票据（1121）	客户往来	借		修改
应收账款（1122）	客户往来	借		修改
预付账款（1123）	供应商往来	借		修改
其他应收款（1221）		借		
备用金（122101）	部门核算	借		新增
应收个人款（122102）	个人往来	借		新增
原材料（1403）		借		
主要材料（140301）		借		新增
辅助材料（140302）		借		新增
外购半成品（140303）		借		新增
库存商品（1405）	项目核算	借		修改
待处理财产损溢（1901）		借		
待处理流动资产损溢（190101）		借		新增
待处理固定资产损溢（190102）		借		新增
应付票据（2201）	供应商往来	贷		修改
应付账款（2202）		贷		
应付材料款（220201）	供应商往来	贷		新增
暂估应付款（220202）		贷		新增
预收账款（2203）	客户往来	贷		修改
应付职工薪酬（2211）		贷		
应付工资（221101）		贷		新增
应付福利费（221102）		贷		新增
应交税费（2221）		贷		
应交增值税（222101）		贷		新增
进项税额（22210101）		贷		新增
转出未交增值税（22210103）		贷		新增
销项税额（22210105）		贷		新增
未交增值税（222102）		贷		新增
其他应付款（2241）		贷		
职工教育经费（224101）		贷		新增
工会经费（224102）		贷		新增

科目编号及名称	辅助核算	方向	外币种类	备注
养老保险（224103）		贷		新增
医疗保险（224104）		贷		新增
失业保险（224105）		贷		新增
住房公积金（224106）		贷		新增
利润分配（4104）		贷		
未分配利润（410415）		贷		新增
生产成本（5001）		借		
材料费（500101）	项目核算	借		新增
人工费（500102）		借		新增
制造费用（500103）		借		新增
折旧费（500104）		借		新增
制造费用（5101）		借		
工资及福利（510101）		借		新增
折旧费（510102）		借		新增
水电费（510103）	部门核算	借		新增
主营业务收入（6001）	项目核算	贷		修改
主营业务成本（6401）	项目核算	借		修改
销售费用（6601）		借		
工资（660101）		借		新增
福利费660102）		借		新增
差旅费（660103）		借		新增
折旧费（660104）		借		新增
招待费（660105）		借		新增
管理费用（6602）		借		
工资（660201）	部门核算	借		新增
福利费（660202）	部门核算	借		新增
差旅费（660203）	部门核算	借		新增
折旧费（660204）	部门核算	借		新增
招待费（660205）	部门核算	借		新增
维修费（660206）	部门核算	借		新增
工会经费（660207）	部门核算	借		新增
职工教育经费（660208）	部门核算	借		新增
其他（660210）		借		新增
财务费用（6603）		借		
利息支出（660301）		借		新增
手续费（660302）		借		新增

要求：

- 增加表中备注栏标注为"增加"的明细科目；
- 修改表中备注栏标注为"修改"的科目；
- 指定现金总账科目为"1001 库存现金"；银行总账科目为"1002 银行存款"；现金流量科目为"1001 库存现金""100201 人民币户""100202 美元户"和"1012 其他货币资金"。

（3）凭证类别

凭证分类	限制类型	限制科目
收款凭证	借方必有	1001，1002
付款凭证	贷方必有	1001，1002
转账凭证	凭证必无	1001，1002

（4）项目目录

建立项目大类

项目大类：产品（普通项目）

项目分类：1 配电箱、2 户表箱和 3 机柜

核算科目：500101 材料费、1405 库存商品、6001 主营业务收入、6401 主营业务成本

项目目录：

项目编码	项目名称	所属分类
01	高压柜	3
02	低压柜	3
03	单元箱	2

4．收付结算

设置结算方式。

结算方式编码	结算方式名称	票据管理
1	现金结算	否
2	支票结算	否
201	现金支票	是
202	转账支票	是
3	电汇	否
4	商业汇票	否
401	商业承兑汇票	否
402	银行承兑汇票	否

5．账套输出

将账套数据输出到"基础设置"文件夹。

实验三　总账管理系统初始设置

【实验目的】

（1）掌握用友 U8 中总账管理系统初始设置的相关内容

（2）理解总账管理系统初始设置的意义

（3）掌握总账管理系统初始设置的具体内容和操作方法

【实验内容】

（1）总账管理系统选项设置

（2）期初余额录入

【实验要求】

（1）引入"基础设置"账套数据

（2）以"01 张文佳"的身份进行总账初始设置

【实验资料】

1．总账选项

选项卡	选项设置
凭证	制单序时控制 支票控制 赤字控制：资金及往来科目　　　赤字控制方式：提示 可以使用应收、应付、存货受控科目 取消"现金流量科目必录现金流量项目" 凭证编号方式采用系统编号
账簿	账簿打印位数按软件的标准设定 明细账打印按年排页
凭证打印	打印凭证的制单、出纳、审核、记账等人员姓名
预算控制	超出预算允许保存
权限	出纳凭证必须经由出纳签字 允许修改、作废他人填制的凭证 可查询他人凭证
会计日历	会计日历为 1 月 1 日至 12 月 31 日 数量小数位和单价小数位设为 2 位
其他	外币核算采用固定汇率 部门、个人、项目按编码方式排序

2．期初余额

（1）总账期初明细

科目编码	科目名称	方向	余额	备注
1001	库存现金	借	29 861.55	
100201	人民币户	借	5 955 973.84	
1122	应收账款	借	147 352.00	客户往来明细见（2）
122102	应收个人款	借	5 000.00	个人往来明细见（3）
140301	原材料——主要材料	借	40 705.00	
140302	原材料——辅助材料	借	5 570.00	
140303	原材料——外购半成品	借	10 100.00	
1405	库存商品	借	1 454 925.00	项目核算明细见（4）
1601	固定资产	借	995 764.00	
1602	累计折旧	贷	558 162.60	
2001	短期借款	贷	368 000.00	
220201	应付账款——应付材料款	贷	41 700.00	供应商往来明细见（5）
220202	应付账款——暂估应付款	贷	8 200.00	
222102	应交税金——未交增值税	贷	26 323.00	
2501	长期借款	贷	400 000.00	
4001	实收资本	贷	5 000 000.00	
4002	资本公积	贷	1 765 000.00	
4101	盈余公积	贷	346 506.00	
410415	利润分配——未分配利润	贷	114 507.79	

（2）应收账款期初明细

会计科目：1122　应收账款　　　　　　　　　　　　　　　　　　　　　　　　余额：借 147 352 元

日期	凭证号	客户	业务员	摘要	方向	金额
2018-10-30	转-168	信和源	蒋群	货款	借	31 640.00
2018-12-16	转-115	德胜绿化	蒋群	货款	借	115 712.00

（3）其他应收款期初明细

会计科目：122102　其他应收款/应收个人款　　　　　　　　　　　　　　　　余额：借 5 000 元

日期	凭证号	部门	个人	摘要	方向	金额
2018-12-14	付-236	总经办	魏振东	出差借款	借	5 000.00

（4）库存商品期初明细

会计科目：1405　库存商品　　　　　　　　　　　　　　　　　　　　　　　余额：借 1 454 925 元

项目	金额
高压柜	763 800.00
低压柜	583 000.00
单元箱	108 125.00

（5）应付账款期初明细

会计科目：220201　应付账款/应付材料款　　　　　　　　　　　　　　　　　余额：贷 47 121 元

日期	凭证号	供应商	业务员	摘要	方向	金额
2018-11-04	转-55	华阳	孙怀庆	期初	贷	47 121.00

3．账套输出

将账套数据输出到"总账初始化"文件夹。

实验四　总账管理日常业务处理

【实验目的】

（1）掌握用友 U8 总账管理系统日常业务处理的相关内容

（2）熟悉总账系统日常业务处理的各种操作

（3）掌握凭证管理和账簿管理的具体内容和操作方法

【实验内容】

（1）凭证管理：填制凭证、出纳签字、审核凭证、凭证记账的操作方法

（2）账簿管理：总账、科目明细账、多栏账、辅助账的查询方法

（3）出纳管理：现金、银行存款日记账和资金日报表的查询

【实验要求】

（1）引入"总账初始化"账套数据

（2）业务处理

① 以"02 王贺雯"的身份进行填制凭证，凭证查询操作。

② 以"03 任小慧"的身份进行出纳签字，现金、银行存款日记账和资金日报表的查询，支票登记。

③ 以"01 张文佳"的身份进行审核、记账、账簿查询操作。

【实验资料】

1．填制凭证

（1）录入凭证

2020 年 1 月经济业务如下。

① 2 日，销售部蒋群报销招待费 1 200 元，用现金支付。（餐饮发票 1 张）

借：销售费用/招待费（660105）　　　　　　　　　　　　　　1 200

　　贷：库存现金（1001）　　　　　　　　　　　　　　　　　　　1 200

② 4 日，缴纳增值税 26 323 元，以转账支票支付，票号 1701。

借：应交税费/未交增值税　　　　　　　　　　　　　　　　26 323

　　贷：银行存款/人民币户　　　　　　　　　　　　　　　　　　26 323

③ 6 日，收到外商投资 80 000 美元，汇率 1∶6.65。（转账支票 1771）

借：银行存款/美元户（100202）　　　　　　　　　　　　　532 000

　　贷：实收资本（4001）　　　　　　　　　　　　　　　　　　532 000

④ 8 日，收到德胜绿化公司银行承兑汇票一张，金额 115 712 元，用以偿还前欠货款。

借：应收票据（1121）　　　　　　　　　　　　　　　　　　115 712

　　贷：应收账款（1122）　　　　　　　　　　　　　　　　　　115 712

⑤ 10 日，采购部孙怀庆从北京华阳物资公司购入插座 100 个，无税单价 22 元，货税款暂欠，已验收入库。（适用税率 13%）

借：原材料/主要材料（140301）　　　　　　　　　　　　　　2 200

　　应交税金/应交增值税/进项税额（22210101）　　　　　　　286

　　贷：应付账款/应付材料款（220201）　　　　　　　　　　　2 486

⑥ 12 日，缴纳水电费 840 元。其中，管理部门 200 元；金工车间 380 元；喷漆车间 260 元，以现金支付。

借：管理费用/其他（660210）　　　　　　　　　　　　　　　200

　　制造费用/水电费（510103）——金工车间　　　　　　　　　380

　　制造费用/水电费（510103）——喷漆车间　　　　　　　　　260

　　贷：库存现金（1001）　　　　　　　　　　　　　　　　　　840

⑦ 14 日，销售部蒋群出差广交会，借差旅费 5 000 元。

借：其他应收款/应收个人款（122102）　　　　　　　　　　5 000

　　贷：库存现金（1001）　　　　　　　　　　　　　　　　　5 000

⑧ 16 日，喷漆车间领用 10 个接触器，单价 410 元，用于生产高压柜。

借：生产成本/材料费（500101）　　　　　　　　　　　　　4 100

　　贷：原材料/主要材料（140301）　　　　　　　　　　　　　4 100

⑨ 18 日，总经办魏振东领用转账支票，支付总经办维修费 8 000 元，支票号 1702。

借：管理费用/维修费（660206）　　　　　　　　　　　　　8 000

　　贷：银行存款/人民币户（100201）　　　　　　　　　　　　8 000

（2）修改凭证

① 经查，2日蒋群报销招待费1 220元，误录为1 200元。

② 经查，10日采购部系从供应商"九辉"购入的插座。

（3）删除凭证

经查，2日蒋群报销的业务招待费属个人消费行为，不允许报销，现金已追缴，业务上不再反映，将该凭证删除。

2．出纳签字

由出纳任小慧对所有涉及现金和银行科目的凭证签字。

3．审核凭证

由账套主管张文佳对凭证进行审核。

4．记账

（1）由账套主管张文佳对凭证进行记账。

（2）由账套主管测试系统提供的取消记账功能，然后重新记账。

5．冲销凭证

冲销"收-0001"号凭证。生成的冲销凭证不保存。

6．查询凭证

查询现金支出在5 000元以上的凭证。

7．账表查询

（1）查询2020-01余额表并联查应收账款专项资料。

（2）查询"原材料/主要材料"明细账，并联查凭证。

（3）定义并查询管理费用多栏账。

（4）查询部门辅助账。查询2020-01总经办、财务部、采购部本期支出情况。

（5）查询个人辅助账。查询魏振东个人往来催款单。

（6）查询客户往来辅助账。进行客户往来账龄分析。

（7）查询项目账。查询"高压柜"项目明细账。进行"产品"项目大类的统计分析。

8．出纳管理

（1）查询现金日记账。

（2）查询2020年1月12日资金日报。

（3）支票登记簿。

20日，采购部孙怀庆借转账支票一张采购门轴，票号1703，预计金额3 000元。

9．账套输出

将账套数据输出到"总账日常业务"文件夹。

实验五　总账管理期末处理

【实验目的】

（1）掌握用友U8中总账系统月末处理的相关内容

（2）熟悉总账系统月末处理业务的各种操作

（3）掌握银行对账、自动转账设置与生成、对账和月末结账的操作方法

【实验内容】

（1）银行对账

（2）自动转账

（3）对账

（4）结账

【实验要求】

（1）引入"总账日常业务"账套数据

（2）业务处理

① 以"03 任小慧"的身份进行银行对账操作。

② 以"02 王贺雯"的身份进行自动转账操作。

③ 以"01 张文佳"的身份进行审核、记账、对账、结账操作。

【实验资料】

1．银行对账

（1）银行对账期初

华普电气银行账的启用日期为 2020-01-01，人民币户企业日记账调整前余额为 5 955 973.84 元，银行对账单调整前余额为 5 998 343.84 元，未达账项一笔，系 2019 年 12 月 31 日银行已收企业未收款 42 370 元（结算方式：电汇）。

（2）银行对账单

1 月银行对账单

日期	结算方式	票号	借方金额	贷方金额
2020-1-04	202	1701		26 323
2020-1-18	202	1702		8 000
2020-1-30	3		12 000	

（3）利用自动对账功能进行自动对账，再进行手工对账

（4）余额调节表的查询输出

2．自动转账定义

（1）自定义结转

① 计提短期借款利息（年利率 8%）。

借：财务费用/利息支出（660301）　　　　　JG（　）取对方科目计算结果

　　贷：应付利息（2231）　　　短期借款（2001）科目的贷方期初余额×8%/12

② 结转制造费用。

借：生产成本/制造费用（500103）　　　　　CE（　）取借贷平衡差额

　　贷：制造费用/水电费（510103）　　　　　　制造费用期末余额

（2）对应结转

结转本年利润至未分配利润。

（3）期间损益结转

设置本年利润科目为 4103；凭证类别"转账凭证"。

3．自动转账生成

（1）生成自定义凭证，并审核、记账。

（2）生成期间损益结转凭证，并审核记账。

（3）生成对应结转凭证，并审核记账。

4．对账

5．结账

6．账套输出

将账套数据输出到"总账期末业务"文件夹。

实验六 编制财务报表

【实验目的】

（1）理解报表编制的原理及流程

（2）掌握报表格式定义、公式定义的操作方法；掌握报表单元公式的用法

（3）掌握报表数据处理、表页管理及图表功能等操作

（4）掌握如何利用报表模板生成一张报表

【实验内容】

（1）自定义一张报表

（2）利用报表模板生成报表

【实验要求】

（1）引入"总账期末业务"账套数据

（2）以账套主管"01张文佳"的身份进行报表管理操作

【实验资料】

1．自定义报表——简易资产负债表

（1）格式设计

简易资产负债表

编制单位：　　　　　　　　　　　年　　月　　日　　　　　　　　　　　单位：元

资产	期末数	负债和所有者权益	期末数
货币资金			
应收账款			
合计			

会计主管：　　　　　　　　　　　　　　　　制表人：

要求如下：

报表标题居中；报表各列等宽，宽度为40毫米；D8单元设置为字符型。

（2）生成2020年1月简易资产负债表

要求：增加2张表页；生成报表；报表审核

（3）定义审核公式

定义审核公式，检查资产合计是否等于负债和所有者权益合计，如果不等，提示"报表不平"提示信息。

2．利用报表模板生成报表

利用报表模板生成资产负债表、利润表和现金流量表。

实验七　工资管理

【实验目的】

（1）掌握用友 U8 工资管理的相关内容

（2）掌握工资管理系统初始化、日常业务处理、工资分摊及月末处理的操作

【实验内容】

（1）工资管理系统初始设置

（2）工资管理系统日常业务处理

（3）工资分摊及月末处理

【实验要求】

（1）引入"总账初始化"账套数据

（2）以账套主管"01 张文佳"的身份进行工资管理业务操作

【实验资料】

1．建立工资账套

工资类别个数：多个；核算计件工资；核算币种：人民币 RMB；要求代扣个人所得税；不进行扣零处理；启用日期：2020 年 1 月 1 日。

2．工资账套基础信息设置

（1）工资项目设置

项目名称	类型	长度	小数位数	增减项	备注
基本工资	数字	8	2	增项	
浮动工资	数字	8	2	增项	
交补	数字	8	2	增项	
应发合计	数字	10	2	增项	系统项目
养老保险	数字	8	2	减项	
请假扣款	数字	8	2	减项	
代扣税	数字	10	2	减项	
扣款合计	数字	10	2	减项	系统项目
实发合计	数字	10	2	增项	系统项目
计税工资	数字	8	2	其他	
请假天数	数字	8	2	其他	

（2）银行名称

银行编码：01001；银行名称：工商银行亦庄分理处。

个人账号规则：定长 11 位，自动带出账号长度 7 位。

3．"正式职工"人员类别初始化资料

部门选择：所有部门

（1）人员档案

人员编号	人员姓名	部门名称	人员类别	账号	中方人员	是否计税	核算计件工资
101	魏振东	总经办	企业管理人员	20190101001	是	是	否
201	张文佳	财务部	企业管理人员	20190101002	是	是	否
202	王贺雯	财务部	企业管理人员	20190101003	是	是	否

人员编号	人员姓名	部门名称	人员类别	账号	中方人员	是否计税	核算计件工资
203	任小慧	财务部	企业管理人员	20190101004	是	是	否
301	孙怀庆	采购部	企业管理人员	20190101005	是	是	否
401	蒋群	销售部	销售人员	20190101006	是	是	否
501	郭涛	金工车间	车间管理人员	20190101007	是	是	否
502	严鹏	金工车间	生产工人	20190101008	是	是	否
511	马东	喷漆车间	车间管理人员	20190101009	是	是	否

注：以上所有人员的代发银行均为工商银行亦庄分理处。

（2）正式人员类别工资项目

基本工资、浮动工资、交补、应发合计、养老保险、请假扣款、代扣税、扣款合计、实发合计、请假天数、计税工资。排列顺序同上。

（3）计算公式

工资项目	定义公式
请假扣款	请假天数×50
养老保险	基本工资×0.08
交　补	iff（人员类别="企业管理人员" OR 人员类别="销售人员"，300，100）
计税工资	基本工资+浮动工资+交补−养老保险−请假扣款

（4）个人所得税设置

个税免征额即扣税基数为 3 500 元。外籍人士个税减除费用为 4 800 元。

2017 年开始实行的 7 级超额累进个人所得税税率

级数	全年应纳税所得额	按月换算	税率(%)	速算扣除数
1	不超过 36 000 元	不超过 3 000 元	3	0
2	超过 36 000 元至 144 000 元的部分	3 000<X≤12 000	10	210
3	超过 144 000 元至 300 000 元的部分	12 000<X≤25 000	20	1 410
4	超过 300 000 元至 420 000 元的部分	25 000<X≤35 000	25	2 660
5	超过 420 000 元至 660 000 元的部分	35 000<X≤55 000	30	4 410
6	超过 660 000 元至 960 000 元的部分	55 000<X≤80 000	35	7 160
7	超过 960 000 元的部分	超过 80 000 元	45	15 160

4．临时人员工资类别初始资料

部门选择：生产部

（1）人员档案

人员编号	人员姓名	部门名称	人员类别	账号	中方人员	是否计税	核算计件工资
521	李春	喷漆车间	生产工人	20190101021	是	是	是
522	胡国强	喷漆车间	生产工人	20190101022	是	是	是

（2）工资项目

计件工资、应发合计、代扣税、扣款合计、实发合计。

（3）计件要素

工序。

工序档案包括两项：01 喷漆；02 检验。

（4）计件工价设置

喷漆：30，检验：12。

（5）个人所得税税率同正式职工工资类别

收入额合计为"应发工资"。

5．华普电气 1 月正式人员工资处理

（1）1 月正式人员工资基本情况

姓名	基本工资	浮动工资
魏振东	8 000	3 000
张文佳	7 000	1 000
王贺雯	5 500	1 000
任小慧	3 500	1 000
孙怀庆	5 000	1 000
蒋群	5 500	2 000
郭涛	4 500	1 500
严鹏	3 000	1 000
马东	4 000	1 000

（2）本月考勤统计

孙怀庆请假 2 天；马东请假 1 天。

（3）特殊激励

因去年销售部推广产品业绩较好，每人增加浮动工资 2 000 元。

（4）工资分摊及费用计提

应付工资总额等于工资项目"应发合计"，应付福利费按应付工资按 14%计提。

工资费用分配的转账分录：

工资分摊 部门		应付工资		应付福利费（14%）	
		借方	贷方	借方	贷方
总经办、财务部、采购部	企业管理人员	660 201	221 101	660 202	221 102
销售部	销售人员	660 101	221 101	660 102	221 102
金工车间、喷漆车间	车间管理人员	510 101	221 101	510 101	221 102
	生产工人	500 102	221 101	500 102	221 102

6．华普电气 1 月临时人员工资处理

（1）1 月临时人员计件工资情况

姓名	日期	组装工时	检验工时
李春	2020-01-31	170	
胡国强	2020-01-31		260

（2）其他（略）

7．工资类别汇总

对正式人员和临时人员两个工资类别进行工资类别汇总。

实验八　固定资产管理

【实验目的】

（1）掌握用友 U8 管理软件中有关固定资产管理的相关内容

（2）掌握固定资产管理系统初始化、日常业务处理、月末处理的操作

【实验内容】

（1）固定资产系统参数设置、原始卡片录入

（2）日常业务：资产增减、资产变动、资产评估、生成凭证、账表查询

（3）月末处理：计提减值准备、计提折旧、对账和结账

【实验要求】

（1）引入"总账初始化"账套数据

（2）以"01 张文佳"的身份进行固定资产管理

【实验资料】

1．建立固定资产账套

控制参数	参数设置
约定与说明	我同意
启用月份	2020-01
折旧信息	本账套计提折旧； 折旧方法：年数总和法； 折旧汇总分配周期：1 个月； 当（月初已计提月份=可使用月份-1）时，将剩余折旧全部提足
编码方式	资产类别编码方式：2 1 1 2； 固定资产编码方式： 　按"类别编码+部门编码+序号"自动编码； 　卡片序号长度为 3
财务接口	与账务系统进行对账； 对账科目： 　固定资产对账科目：1601 固定资产； 　累计折旧对账科目：1602 累计折旧

2．基础设置

（1）选项

业务发生后立即制单；

月末结账前一定要完成制单登账业务；

固定资产默认入账科目：1601 固定资产；

累计折旧默认入账科目：1602 累计折旧；

减值准备默认入账科目：1603 固定资产减值准备；

增值税进项税额默认入账科目：22210101 进项税额；

固定资产清理默认入账科目：1606 固定资产清理。

（2）资产类别

编码	类别名称	使用年限	净残值率	单位	计提属性	卡片样式
01	厂房及建筑物	20	5%		正常计提	通用卡片样式
02	交通运输设备		5%		正常计提	含税卡片样式
021	车辆	10	5%	辆	正常计提	含税卡片样式
03	设备		5%		正常计提	含税卡片样式
031	机器设备	10	5%	台	正常计提	含税卡片样式
032	电子设备	5	5%		正常计提	含税卡片样式

（3）部门及对应折旧科目

部门	对应折旧科目
总经办、财务部、采购部	660204 管理费用/折旧费
销售部	660104 销售费用/折旧费
生产部	500104 生产成本/折旧费

（4）增减方式的对应入账科目

增减方式目录	对应入账科目
增加方式	
直接购入	100201，工行存款
减少方式	
毁损	1606，固定资产清理

（5）原始卡片

固定资产名称	类别编号	所在部门	增加方式	可使用年限	开始使用日期	原值	累计折旧
厂房1	01	金工车间	直接购入	20	2013.12.01	285 524.00	135 623.90
厂房2	01	喷漆车间	直接购入	20	2013.12.01	109 640.00	52 079.00
剪板机	031	金工车间	直接购入	10	2013.12.01	74 000.00	57 518.18
冲床	031	金工车间	直接购入	10	2013.12.01	40 000.00	31 090.91
喷涂机	031	喷漆车间	直接购入	10	2013.12.01	8 000.00	6 218.18
空压机	031	喷漆车间	直接购入	10	2013.12.01	5 000.00	3 886.36
海尔空调	032	总经办	直接购入	5	2018.12.01	10 000.00	3 166.67
多功能一体机	032	财务部	直接购入	5	2018.12.01	13 600.00	4 306.67
金杯车	021	销售部	直接购入	10	2015.12.01	50 000.00	29 363.64
奥迪轿车	021	总经办	直接购入	10	2015.12.01	400 000.00	234 909.09
合计						995 764.00	558 162.60

注：使用状况均为"在用"，折旧方法均采用年数总和法。

3．1 月日常及期末业务

（1）1 月 20 日，财务部购买华硕计算机一台，增值税发票载明无税单价 6 000 元，增值税 780 元，价税合计 6 780 元。净残值率 5%，预计使用年限 5 年。

（2）1 月 30 日，计提本月折旧费用。

（3）1 月 30 日，喷涂车间喷涂机毁损。

（4）查询部门折旧计提汇总表。

（5）1 月 30 日，固定资产月末结账。

4．2 月日常业务

（1）2 月 16 日，总经办的奥迪轿车添置配件 10 000 元。（转账支票号 ZZ1705）

（2）2 月 16 日，财务部的多功能一体机调配到采购部。

（3）2 月 27 日，经核查对 2018 年购入的海尔空调计提 1 000 元的减值准备。

实验九　应收款管理

【实验目的】

（1）掌握用友 U8 管理软件中有关应收款管理的相关内容

（2）掌握应收款管理系统初始化、日常业务处理、月末处理的操作

【实验内容】

（1）应收款管理系统选项设置、初始设置、基础档案设置、期初数据录入

（2）日常业务：应收单据处理、收款单据处理、核销处理、票据管理、转账处理、坏账处理

（3）月末处理：月末结账

【实验要求】

（1）引入"总账初始化"账套数据

（2）以"01 张文佳"的身份进行应收款业务处理

【实验资料】

1．选项设置

华普电气坏账处理方式选择"应收账款余额百分比法"。

2．初始设置

基本科目。应收科目为 1122，预收科目为 2203，销售收入科目 6001，应交增值税科目 22210105，销售退回科目 6001，银行承兑科目为 1121，票据利息科目为 660301。

结算方式科目：现金结算对应 1001，现金支票、转账支票、电汇对应 100201。

坏账准备相关设置如下。

控制参数	参数设置	控制参数	参数设置
提取比例	0.5%	坏账准备科目	1231 坏账准备
坏账准备期初余额	0	对方科目	6701 资产减值损失

账期内账龄区间和逾期账龄区间如下。

序号	起止天数	总天数
01	1~30	30

序号	起止天数	总天数
02	31～60	60
03	61～90	90
04	91 以上	

3．基础档案设置

（1）存货分类

类别编码	类别名称	类别编码	类别名称
01	原材料	02	产成品
0101	接触器	03	应税劳务
0102	仪表		

（2）计量单位组及计量单位

计量单位组编号	计量单位组名称	计量单位组类别	计量单位编号	计量单位名称
01	无换算关系	无换算率	01	只
			02	个
			03	千米

（3）存货档案

存货编码	存货名称	计量单位	所属分类	税率%	存货属性	参考成本
1001	接触器	只	0101	13	外购、生产耗用	410
1002	电压表	只	0102	13	外购、生产耗用	80
1003	电流表	只	0102	13	外购、生产耗用	70
2001	高压柜	个	02	13	内销、自制	2 680
2002	低压柜	个	02	13	内销、自制	2 200
2003	单元箱	个	02	13	内销、自制	865
3001	运输费	千米	03	9	内销、外购、应税劳务	

4．期初数据录入

2019 年 11 月 12 日，向银川信和源出售了 10 个低压柜，无税单价 2 800 元，开具销售专用发票，尚未收到货款。

2019 年 12 月 6 日，向德胜绿化公司出售了 80 个单元箱，无税单价 1 200 元；2 个高压柜，单价 3 200 元，开具销售专用发票，尚未收到货款。

5．日常业务

2020 年 1 月发生经济业务如下。

（1）8 日，销售部向银川信和源出售了 50 个单元箱，无税单价 1 000 元，开据专用发票一张，同时收到客户以转账支票所支付的全部货款，票据号 XZ1702。

（2）8 日，销售部在向银川信和源销售商品过程中用现金代垫了一笔运费 60 元。客户尚未支付该笔款项。

（3）15 日，收到信和源转账支票一张，金额 10 000 元，票号 XZ1731，作为预定高压柜新品的订金。

（4）15 日，收到元光电力签发的银行承兑汇票一张，金额 234 000 元，票号 H1712，到期日 2020-03-15。

（5）25 日，用信和源预收款冲抵其期初应收款。

（6）25 日，确认德胜绿化期初应收欠款无法收回，作为坏账处理。

（7）31 日，将元光电力 2020-03-15 到期的应收票据贴现，贴现率 6%。

（8）31 日，计提坏账准备。

（9）进行应收账龄分析。